この1冊でスラスラ！

第2版

給与計算大全

社会保険労務士
岡久
Oka Hisashi

自由国民社

給与担当者のための主な年間スケジュール

1月
法定調書の提出・源泉徴収所得税特例納付（税務署）、給与支払報告書の提出（市区町村）、労働保険料の納付（労働基準監督署）

2月
給与計算・賃金台帳の作成等の通常業務

3月
入社（新卒）、退職する社員の事務処理（給与設定など）

4月
入社、退職する社員の事務処理（給与設定等）、健保・介護保険料率の変更反映

5月
４月入社社員の社保料控除開始（翌月徴収ルールの場合、社保料控除は資格取得の翌月給与から控除開始）

6月
賞与の計算（６月賞与支給の会社）、賞与支払届提出（年金事務所等）、住民税額の変更（市町村からの通知を反映）

給与担当者のための主な月間スケジュール

第１週
人事異動や昇給・降給、扶養家族の増減、氏名の変更、振込先の口座の変更といった給与の支払いに関する基本的な情報を整理、前月分の住民税・源泉所得税の納付

第２週
出退勤、遅刻、早退、欠勤、休暇のほか、インセンティブなどの歩合給の算出等

※各企業によっても計算のルールが異なります。
あくまでも一般的な目安です。

7月

算定基礎届の提出（年金事務所等）、４月昇給者の随時改定（月額変更届）、労働保険の年度更新（保険料計算）、労働保険料申告書の提出・納付（労働基準監督署）、源泉徴収所得税特例納付（税務署）

8月

４月の昇給者を対象にした随時改定者の社会保険料改定

9月

給与計算・賃金台帳の作成等の通常業務

10月

７月に算定基礎届を提出した者の社会保険料改定、労働保険料納付（労働基準監督署）

11月

年末調整準備（社員に案内、必要書類の配布）

12月

賞与支給、年末調整実施

第３週

支給額と控除額の計算、給与明細一覧表・賃金台帳・給与明細書の作成、給与振込の手配

第４週

給与支給、前月分の社会保険料の納付（※労働保険料は年１回または年３分割の支払い）

目次

第1章 ▶ 給与計算の全体像

第2章 ▶ 労働基準法と給与

第 3 章 ▶税と社会保険

第 4 章 ▶給与計算実務

第 5 章 ▶ 賞与計算実務

第 6 章 ▶ 年末調整

〔巻末付録 1〕給与計算関連公的書面一覧

〔巻末付録 2〕給与計算関連公的資料編

はじめに　▷ 企業経営に求められる人材とは

テレワークやＡＩ社会の到来によって、働く人の労働生産性が問われています。コロナ禍の働き方で兼業・副業、外注化が進み、多様な働き方「ワークライフバランス」は、「人的資源の最適化（労働力と人件費）」という言葉で、契約ミックスを後押しした形となりました。個と組織の関わり方が変わると、ひとつの組織において雇用や委託など、契約形態は混在化していきます。そうなると必要になるのは、労働法や税・社会保障制度に関する知識です。

今、企業経営に人事労務のスペシャリストが求められています。

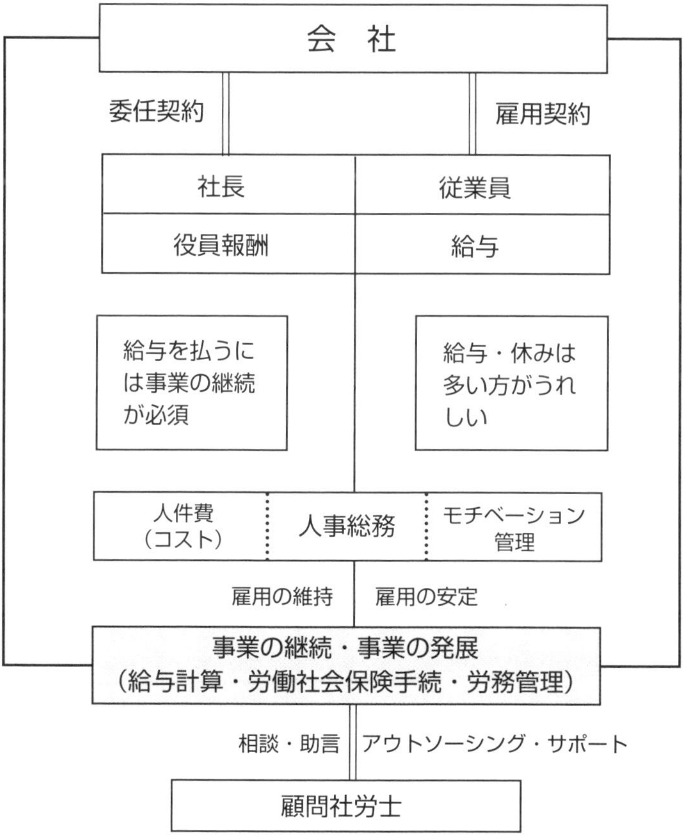

▷ 本書で使用する言葉

本書では、給与を賃金や報酬、給与を支払う側を会社、事業主、事業所、使用者とし、給与の支払いを受ける人を従業員、労働者、給与所得者と表記しています。呼び方に違いはありますが、基本的に同じものを指します。それぞれの場面で適当と思われるもので記述します。

	税務上の呼び方	労務管理上の呼び方	
		労働法	社会保険法
給与 （給料 etc.）	給与、報酬	賃金	報酬
給与を支払う側 （会社、社長 etc.）	給与の支払い者（給与支払者）、使用者、源泉徴収義務者	使用者、事業者、雇用者	適用事業所（事業所）、事業主
給与を受ける側 （社員、パート、アルバイト etc.）	給与の支払いを受ける者（給与所得者）、使用人	労働者	被保険者
働く場所 （会社、職場 etc.）	事務所、事業所	事業場	事業所

第1章

給与計算の全体像

Point ▶ 事業経営の視点（給与はお金が無ければ支払えない）

1-1 ▷ 給与計算の考え方

（1）給与計算担当者に求められる視点

給与計算実務に必要なのは、「知識とスキル」ですが、給与計算の担当者に求められるものは、総務や人事に必要な「経営マインド」です。給与は、人を雇ったら支払う必要のあるお金ですが、そもそも給与は事業が存続しなければ支払うことができません。

人を雇えば、給与を支払う必要があり、そこには労働契約の成立があります。この契約は、労働者に余程のことが無い限りは、雇う側は一方的に解雇することはできません。一方で、人が事業を継続させ、また会社を成長させます。雇い入れでは、求職者を前にして、その人を雇うことで、事業が発展するかどうか、20 年先、40 年先も事業が継続するかどうか、こんな視点が必要になります。

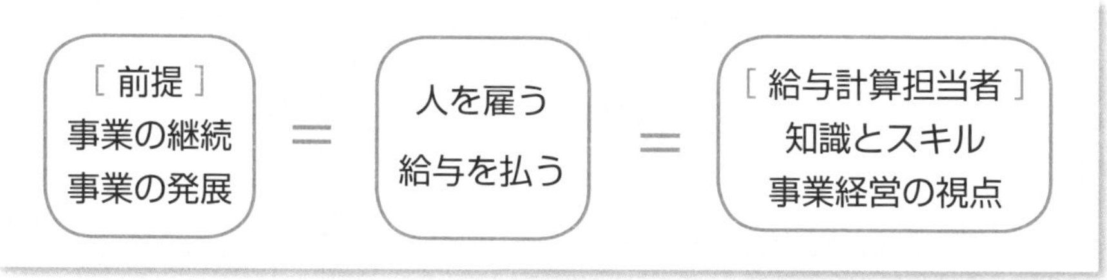

一般に、人事や総務、経理に配属される給与計算の担当者は、毎月の業務、年間の業務を通じて、会社負担分の社会保険料など、法定福利費を含めた人件費がいくらになるのか、労働分配率は適正かどうかなど把握しておく必要があります。給与を支払うことは、「事業の継続」が前提となり、昇給や賞与の支給にあたっては、「事業の発展」が絶対的な条件となります。人事労務は会社の柱です。制度ひとつ、契約書

一枚で、組織は大きく変わります。給与計算の担当者には、知識とスキル以外にも、こうした「事業経営の視点」も必要となります。

(2) 給与計算の目的

給与計算の実務で重要なのは、本人（労働者）が負担すべき社会保険料や税金を給与や賞与から正しく控除し、これを国などに納付すること。毎月の給与計算では、賃金計算期間の途中での入・退職、休・復職の日割計算、遅刻早退・欠勤時の控除額計算、そして時間外労働等が発生した場合に割増賃金を正確に計算することにあります。

1	社会保険料と所得税	正しく控除・正しく納付（本人負担分の社会保険料・本人の所得に応じた所得税）
2	ノーワーク・ノーペイ	賃金計算期間の途中で入・退職、休・復職する場合の日割計算、遅刻・早退・欠勤の際の計算
3	割増賃金	時間外労働・休日労働・深夜労働の割増賃金計算

(3) 給与計算の範囲

給与計算業務には、大きく分けると毎月の給与計算、賞与計算、年末調整（年税額を確定させる年末に行う計算）の３つがあります。

給与は働いた分を支給しますが、賞与を支給するかどうかは、基本、会社等の事業主が決めます。毎月の給与は、労働の対価である賃金として位置付けられ、労働時間やその人が働いた成績等から計算されます。一方、賞与は、業績に応じて支払われることがほとんどであることから、その支給の有無や個々に支給する額については、事業主や事業所が決めるものになります（当然、会社等の業績によっては賞与が出ないこともあります）。年末調整では、その年（1月～12月）の所得から税額を計算し、所得税の還付や徴収を行います。

給与計算業務	毎月の給与計算
	賞与計算
	年末調整（年税額計算）

【賞与２回（６月・12月）の場合】

【賞与２回（6月・12月）の場合】

1月	2月	3月	4月	5月	6月	7月	8月	9月	10月	11月	12月
↑給与計算	↑給与計算	↑給与計算	↑給与計算	↑給与計算	↑賞与計算 ↑給与計算	↑給与計算	↑給与計算	↑給与計算	↑給与計算	↑給与計算	↑賞与計算 ↑給与計算 ↑年末調整

※社会保険料は４月・５月・６月に支払う給与額の平均でその年の９月以降の額が算定されます。労働保険料は４月〜翌年３月までの賃金総額から保険料を算出します。

（4）給与計算の対象となる人の範囲

給与計算の対象となる人は、従業員などの給与所得者（法人の場合は社長を含む）です。

よって、個人事業主などの事業所得者に支払う報酬は、給与計算の対象になりません。給与計算の対象は、事業所と雇用契約を結ぶ人（役員の委任契約を含む）で、業務委託契約や請負契約の人は除かれます。

給与計算の対象者※		
給与所得者	従業員（社員・パート・アルバイト）	給与
		賞与
	社長・役員	役員報酬
		役員賞与

※事業所得者は除かれる。

(5) 人件費と手取り額の把握

給与計算では、従業員の手取り額を求め、徴収した社会保険料と所得税をそれぞれ国に納付します。(1) にも記載しましたが、給与を支払うことは、「事業の継続」が前提となります。給与計算の担当者は、法定福利費を含めた人件費がいくらになるのか、会社負担と本人手取りがいくらになるのか、把握しておきます。

以下は、一人あたりの人件費を計算したシミュレーション表（概算）です。

▶ 人件費速算表：概算

シミュレーション条件

- 40 歳未満
- 事業所所在地：東京
- 扶養無し
- 雇用：一般事業
- 労災：その他各種
- 令和6年4月

基本給	260,000
手当	4,000
交通費	2,000

標準報酬月額	260 千円

給与合計	人件費 A
①	①＋③
266,000	307,025

給与（年）	人件費（年）	手取（年）
①× 12	A × 12	B × 12
3,192,000	3,684,300	2,663,520

	本人負担	会社負担	控除計	本人料率	会社料率	計	適用
雇用保険	1,596	2,527	4,123	6.00/1,000	9.50/1,000	15.50/1,000	一般
労災保険	0	798	798	0/1,000	3.00/1,000	3.00/1,000	その他
厚生年金	23,790	23,790	47,580	91.50/1,000	91.50/1,000	183.00/1,000	
児童手当	0	936	936	0/1,000	3.60/1,000	3.60/1,000	
健康保険	12,974	12,974	25,948	49.90/1,000	49.90/1,000	99.80/1,000	東京
介護保険	0	0	0	8.00/1,000	8.00/1,000	16.00/1,000	40～64歳
控除計	38,360	41,025	79,385				
	②	③					

社保控除後計	225,640	
所得税	5,680	④

本人手取 B	221,960
	①－②－④

※従業員は給与額が額面通り丸々もらえることはなく、本人負担の社会保険料や所得税が引かれます。一方、会社は従業員の給与額を 260,000 円と決めても、そこに交通費や残業代をはじめとする手当等がつきます。これらを合計して 266,000 円になったとしても、人件費で見ると、給与に社会保険料の会社負担分（法定福利費）がプラスされます。業種による違いや 40 歳以上か未満かで介護保険の有る無しはありますが、この事例では会社負担が 15 ～ 16％程で、人件費は月 307,025 円となります。

会社負担がわかると人件費から給与額を求めたり、従業員の手取り額を決め、その額から逆算して給与額や人件費を算出する（グロスアップ計算）方法を取ることも可能になります。

ここに注目！
給与担当者には「経営マインド」が求められる

給与計算は企業の規模にかかわらず、すべての会社が行わなければならない業務です。各従業員の給与総額を計算し、そこから社会保険料や所得税、住民税などを控除して、各官公署へ納付します。

税や保険料の徴収は本来、国が行うべき業務ですが、この業務を代行する重要な役割を負っているのが給与計算業務になります。つまり、国家行政の一端を担い税収を確保する国家施策を支えているわけです。そのため給与計算業務は慎重かつ正確に、そして滞りなく行わなくてはなりません。

給与計算の担当者は毎月の業務、年間の業務を通じて、会社負担分の社会保険料など、法定福利費を含めた人件費がいくらになるのか、労働分配率は適正かどうかなど把握することが主な業務となります。ですが、その根本には国家の施策を担っているという自覚も必要です。

さらに給与を支払うことは、「事業の継続」が前提となり、昇給や賞与の支給にあたっては、「事業の発展」が絶対的な条件となります。

給与計算の担当者には、知識とスキル以外にも、こうした「事業経営の視点」も必要となるということを理解しておきたいものです。

Point ▶「制度・仕組み」を理解する

1-2 ▷ 給与計算 3 つのポイント

給与計算するにあたって、押さえておきたいポイントは次の３つです。（1）国に納付するお金（税金と社会保険料）、（2）日割・遅刻早退・欠勤計算、（3）割増賃金計算です。給与計算では、それぞれ「勤怠項目」、「支給項目」、「控除項目」に関係する部分となります。

（1）国に納付するお金（税金と社会保険料）

国に納付するお金は、税金と社会保険料です。税金は所得税と住民税になり、税金を払う義務のある人は所得者本人ですが、事業主は、給与を支払う際に税金を徴収し、源泉徴収義務者として本人に代わって納付する必要があります。社会保険料は、事業主と本人（被保険者）がそれぞれ負担します。制度の概要は次の通りです。

▶ 税と社会保険　納付のルール（原則）

1	源泉所得税	源泉所得税は、毎月 10 日（実務上は当月分を翌月 10 日※）までに納付します。最終的な年税額は 1 月から 12 月までに支払った給与総額から算出する年末調整で精算します。※納期の特例では半年毎に納付。
2	社会保険料	社会保険料（健康保険料・介護保険料・厚生年金保険料）は、当月分の保険料を翌月末日までに納付します。
3	労働保険料	労働保険料（労災保険料と雇用保険料）は、前年度（前年４月から本年３月まで）に支払った労働者の賃金総額から確定保険料を計算し、本年度（本年４月から翌年３月まで）の概算保険料と一緒に、毎年７月 10 日までに納付します。
4	住民税	住民税は、前年の所得に基づき、市区町村より本年６月分から翌年５月分までの税額が通知され、翌月 10 日までに納付します。

税金と社会保険の納付のルールは、年間スケジュールと月間スケジュールで、原則を押さえておくと良いです。

①社会保険・労働保険

日本では国民全員が安心して生活できるよう国民皆保険制度・国民皆年金制度が取られ、社会保険が充実していますが、この社会保険には、広い意味と狭い意味があり、場面ごとで使い分けられています。

広い意味の社会保険は、医療保険や年金など社会保障に近い意味で使われ、狭い意味の社会保険は、会社員に適用される健康保険・介護保険、厚生年金保険を一括りにして使われています。

労働保険は、労働者に適用される労災保険と雇用保険をいいます。尚、労働保険の雇用保険部分を含めて社会保険と呼ぶこともあります。これらは、基本的にはすべて保険制度で運用されています。

毎月の給与計算に登場する保険は、健康保険、介護保険、厚生年金保険、雇用保険です。給与計算では、各保険の本人負担分保険料を、給与から徴収します。

▶ 広義の社会保険・狭義の社会保険

社会保険（広義）				
		会社員	社長	個人事業主 フリーランス
社会保険（狭義）	医療保険	健康保険 （業務外の傷病・休業等）	健康保険 （業務外の傷病・休業等）	国民健康保険
	年金	厚生年金保険 （老齢・障害・死亡）	厚生年金保険 （老齢・障害・死亡）	国民年金 （老齢・障害・死亡）
労働保険		労災保険 （業務上や通勤途上の傷病、休業等）	無	無
		雇用保険 （失業、育児・介護等）	無	無

▶ 社会保険と労働保険

社会保険	健康保険	健康保険は、被保険者やその家族が、病気やケガをした場合、あるいは出産、死亡した場合に、必要な給付が行われます。保険料は、労使折半です。
	厚生年金保険	厚生年金保険は、被保険者が高齢となって働けなくなった場合や、病気やケガが原因で身体に障害が残ってしまった場合、あるいは死亡してしまった場合に、必要な給付が行われます。保険料は労使折半です。
労働保険	労災保険	労災保険は、労働者が業務上のケガや病気（業務災害）、通勤途上の事故（通勤災害）などで、療養や休業を要すこととなった場合や、障害になった場合、あるいは死亡した場合に、必要な給付が行われます。労災保険は、労働者（パート・アルバイトを含む）を一人でも雇用する事業所に加入義務があり、保険料は全額事業主負担となります。
	雇用保険	雇用保険は、労働者が失業した場合、育児・介護休業した場合などに、給付（失業等給付、育児・介護休業給付）が行われます。保険料は労働者と事業主の双方が負担します。

▶ 医療保険の保険者

会社などの法人は、社会保険の強制適用事業所となり、健康保険が適用されます。個人事業は社会保険の適用要件を満たした場合に健康保険になり、個人事業主は国民健康保険となります。尚、健康保険には、政府管掌健康保険と組合管掌健康保険があり、組合管掌健康保険は、企業が単独で設立する健康保険組合と業界団体が設立する健康保険組合があります。この場合、保険者は組合になります。よって、健康保険組合に加入している事業所は、従業員たる組合員の資格の取得や喪失、保険の給付や保険料の納付等は組合に対して行うことになります。

※本書では、政府管掌健康保険を例として記述します。

<table>
<tr><td></td><td colspan="2">法人</td><td colspan="2">個人事業</td></tr>
<tr><td rowspan="3">運営者</td><td colspan="2">健康保険</td><td colspan="2">国民健康保険</td></tr>
<tr><td>政府管掌</td><td>組合管掌</td><td rowspan="2">市町村国保</td><td rowspan="2">国民健康保険組合</td></tr>
<tr><td>全国健康保険協会（協会けんぽ）</td><td>健康保険組合</td></tr>
</table>

②保険制度

保険制度とは、病気やケガ、障害、死亡、失業、加齢による収入減など、不測の事態や将来（これを保険制度では「保険事故」といいます）に備えるべく、保険料を予め国などの保険者に支払い被保険者になっておき、いざ病気やケガ、収入減となった際に治療やお金という形で、給付を受ける仕組みになります。この仕組みを使った代表的なものに医療保険があります。医療保険は、健康保険料などの保険料を支払い被保険者になっておくと、病気やケガをした際に、この保険が適用されます。例えば、治療代が3,000円だとすると、保険証を持っていれば病院等の窓口で支払うのは900円程度ですむことになります。残りの2,100円は国などの保険者が負担します。つまり、保険制度とは、保険に加入する人（被保険者）が保険料を払っておけば、ケガや病気、失業や収入減となった際、保険が適用され給付が受けられる、といった仕組みになります。

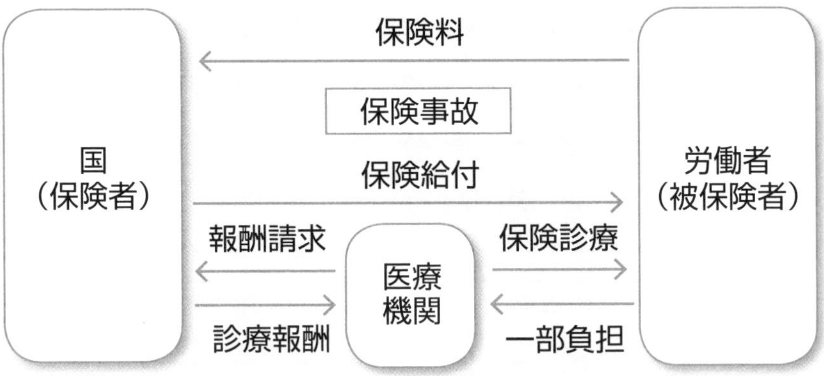

③保険料と税金

会社等の事業主が国に納付する給与に関する「お金」には、「社会保険料」、「労働保険料」、「所得税」があります。住民税を給与から控除（特別徴収）する場合は、ここに「住民税」が加わります。社会保険料とは、「健康保険料※」、「介護保険料」、「厚生年金保険料」のことで、労働保険料とは「労災保険料」、「雇用保険料」のことになります。

尚、会社が健康保険組合に加入している場合は、健康保険料・介護保険料は、原則その健保組合に納めます。

※国民健康保険組合に加入している事業所は、国民健康保険料となりその国保組合に納めます。

国に納付する「お金」は、給与計算では、控除に関する項目になります。給与計算や賞与計算では、被保険者（本人負担分）の保険料を控除するため、誰が被保険者であるのかを把握しておきます。

▶ 被保険者と保険料

被保険者	加入要件のひとつとなる勤務時間数	年齢と保険料徴収
健康保険	1週間の時間数及び1か月の日数が常時雇用者の4分の3以上の人(※1)	取得した日の属する月分から75歳に達した日（誕生日の前日）の属する月の前月分まで徴収
介護保険	〃(※1)	40歳に達した日（誕生日の前日）の属する月分から65歳に達した日（誕生日の前日）の属する月の前月分まで徴収
厚生年金保険	〃(※1)	取得した日の属する月分から70歳に達した日（誕生日の前日）の属する月の前月分まで徴収
雇用保険	週20時間以上勤務（※2）	取得日以後、賃金支払の都度、徴収

（※1）強制適用事業所（法人事務所または常時5人以上いる個人事務所）に勤務する人で、1週間の時間数及び1か月の日数が常時雇用者の4分の3以上の人

（※2）1週間の所定労働時間が20時間以上であり、且つ、同一の事業主に引き続き31日以上の雇用見込みがある場合は、「被保険者とならない人」を除き雇用保険の被保険者となります。

被保険者の社会保険料は給与額（社会保険ではこれを「報酬」という）に応じて決定され、その負担割合は労使半分ずつ（※）です。労災保険料と雇用保険料は給与の総額（労働保険ではこれを「賃金総額」という）に応じて決定され、労災保険は全額会社負担、被保険者の雇用保険料は労使それぞれの率で負担することになります。

※子ども手当拠出金は全額会社負担。

尚、所得税や住民税などの税金は暦年（1月～12月）で、本人の所得に応じてかかるものであるため、会社の負担はありません。給与計算では、給与から本人が支払うべき税金を徴収（一般にこれを「天引き」という）し、会社が本人に替わって国や市区町村に納めます。保険料や税金は、給与計算では控除に関する項目になります。

保険料の負担を、給与明細書の控除欄で見ると次のようになります。

▶ 給与明細書（例）

控　除		
健康保険料	12,974円	➡本人負担額（折半された額）。よって、25,948円（12,974×2）を国や健保組合等に納める。
介護保険料	0円	➡ 40歳以上65歳未満の人にかかる保険料（折半負担）。健康保険料と一緒に納める。
厚生年金保険料	23,790円	➡本人負担額（折半された額）。よって、47,580円（23,790×2）を国に納める。
雇用保険料	1,596円	➡本人負担額（労使それぞれの率で負担する）。労災保険料と一緒に国に納める。
所得税	5,680円	➡扶養人数に応じた額。所得税を計算し国に納める。年末調整で年税額を確定し精算する。
住民税	14,000円	➡前年の所得に応じて市区町村が算出する。給与天引きする場合は毎月市区町村に納付する。
控除合計	58,040円	

③源泉徴収制度

給与計算に関係する税金は所得税です。所得税は、その年の所得のある人が、所得金額と所得に対する税額を計算し、申告納付する「申告納税制度」となっています。但し、給与や報酬等の所得については、その所得の支払いの際に、支払者がその支払金額から所得税を徴収して（差し引いて）、国に納付する「源泉徴収制度」が採用されており、給与等の支払者は「源泉徴収義務者」として、その徴収の義務※が課せられています。

※常時２人以下の家事使用人に給与等の支払いをする個人は除かれます。尚、給与等の支払者とは、会社や事業主のことで、給与等の支払いを受ける者は、従業員（労働者）のことになります。これらは税法上の呼び名になります。

尚、平成25年1月1日から令和19年12月31日までの間は、所得税とあわせて復興特別所得税を徴収することになっており、徴収した復興特別所得税は、所得税と一緒に納付します。

このように源泉徴収制度では、給与や報酬等の支払者が、所得税と復興特別所得税を徴収し、国に納付することになっていますが、源泉徴収された所得税等は、その年の年末調整や確定申告によって精算され、これにより所得者本人の納税が完了することになります。

源泉徴収義務者が源泉徴収した所得税等は、原則、その支払いの日における支払事務を行う所在地または事業所所在地を管轄する税務署に納付します。

尚、支払事務を行う事務所に移転があった場合は、移転前の支払いに対する源泉所得税等の納税地は、移転の届出書に記載すべき移転後の事務所等の所在地とされています。

(2) 入・退職、休・復職する場合の日割計算・遅刻早退欠勤計算

給与は、労働の対価として従業員が受け取るものになります。そこ

にはノーワーク・ノーペイの原則があります。ノーワーク・ノーペイとは、働いていない分の賃金は支払われない、とするものです。入退職や休復職月の日割計算や、遅刻早退・欠勤があった際は、この原則を前提に、会社のルールで計算することになります。この日割計算や遅刻・早退・欠勤計算は、勤怠と支給に関する項目になります。詳細は72ページ以降、記載します。

(3) 賃金計算・割増賃金計算

賃金の計算は、1分単位で行う必要があります。労働時間の計算は、10進法でも60進法でもどちらの計算でもかまいません。残業代などの割増賃金計算は、労働時間を把握した上で計算します。尚、労働時間の把握を時間管理といい、時間管理は、出退勤・休憩の時刻を明確にし、労働時間は1分単位で把握します。

労働時間	例（15分）
10進法	0.25
60進法	0.15

割増賃金の支払いが必要となるのは、法定労働時間（1日8時間・1週40時間）を超えて勤務した場合や、勤務が深夜帯（22時～翌5時）になった場合、法定休日（1週間に1日または4週間で4日）に勤務した場合です。

割増賃金の計算の基礎となるのは、通常の労働時間または労働日の賃金です。尚、労働の対価とは直接的にはいえないものは、割増賃金の計算の基礎に入れなくてもよいとされています。詳細は80ページ以降に記載します。

３つのポイント、(1)の「税金と社会保険料」は給与計算では『控除』に関するもの、(2)「日割計算と遅刻早退欠勤計算」、(3)「賃金計算と割増賃金計算」が「勤怠」と「支給」に関するものになります。

ここに注目！
給与計算のために抑えたい３つのポイント

給与明細書は所得税法や健康保険法などで、事業主が各控除項目を算出・記載して、これを従業員に渡さなければならないことになっています。給与総額や振込総額だけを記載するのではなく、税や保険料の内訳など詳細に明記して交付しなければなりません。

最近ではＷｅｂ明細等を採用する企業もふえていますが、この場合には「給与所得の源泉徴収票等の電磁的方法による提供」という国税庁の規定により、すべての従業員の同意を得ることが必要です。

Ｗｅｂ明細等は明細書を印刷したり封入したりする手間が省け、明細書の入れ違いのミスなどが防げるので、今後も普及していくことでしょう。

給与明細書には給与計算の一連の事務作業がそのまま表記されています。出勤と欠勤に関する①「勤怠」項目、基本給や残業代などに関する②「支給」項目、そして税金や社会保険料などを差し引く③「控除」項目です。給与計算の流れとしては、まずは①労働者の勤務状況から②総支給額を決定して、その金額を基にし③控除合計額を決定します。最後に②総支給額から③控除合計額を差し引いて、差引支給額が算出されますが、これを「手取り（金額）」といいます。

このほか、明細書には「コメント（メッセージ）」欄を設けることがあります。ここに何を記載するかは自由ですが、手当の変更や税の徴収額の変化など、会社から従業員へ知らせる内容を明記することができます。ここに「今月もお疲れ様でした」とか「昇進おめでとう」、「祝ご結婚」など、ひと言従業員がホッとするコメントを載せると、新たなモチベーションアップにもつながるでしょう。

あるいは日頃コミュニケーションを取ることが少ない「社長からのメッセージ」を載せるという方法もあります。各個人宛ての言葉があると、ますます頑張ろうというやる気が起きます。

もちろん社長でなくても、給与計算の担当者からのコメントでも十分です。要はどんなものであれ、ツールとして事業発展のために役立てるという姿勢が必要なのです。ちょっとした工夫で着実な成果につながるので、いろいろなアイディアを考えて実践してみるとよいでしょう。

1-3 ▷給与計算の基本原則

給与計算は、労使間で取り交わす雇用契約をベースに、労働法や社会保険法、税法などの法律に基いて計算を行います。労働法は、労働に関する法律の総称で、給与計算では労働基準法や最低賃金法などをさします。

社会保険法は、会社の保険に関する法律の総称になり、健康保険法や厚生年金保険法、雇用保険法などのことをいいます。税法は、所得税法や地方税法など、税金に関する法律です。

給与計算	雇用契約	民法 労働契約法 など
	労働法	労働基準法 最低賃金法 など
	社会保険法	雇用保険法 健康保険法 介護保険法 厚生年金保険法 など
	税法	所得税法 地方税法（住民税）など

毎月支払われる給与は、労働基準法では「賃金」といいます。賃金は、使用者（会社等の事業主）が労働者（従業員）に支払う「労働の対価」として位置付けられています。

給与額、すなわち賃金額は、会社で雇用する従業員との「契約」に基づいて決定され、残業代などの割増賃金は、労働基準法に則って計算することになります。

毎月支払われる給与 ＝ 賃金（労働基準法） ＝ 労働の対価（労働の対償）

給与計算実務では、給与を支払う者（会社等の事業主）を税法上は「給与支払者」といい、この給与支払者に雇用され、その者の指揮命令に従い働く労働者を「給与所得者」といいます。そして、給与計算事務は給与支払者が行うことになります。したがって、給与計算の実務担当者は、給与を支払う側の職務として、その業務にあたります。

尚、給与計算実務で、重視すべきものは、労使間で取り交わされる「契約」です。契約は、労働という広い枠組み（労働契約）の中の雇用契約として、権利と義務の相関関係のもと、労使それぞれを拘束します。よって、給与計算実務では、「働いたら支払う」、「働かなかったら支払われない」という「ノーワーク・ノーペイの原則」に従い、給与計算を行います。

この原則は、使用者に法令遵守が求められる一方で、従業員たる労働者は、就労義務日（労働日）に就労義務時間、働くことが求められ、労働者は会社の指揮命令に従い、職務に専念する義務を負います。

そのようなことから、給与計算実務担当者は、勤務の実態を把握し、労働者から労働（役務）の提供が無かった場合には、その原因を把握した上で、遅刻早退、欠勤控除等を行い、法定外労働があった場合には、法令で定める割増賃金計算を行います。

▶ 雇用契約

	会社（使用者）	従業員（労働者）
権利	役務の提供を受ける	賃金を受け取る
義務	賃金を支払う（払う）	労働を提供する（働く）※
	雇う側	雇われる側
付帯義務	法令遵守	指揮命令に従う義務 職務に専念する義務

※労働は労働契約上の義務であり、権利ではないため就労請求権はありません。但し、雇用契約書に特段の定めをした場合や特殊技能を要す業務など労働の提供が合理的理由となる場合は、就労請求権が肯定されます。

▶ ノーワーク・ノーペイの原則

	会社	従業員（労働者）
原則	役務の提供を受けていない	賃金は支払われない
例外	使用者の責めに帰すべき事由による休業	休業手当の支払い（平均賃金 60%以上）
	年次有給休暇の取得	就労義務日に働かなくてもよい（就労した日とみなされる）。時給者は、年次有給休暇を取得した分の賃金が支払われる。
	就労義務違反に対する懲罰	減給の制裁

Point1 ▶契約は労使の約束事

Point2 ▶新規適用には「労働保険と社会保険」の2つがある

1-4 ▷ 税務・社会保険の手続

会社や個人事業主が、人を雇ったり、会社を設立したりして、給与や役員報酬を支払うことになったとき、給与計算業務は発生します。

給与計算にあたっては、給与額や計算方法、支払方法について、事業主はルールを決めておきます。毎月の給与計算では、実際の勤務をもとに、その月に支払う額を算出し、所得税や本人負担分の社会保険料を徴収します。

決める内容	例
賃金締切日を決める	毎月15日締め、毎月末日締め など
賃金支払日を決める	当月25日払い、翌月10日払い など
賃金形態や給与額を決める	月額25万円（基本給18万円、手当7万円)、時給1100円・日給12000円、歩合給・歩率60%、役員報酬月50万円 など ※役員報酬は決算から決める
昇給の有無や昇給の時期を決める	昇給（有・無）→有の場合…4月 など
賞与の有無や支給の時期を決める	賞与（有・無）→有の場合…6月・12月 など基本給の2か月分（夏25万円、冬25万円)、本俸の20% など
退職金の有無や支給の際のルールを決める	退職金（有・無）→有の場合…勤続3年以上（自己都合・会社都合)、退職時の基本給×支給係数 など

（1）給与額と給与の締め日・支払日を決める

従業員を雇うにあたり、事業主は給与額や賃金の締め日・支払日、賞与や退職金支給の有り無し等を決めます。給与には、時給や日給、月給など色々とありますが、事業主は、手当を含め、時給換算した結果が、最低賃金額以上支払われることを確認し、それぞれ支給する額を決めていきます。

給与計算は、賃金の締切日から支払日までの間に計算（残業代の計算や所得税の計算、社会保険料額の確認等）することになります。そのため、賃金の締切日と支払日はとても重要です。また、社会保険料の徴収に絡む部分ですので、預かりと納付についても確認しておきます（P117）。給与計算をする人数にもよりますが、銀行等の営業日の関係や振り込みの手間や時間、資金確保等もありますので、なるべくゆとりをもって日付設定すると良いです。一般的には最低５日、離れている所では末締め翌月末日払いという事業所もあります。

▶ 15日締め当月25日払い（給与支給日が金融機関の営業日でない場合の例）

14	15	16	17	18	19	20	21	22	23	24	25	26	27	28	29	30
水	木	金	土	日	月	火	水	木	金	土	日	月	火	水	木	金
	締め日	この期間に給与計算を行う						給与支給日	祝日		本来の支払日					社会保険納付期限

※給与計算は締め日と支払日の間に行います。

★役員報酬

給与計算の対象には、役員も含まれます。役員に支払う報酬は、「定期同額給与」というルールがあり、役員報酬は毎月同額で支払う必要があります。この他、事前に税務署に届出をして支払う「事前確定届出給与」というものがあります。役員賞与等は、この手続が必要となります。尚、報酬額の改定は、事業年度開始日の属する月から３か月以内の改定となります。これ以外は、やむを得ない事由（臨時改定事由）があるときに改定が認められています。

これらのルールは、国の法人税等の税徴収において、会社に利益が出た際に役員報酬で調整（利益操作）することで税負担を逃れさせないようにするためのものになります。尚、税法上の役員には、名称の如何を問わず、法人の経営に従事していると認められるものも含まれます。役員（従業員兼務役員を除く）は、労災保険・雇用保険の対象外です。したがって、従業員から役員になった場合は、雇用保険の被保険者資格の喪失手続をし、雇用保険料の徴収対象から外します。

(2) 従業員に交付する書類

人を雇うにあたり、事業主は、労働条件を労働者に明示※する必要があります。事業主は、「労働条件通知書」を作成し、これを労働者に交付します。

※明示方法は、原則、書面の交付ですが、本人が希望する場合は、電子メール（印刷できるもの）によることができます。

労働条件通知書には、契約期間、就業の場所、従事すべき業務の内容、始業終業の時刻、休憩時間、就業時転換に関する事項、所定外労働の有無、休日、休暇、賃金、退職に関する事項などを記載します。また、契約期間に定めがあるような場合には、トラブル防止の観点から雇用契約書を締結します。

▶ 労働条件通知書

➡詳細は巻末付録 P258 参照

（一般労働者用；常用、有期雇用型）

労働条件通知書

	年　月　日 ＿＿＿＿＿＿殿 事業場名称・所在地 使 用 者 職 氏 名
契約期間	期間の定めなし、期間の定めあり（　年　月　日～　年　月　日） ※以下は、「契約期間」について「期間の定めあり」とした場合に記入 1　契約の更新の有無 ［自動的に更新する・更新する場合があり得る・契約の更新はしない・その他（　）］ 2　契約の更新は次により判断する。 （・契約期間満了時の業務量　・勤務成績、態度　・能力 ・会社の経営状況　・従事している業務の進捗状況 ・その他（　）） 3　更新上限の有無（無・有（更新　回まで／通算契約期間　年まで）） 【労働契約法に定める同一の企業との間での通算契約期間が５年を超える有期労働契約の締結の場合】 本契約期間中に会社に対して期間の定めのない労働契約（無期労働契約）の締結の申込みをすることにより、本契約期間の末日の翌日（　年　月　日）から、無期労働契約での雇用に転換することができる。この場合の本契約からの労働条件の変更の有無（　無　・　有（別紙のとおり）　） 【有期雇用特別措置法による特例の対象者の場合】 無期転換申込権が発生しない期間：　Ⅰ（高度専門）・Ⅱ（定年後の高齢者） Ⅰ　特定有期業務の開始から完了までの期間（　年　か月（上限10年）） Ⅱ　定年後引き続いて雇用されている期間
就業の場所	（雇入れ直後）　（変更の範囲）
従事すべき業務の内容	（雇入れ直後）　（変更の範囲） 【有期雇用特別措置法による特例の対象者（高度専門）の場合】 ・特定有期業務（　開始日：　完了日：　）
始業、終業の時刻、休憩時間、就業時転換（(1)～(5)のうち該当するもの一つに○を付けること。）、所定時間外労働の有無に関する事項	1　始業・終業の時刻等 (1) 始業（　時　分）終業（　時　分） 【以下のような制度が労働者に適用される場合】 (2) 変形労働時間制等；（　）単位の変形労働時間制・交替制として、次の勤務時間の組み合わせによる。 ┌ 始業（　時　分）終業（　時　分）（適用日　） ├ 始業（　時　分）終業（　時　分）（適用日　） └ 始業（　時　分）終業（　時　分）（適用日　） (3) ﾌﾚｯｸｽﾀｲﾑ制；始業及び終業の時刻は労働者の決定に委ねる。 （ただし、ﾌﾚｷｼﾌﾞﾙﾀｲﾑ（始業）　時　分から　時　分、 （終業）　時　分から　時　分、 ｺｱﾀｲﾑ　時　分から　時　分） (4) 事業場外みなし労働時間制；始業（　時　分）終業（　時　分） (5) 裁量労働制；始業（　時　分）終業（　時　分）を基本とし、労働者の決定に委ねる。 ○詳細は、就業規則第　条～第　条、第　条～第　条、第　条～第　条 2　休憩時間（　）分 3　所定時間外労働の有無（　有　，　無　）
休　日	・定例日；毎週　曜日、国民の祝日、その他（　） ・非定例日；週・月当たり　日、その他（　） ・1年単位の変形労働時間制の場合－年間　日 ○詳細は、就業規則第　条～第　条、第　条～第　条
休　暇	1　年次有給休暇　6か月継続勤務した場合→　日 継続勤務6か月以内の年次有給休暇　（有・無） →　か月経過で　日 時間単位年休（有・無） 2　代替休暇（有・無） 3　その他の休暇　有給（　） 無給（　） ○詳細は、就業規則第　条～第　条、第　条～第　条

（次頁に続く）

賃　金	1　基本賃金　イ　月給（　円）、ロ　日給（　円） ハ　時間給（　円）、 ニ　出来高給（基本単価　円、保障給　円） ホ　その他（　円） ヘ　就業規則に規定されている賃金等級等 2　諸手当の額又は計算方法 イ（　手当　円　／計算方法：　） ロ（　手当　円　／計算方法：　） ハ（　手当　円　／計算方法：　） ニ（　手当　円　／計算方法：　） 3　所定時間外、休日又は深夜労働に対して支払われる割増賃金率 イ　所定時間外、法定超　月６０時間以内（　）％ 月６０時間超　（　）％ 所定超　（　）％ ロ　休日　法定休日（　）％、法定外休日（　）％ ハ　深夜（　）％ 4　賃金締切日（　）－毎月　日、（　）－毎月　日 5　賃金支払日（　）－毎月　日、（　）－毎月　日 6　賃金の支払方法（　） 7　労使協定に基づく賃金支払時の控除（無　，有（　）） 8　昇給（　有（時期、金額等　），　無　） 9　賞与（　有（時期、金額等　），　無　） 10　退職金（　有（時期、金額等　），　無　）
退職に関する事項	1　定年制　（　有　（　歳），　無　） 2　継続雇用制度（　有（　歳まで），　無　） 3　創業支援等措置（　有（　歳まで業務委託・社会貢献事業），　無　） 4　自己都合退職の手続（退職する　日以上前に届け出ること） 5　解雇の事由及び手続［　］ ○詳細は、就業規則第　条～第　条、第　条～第　条
そ　の　他	・社会保険の加入状況（　厚生年金　健康保険　その他（　）） ・雇用保険の適用（　有　，　無　） ・中小企業退職金共済制度 （加入している　，　加入していない）（※中小企業の場合） ・企業年金制度（　有（制度名　），　無　） ・雇用管理の改善等に関する事項に係る相談窓口 部署名　担当者職氏名　（連絡先　） ・その他（　） ※以下は、「契約期間」について「期間の定めあり」とした場合についての説明です。 労働契約法第18条の規定により、有期労働契約（平成25年4月1日以降に開始するもの）の契約期間が通算５年を超える場合には、労働契約の期間の末日までに労働者から申込みをすることにより、当該労働契約の期間の末日の翌日から期間の定めのない労働契約に転換されます。ただし、有期雇用特別措置法による特例の対象となる場合は、無期転換申込権の発生については、特例的に本通知書の「契約期間」の「有期雇用特別措置法による特例の対象者の場合」欄に明示したとおりとなります。
以上のほかは、当社就業規則による。就業規則を確認できる場所や方法（　）	

※　本通知書の交付は、労働基準法第１５条に基づく労働条件の明示及び短時間労働者及び有期雇用労働者の雇用管理の改善等に関する法律（パートタイム・有期雇用労働法）第６条に基づく文書の交付を兼ねるものであること。

※　労働条件通知書については、労使間の紛争の未然防止のため、保存しておくことをお勧めします。

（3）税務関係の届け出（税務署）

事業主は、人を雇入れるにあたり、税務や社会保険関係の届け出をします。会社や個人事業主が、新たに給与等を支払うことになった場合は、その事実が生じた日から 1 か月以内に次の書類を会社等（給与支払事務所）の所在地を管轄する税務署長に提出します。この届け出は、人を雇い、給与の支払いが始まったことを税務署に知らせるためのものになります。

尚、給与等の支払事務を取り扱う事務所等が移転した場合も税務署に届け出ます。

▶ 給与等を支払うことになったとき

会社・個人事業主※	給与支払事務所等の開設届出書	新たに給与等の支払事務を取り扱う事務所等を設けたこと（例えば、法人の設立、支店や営業所の開設等）。
		支店、営業所等で新たに給与等の支払事務を取り扱うこととなったこと。

▶ 給与等の支払いがなくなったとき

会社・個人事業主※	給与支払事務所等の移転・廃止届出書	解散や廃業、休業等により給与等の支払がなくなったこと。
		支店や営業所等での給与等の支払事務が本店や主たる事務所等へ引き継がれたこと。
		給与等の支払事務を取り扱う事務所等を移転したこと。

※個人が新たに事業を始めると同時に、人を雇う場合には、「個人事業の開業届出書」に給与等の支払い状況を記載します。その場合には「給与支払事務所等の開設届出書」の提出は不要となります。また、個人事業主が事業を廃止したり、譲渡したり、法人化したりする場合は、「個人事業の廃業届出書」を提出します。この場合も、「給与支払事務所等の廃止届出書」の提出は不要となります（尚、個人事業主が法人化したときは、法人設立届出と給与支払事務所等の開設届出書の提出が必要となります）。

「給与支払事務所等の開設届出書」を提出し、「所得税の納付書」や「年末調整の案内」などを税務署から取り寄せます。

税金の納付（納税）は、この納付書で行います。

▶ 給与支払事務所等の開設・移転・廃止届出書　個人事業の開業・廃業等届出書

➡詳細は巻末付録 P260・261 参照

給与支払事務所等の開設・移転・廃止届出書

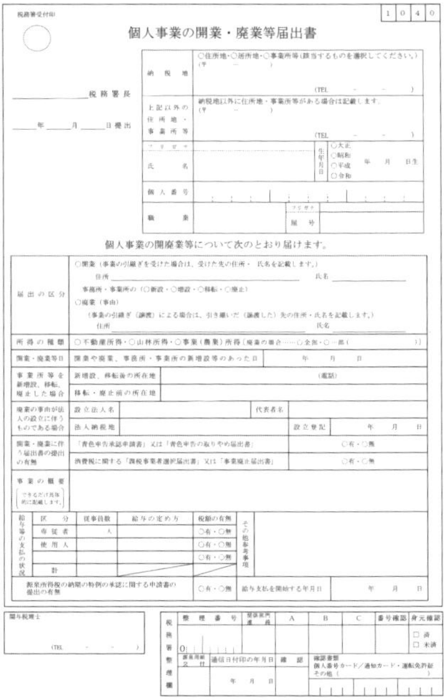
個人事業の開業・廃業等届出書

出典：国税庁

(4) 社会保険関係の届け出（労働基準監督署・年金事務所・ハローワーク）

事業所が労働保険や社会保険の適用事業所となる場合は、新規適用に関する届け出が必要になります。社会保険の適用事業所には、強制適用と任意適用があります。

▶ 社会保険の適用事業所

強制適用事業所	社会保険（健康保険・厚生年金保険）の強制適用事業所は、株式会社などの法人の事業所（役員のみの場合を含む）です。また、従業員が常時５人以上いる個人の事業所についても、農林漁業、サービス業などを除き、社会保険の強制適用事業所となります。
任意適用事業所	上記の強制適用事業所以外の事業所であっても、従業員の半数以上が社会保険の適用事業所となることに同意し、事業主が申請した場合は、厚生労働大臣の認可により適用事業所となることができます。

①健康保険・厚生年金保険の新規適用

事業所が健康保険、厚生年金保険の適用事業所に該当するときは、5日以内に事業所所在地を管轄する年金事務所に「健康保険・厚生年金保険新規適用届」、「健康保険・厚生年金保険被保険者資格取得届」を提出します。被保険者に扶養する家族がいる場合は、「健康保険被扶養者（異動）届、国民年金第3号被保険者関係届」を提出します。

尚、「常時使用する従業員が5人未満の個人事業所」など、強制適用事業所以外の事業所は、「任意適用申請書」を一緒に提出し、年金事務所長の許可を受けることで適用事業所となることができます。

社会保険の新規適用	健康保険・厚生年金保険新規適用届
	健康保険・厚生年金保険被保険者資格取得届
	健康保険被扶養者（異動）届、国民年金第3号被保険者関係届

▷ 社会保険の被保険者

社会保険の適用事業所にフルタイムで勤務する従業員等（正社員、法人の代表者、役員等）は、被保険者となります。尚、パートタイマーやアルバイトでも、1週間の所定労働時間及び1か月の所定労働日数が同じ事業所で同様の業務に従事している正社員の4分の3以上※である人は、被保険者となります。

※正社員の4分の3未満であっても、①週の所定労働時間が20時間以上、②雇用期間が2ヶ月以上見込まれること、③月額賃金が8.8万円以上、④学生以外、⑤被保険者51人以上の企業に勤務していることの5つの要件をすべて満たす人は、被保険者になります。この事業所を特定適用事業所といいます。

▶ 健康保険・厚生年金保険新規適用届

➡詳細は巻末付録 P262 参照

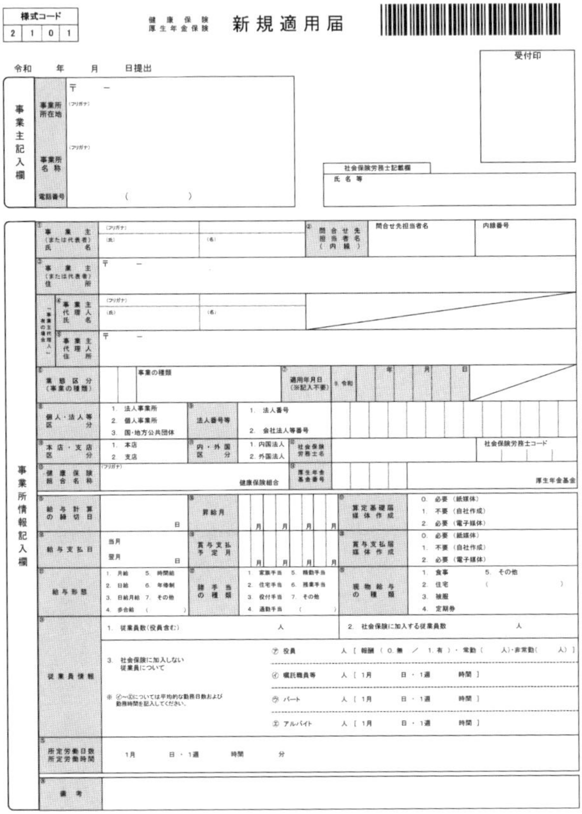
様式コード 2101
健康保険
厚生年金保険
新規適用届
令和　年　月　日提出
受付印
事業主記入欄
事業所所在地　〒　－　(フリガナ)
事業所名称　(フリガナ)
電話番号　(　　)
社会保険労務士記載欄
氏名等
事業所情報記入欄
① 事業主(または代表者)氏名　(フリガナ)　(氏)　(名)
② 問合せ先担当者名(内線)　問合せ先担当者名　内線番号
③ 事業主(または代表者)住所　〒　－
「事業主代理人」有の場合
④ 事業主代理人氏名　(フリガナ)　(氏)　(名)
⑤ 事業主代理人住所　〒　－
⑥ 業態区分(事業の種類)　事業の種類
⑦ 適用年月日(※記入不要)　9. 令和　年　月　日
⑧ 個人・法人等区分　1. 法人事業所　2. 個人事業所　3. 国・地方公共団体
⑨ 法人番号等　1. 法人番号　2. 会社法人等番号
⑩ 本店・支店区分　1. 本店　2. 支店
⑪ 内・外国区分　1. 内国法人　2. 外国法人
⑫ 社会保険労務士名　社会保険労務士コード
⑬ 健康保険組合名称　(フリガナ)　健康保険組合
⑭ 厚生年金基金番号　厚生年金基金
⑮ 給与計算の締切日　日
⑯ 昇給月　月　月　月　月
⑰ 算定基礎届媒体作成　0. 必要(紙媒体)　1. 不要(自社作成)　2. 必要(電子媒体)
⑱ 給与支払日　当月　翌月　日
⑲ 賞与支払予定月　月　月　月　月
⑳ 賞与支払届媒体作成　0. 必要(紙媒体)　1. 不要(自社作成)　2. 必要(電子媒体)
㉑ 給与形態　1. 月給　2. 日給　3. 日給月給　4. 歩合給(　)　5. 時間給　6. 年俸制　7. その他
㉒ 諸手当の種類　1. 家族手当　2. 住宅手当　3. 役付手当　4. 通勤手当　5. 精勤手当　6. 残業手当　7. その他(　)
㉓ 現物給与の種類　1. 食事　2. 住宅　3. 被服　4. 定期券　5. その他(　)
㉔ 従業員情報　1. 従業員数(役員含む)　人　2. 社会保険に加入する従業員数　人
3. 社会保険に加入しない従業員について
※ ㋑〜㋓については平均的な勤務日数および勤務時間を記入してください。
㋐ 役員　人［報酬(0. 無／1. 有)・常勤(　人)・非常勤(　人)］
㋑ 嘱託職員等　人［1月　日・1週　時間］
㋒ パート　人［1月　日・1週　時間］
㋓ アルバイト　人［1月　日・1週　時間］
㉕ 所定労働日数 所定労働時間　1月　日・1週　時間　分
㉖ 備考

出典：日本年金機構

②労働保険の新規適用

労働保険は、労災保険と雇用保険の総称になります。労働者を一人でも雇っていれば、業種や規模、正社員やパート・アルバイトを問わず、労働保険の適用事業となります。

労災保険や雇用保険の給付は、それぞれ別々に取り扱われますが、労災保険料と雇用保険料の納付については、一体のものとして取り扱われます。

労働保険料は、保険関係が成立した日からその年度の末日（3/31）までに労働者に支払う賃金の総額の見込額に保険料率を乗じて得た額の保険料（これを「概算保険料」という）を申告・納付します。

事業所が労働保険の適用事業となったときは、保険関係が成立した日の翌日から起算して10日以内に「保険関係成立届」を所轄の労働基準監督署※に提出します。

また、保険関係が成立した日の翌日から起算して50日以内に「概算保険料申告書」を所轄の労働基準監督署または所轄の都道府県労働局あるいは日本銀行（代理店、歳入代理店 (全国の銀行・信用金庫の本店または支店、郵便局）でも可）に提出し、保険料を納付します。

※建設業や農林漁業等、事業が労災保険と雇用保険で別個の事業となる場合（これを「2元適用事業」という）は、公共職業安定所にも提出します。

上記の書類提出後、週20時間以上勤務する従業員を雇い入れたら「雇用保険適用事業所設置届」と「雇用保険被保険者資格取得届」を所轄の公共職業安定所（ハローワーク）に提出します。設置届は設置の日の翌日から起算して10日以内、資格取得届は資格取得の事実があった日の翌月10日までに提出します。

(5) 入社した従業員からもらう書類・情報

給与計算の対象者（従業員）が以下の要件に合致する場合は、次頁の書類・情報を提出してもらいます。

事業主が支払う給与が、本人（従業員）にとって主たる給与となる場合は、給与を受ける人（従業員）から、その年の最初に給与の支払いを受ける日の前日（中途就職の場合には、就職後最初の給与の支払いを受ける日の前日）までに「給与所得者の扶養控除等（異動）申告書」を提出してもらいます。

対象者	必要情報・書類	備考
支払われる給与が、本人にとって主たる給与となる場合	給与所得者の扶養控除等（異動）申告書	所得税「甲欄」が適用される
雇用保険の被保険者となる場合	マイナンバー、雇用保険被保険者番号	31 日以上引き続き雇用されることが見込まれている人で、1 週間の所定労働時間が 20 時間以上である人
社会保険の被保険者となる場合	マイナンバーまたは基礎年金番号（扶養がある場合は被扶養者のマイナンバー）	強制適用事業所（法人事務所または常時５人以上いる個人事務所）に勤務する人で、1 週間の時間数及び 1 か月の日数が常時雇用者の４分の３以上の人※

※特定適用事業所や労使合意に基づき申出をした事業所（任意特定適用事業所）に勤める週 20 時間以上で月 8.8 万円以上、２ヶ月以上雇用が見込まれる学生以外の人は社会保険の加入対象となります。また、強制適用事業所以外の事業所は、条件を満たせば任意適用事業所として社会保険に加入することができます。

▶ 給与所得者の扶養控除等（異動）申告書

➡詳細は巻末資料 P263 参照

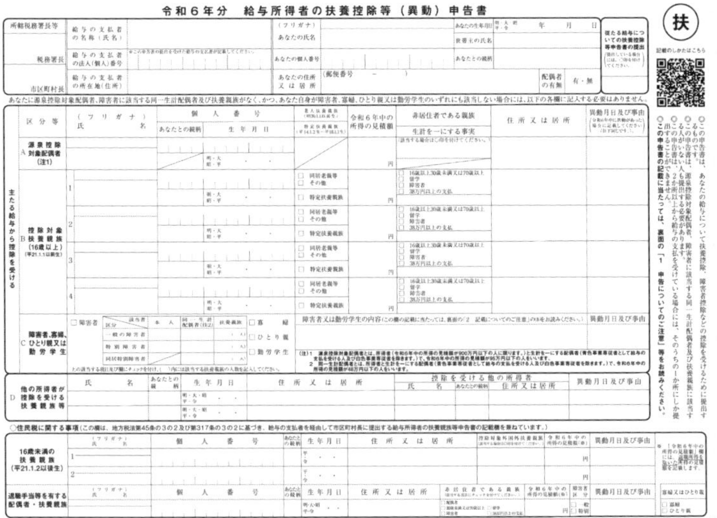
令和６年分　給与所得者の扶養控除等（異動）申告書

扶

出典：国税庁

尚、当初提出した申告書の記載内容に異動があった場合には、その異動の日後、最初に給与の支払いを受ける日の前日までに異動の内容等を記載した申告書を提出してもらうようにします。また非居住者である親族に係る扶養控除または障害者控除の適用を受ける場合には、その年最後に給与の支払いを受ける日の前日までに、その親族と生計を一にする事実を記載した上で提出してもらいます。

※この書類が提出されることで、税額表の甲欄で所得税額を求めることができます。

入社した従業員が社会保険の被保険者となる場合は、入社した日から5日以内に事業所所在地を管轄する年金事務所に「健康保険・厚生年金保険被保険者資格取得届」を提出します。被保険者に扶養する家族（P127）がいる場合は、「健康保険被扶養者（異動）届、国民年金第3号被保険者関係届」を提出します。

▶ 健康保険・厚生年金保険　被保険者資格取得届・右

▶ 健康保険被扶養者（異動）届 国民年金第3号被保険者関係届・左

➡詳細は巻末付録 P264・265 参照

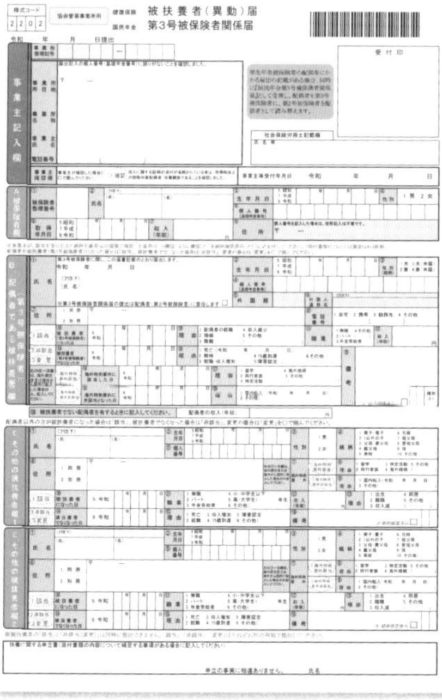
被扶養者（異動）届
第3号被保険者関係届

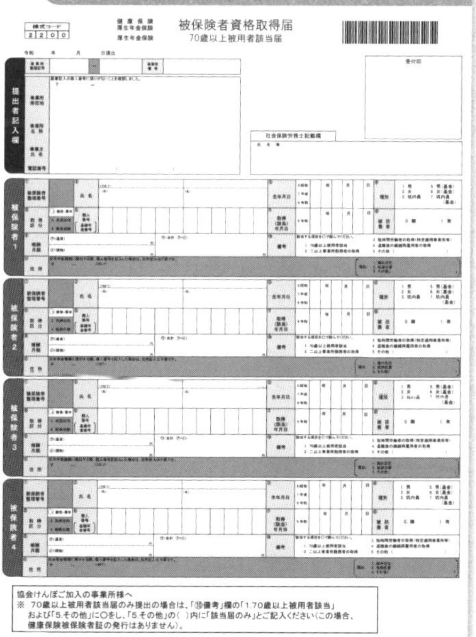
被保険者資格取得届
70歳以上被用者該当届

協会けんぽご加入の事業所様へ
※ 70歳以上被用者該当届のみ提出の場合は、「⑬備考」欄の「1.70歳以上被用者該当」および「5.その他」に○をし、「5.その他」の( )内に「該当届のみ」とご記入ください(この場合、健康保険被保険者証の発行はありません)。

また、入社した従業員が雇用保険の被保険者となる場合には、「雇用保険被保険者資格取得届」を被保険者となった日の属する月の翌月 10 日までに公共職業安定所に提出します。

▶ 雇用保険被保険者資格取得届

➡詳細は巻末付録 P266 参照

様式第2号（第6条関係）
雇用保険被保険者資格取得届
標準字体 0123456789
（必ず第２面の注意事項を読んでから記載してください。）

帳票種別 19101
1. 個人番号
2. 被保険者番号
3. 取得区分（1 新規 2 再取得）
4. 被保険者氏名　フリガナ（カタカナ）
5. 変更後の氏名　フリガナ（カタカナ）
6. 性別（1 男 2 女）
7. 生年月日　元号 年 月 日（2 大正 3 昭和 4 平成 5 令和）
8. 事業所番号
9. 被保険者となったことの原因
（1 新規雇用（新規学卒） 2 新規（その他）雇用 3 日雇からの切替 4 その他 8 出向元への復帰等（65歳以上））
10. 賃金（支払の態様－賃金月額:単位千円）　百万 十万 万 千円（1 月給 2 週給 3 日給 4 時間給 5 その他）
11. 資格取得年月日　元号 年 月 日（4 平成 5 令和）
12. 雇用形態（1 日雇 2 派遣 3 パートタイム 4 有期契約労働者 5 季節的雇用 6 船員 7 その他）
13. 職種（01～11）第２面参照
14. 就職経路（1 安定所紹介 2 自己就職 3 民間紹介 4 把握していない）
15. 1週間の所定労働時間　時間 分
16. 契約期間の定め
1 有 ― 契約期間　元号 年 月 日 から 元号 年 月 日 まで（4 平成 5 令和）
契約更新条項の有無（1 有 2 無）
2 無
事業所名（　　）　備考（　　）

（この用紙は、このまま機械で処理しますので、汚さないようにしてください。）

17欄から23欄までは、被保険者が外国人の場合のみ記入してください。
17. 被保険者氏名（ローマ字）（アルファベット大文字で記入してください。）
被保険者氏名〔続き（ローマ字）〕
18. 在留カードの番号（在留カードの右上に記載されている12桁の英数字）
19. 在留期間　西暦 年 月 日 まで
20. 資格外活動の許可の有無（1 有 2 無）
21. 派遣・請負就労区分（1 派遣・請負労働者として主として当該事業所以外で就労する場合 2 1に該当しない場合）
22. 国籍・地域（　　）
23. 在留資格（　　）

※公共職業安定所記載欄
24. 取得時被保険者種類（1 一般 2 短期常態 3 季節 11 高年齢被保険者（65歳以上））
25. 番号複数取得チェック不要（チェック・リストが出力されたが、調査の結果、同一人でなかった場合に「1」を記入。）
26. 国籍・地域コード（22欄に対応するコードを記入）
27. 在留資格コード（23欄に対応するコードを記入）

雇用保険法施行規則第6条第1項の規定により上記のとおり届けます。
令和　年　月　日
住　所
事業主　氏　名
電話番号
公共職業安定所長　殿

社会保険労務士記載欄	作成年月日・提出代行者・事務代理者の表示	氏　名	電話番号

※

所長		次長		課長		係長		係		操作者	

※備考
確認通知　令和　年　月　日

2021.9

出典：ハローワーク

Point ▶「必要情報」を把握しておくと業務が円滑になる

1-5 ▷ 給与計算や手続に必要な情報

給与計算や社会保険等の手続には、(1) 事業所情報 (2) 管轄する役所 (3) 必要な手続と書類の名称 (4) 従業員情報 (5) 扶養する人の情報が必要になります。

(1) 事業所情報

給与計算や社会保険手続には、事業所情報が必要となります。下の表に記入してみましょう。

事業所名	
郵便番号	
住所	
電話番号	
代表者氏名	
業種	
法人番号(13桁)	
給与・賞与振込元 金融機関情報	〔　　〕銀行 〔　　〕支店 口座種別〔　　〕 口座番号〔　　〕名義人〔　　〕
給与の締切日	〔　当　〕月　〔　　〕日締め
給与の支給日	〔 当 ・ 翌 〕月　〔　　〕日払い
昇給の有無	〔 有 ・ 無 〕 昇給月〔　〕月 ※昇給月は決めなくてもかまいません。
社会保険控除	〔 当月 ・ 翌月 〕 徴収
賞与の有無	〔 有 ・ 無 〕 賞与月〔　〕月・〔　〕月 ※賞与月は決めなくてもかまいません。

（2）管轄する役所の情報

税金に関する書類や社会保険に関する書類の提出先となります。→次頁
事業所の所在地を管轄する役所の情報を記入しましょう。

		所轄（書類の提出先）	手続に必要な番号等
税金	所得税	〔　　　〕税務署	税務署番号〔　　　〕 整理番号〔　　　〕
社会保険※	健康保険 介護保険	協会けんぽ 〔　　　〕支部	事業所整理記号〔　　　〕 事業所番号〔　　　〕
	厚生年金保険	〔　　　〕年金事務所	
労働保険	雇用保険	〔　　　〕ハローワーク	雇用保険適用事業所番号〔　　　〕
	労働保険料	〔　　　〕労働局	労働保険番号〔　　　〕
	労災保険(給付)	〔　　　〕労働基準監督署	
その他	労基法関係	〔　　　〕労働基準監督署	
	登記関係	〔　　　〕法務局	法人番号〔　　　〕

※国保組合へ加入している事業所や健保組合に加入している事業所の健康保険関係は、それぞれの組合が提出先となります。

（3）必要な手続

次頁の表は、それぞれの場面で必要となる書類とその提出先をまとめたものです。

（4）従業員情報（入社・退職・変更）

給与計算や社会保険手続には、従業員情報（マイナンバーを含む）が必要になります。

▷ **給与計算や手続に必要な情報：従業員→ P43・上**

（注）外注者や業務委託者は従業員に含まれません。従業員情報は、個人情報保護法が適用されます。

場面		書面	提出先
事業をはじめるとき	社会保険を適用させる（適用事業所に該当する場合）	健康保険・厚生年金保険新規適用届	所轄年金事務所 所轄都道府県事務センター
	給与を支払うとき	給与支払事務所等の開設・移転・廃止届出書	所轄税務署
従業員をはじめて雇ったとき	労災保険を成立させる	労災保険関係成立届	所轄労基署
		労働保険概算・確定保険料申告書	都道府県労働局
	雇用保険を適用させる（適用事業所に該当する場合）	雇用保険適用事業所設置届	所轄ハローワーク
	時間外労働・休日労働の発生が見込まれるとき	時間外・休日労働に関する協定書（36協定）	所轄労基署
事業所が毎年行う手続	労働保険料の申告（年度更新）	労働保険概算・確定保険料申告書	所轄労基署または都道府県労働局
	社会保険料の算定（算定基礎）	健康保険・厚生年金保険被保険者報酬月額算定基礎届	所轄年金事務所・所轄都道府県事務センター
従業員の入退職	【入社】雇用保険の資格取得	雇用保険被保険者資格取得届	所轄ハローワーク
	【退職】雇用保険の資格喪失	雇用保険被保険者資格喪失届・離職票	所轄ハローワーク
	【入社】社会保険の資格取得	健康保険・厚生年金保険被保険者資格取得届	所轄都道府県事務センター
	【退職】社会保険の資格喪失	健康保険・厚生年金保険被保険者資格喪失届	所轄都道府県事務センター
	住民税を給与から天引きするとき（していたとき）	給与所得者異動届出書（特→普）	1/1 現在従業員の住民票がある市区町村
		特別徴収切替申請書（普→特）	
従業員のケガ・病気・休業	治療するとき	業務上（疾病等）：療養（補償）給付	所轄労基署
		業務外（傷病等）：療養の給付	所轄協会けんぽ等
	休業するとき	業務上（疾病等）：休業（補償）給付	所轄労基署
		業務外（傷病等）：傷病手当金	所轄協会けんぽ等
		業務外（出産）：出産手当金	所轄協会けんぽ等
		業務外（育児）：育児休業給付	所轄ハローワーク
		業務外（介護）：介護休業給付	所轄ハローワーク

（5）扶養する人の情報

給与計算や社会保険手続において、従業員に扶養する家族がいる場合は、扶養情報が必要となります。

▷ **給与計算や手続に必要な情報：被扶養者→ P43・下**

（注）扶養情報は、個人情報保護法が適用されます。

※扶養には税法上の扶養と社会保険法上の扶養があります。扶養に該当・非該当については、127ページをご参照ください。

協会けんぽ（各支部）	場面	日本年金機構（年金事務所・事務センター）
	従業員の入社	被保険者資格取得届 健康保険被扶養者（異動）届
健康保険被保険者証再交付申請書 健康保険高齢受給者証再交付申請書	変更 再交付	被保険者住所変更届 被保険者氏名変更届
	給与 賞与	被保険者報酬月額算定基礎届 被保険者報酬月額変更届 被保険者賞与支払届
傷病手当金支給申請書 療養費支給申請書 高額療養費支給申請書 限度額適用認定申請書	病気 ケガ 入院等 （業務外）	
出産手当金支給申請書 出産育児一時金支給申請書	出産 育児休業	産前産後休業取得者申出書 育児休業等取得者申出書 産前産後休業終了時報酬月額変更届 厚生年金保険養育期間標準報酬月額特例申出書 育児休業等終了時報酬月額変更届
	従業員の退職	被保険者資格喪失届 健康保険被保険者証回収不能・滅失届
任意継続被保険者資格取得申出書 任意継続被保険者資格喪失申出書 任意継続被保険者被扶養者（異動）届	退職後の保険 （任意継続）	
埋葬料（費）支給申請書	死亡	
	事務所に関する手続	適用事業所名称所在地変更届 事業所関係変更届

区分	〔 入社 ・ 退職 ・ 変更 〕	
氏名		
ふりがな		
性別		
生年月日	年 月 日	
マイナンバー（12桁）		
給与形態	月給・日給・時給	
税区分	〔 甲 ・ 乙 〕欄	
入社年月日	年 月 日	
期間の定め	〔 有 ： 年 月 日～ 年 月 日 ・ 無 〕	
1か月の給与総額 （社会保険に加入する時の額）	〔 〕円 ※手当・交通費（定期代）を含めた額 1週間の勤務時間数見込み〔 〕時間／週	
①給与額	基 本 給	〔 〕円／〔月・日・時〕
	〔 〕手当	〔 〕円／〔月・日・時〕
	〔 〕手当	〔 〕円／〔月・日・時〕
	〔 〕手当	〔 〕円／〔月・日・時〕
②通勤費	月 額	〔 〕円
	日 額	〔 〕円
	片道〔 〕キロ	〔 〕円
振込先口座	〔 〕銀行 〔 〕支店 口座種別〔 〕	
	口座番号〔 〕名義人〔 〕	
電話番号		
住所		
社会保険加入日	年 月 日	基礎年金番号（4+6桁）
雇用保険加入日	年 月 日	雇用保険被保険者番号（4+6+1桁）
退職日	年 月 日	
退職理由	〔 自己都合 ・ 事業主都合 ・ その他 〕	

区分	〔 追加 ・ 削除 ・ 変更 〕 〔 出生 ・ 結婚 ・ 離職 ・ 就職 ・ 死亡 〕
続柄	〔 配偶者 ・ 子 ・ 父母 ・ 祖父母 ・ 兄弟姉妹 〕
氏名	
ふりがな	
性別	
生年月日	
マイナンバー（12桁）	
同居・別居	〔 同居 ・ 別居 〕〔住所： 〕
収入の有無（年収）	〔 有 ： 年収 円 ・ 無 〕〔年金受給額・年 円〕
職業・学年	
基礎年金番号（4+6桁）	配偶者のみ

Point ▶ 保管期間（労働法３年・税法７年）

1-6 ▷ 給与計算で作成・保管するもの

（1）給与計算に必要なもの

給与計算を行う場合は、次のセットが必要となります。また、給与額や社会保険料、所得税や住民税の額を把握するため、給与計算に必要な資料を準備します。

▷ 必携セット

①電卓

②源泉徴収税額表（現年分）

③健康保険・厚生年金保険の保険料額表

（最新版：事業所所在地の都道府県のもの）

④タイムカード・出勤簿

⑤労災保険率表・雇用保険率表

※「源泉徴収税額表」は国税庁のホームページから、「健康保険・厚生年金保険の保険料額表」は全国健康保険協会のホームページからそれぞれダウンロードできます。

▷ 資料として必要なもの

①従業員情報・扶養情報（P43）

②社会保険・雇用保険の手続した書類の控え

（資格取得届※１・資格喪失届、標準報酬の決定通知書など）

③住民税の特別徴収税額の決定通知書※２・変更通知書

④給与所得者の扶養控除等（異動）申告書

⑤年末調整のしおり（12 月）

⑥就業規則・賃金規程（制定している場合）

※１　健康保険・厚生年金保険被保険者資格取得確認及び標準報酬決定通知書

※2 （市区町村）民税・（都道府県）民税特別徴収税額の決定通知書

（2）給与計算で作成するもの

給与計算では、給与等の金額、給与から引かれる所得税の額（これを「源泉徴収税額」といいます）などの計算結果を従業員に通知するため、給与明細書などの支払明細書を従業員に交付する必要があります（尚、従業員の承諾を得た場合は、PDF等の電磁的方法で交付することができます）。

①給与明細書
②給与明細一覧表（月毎の支給控除一覧表）
③賞与明細書
④賞与明細一覧表（支給控除一覧表）
⑤賃金台帳（従業員毎の一人別の台帳）

（3）会社に保管しておくもの

給与計算では、帳簿や台帳を作成し、会社に資料とともに保管しておく必要があります。給与計算で作成するもの、会社で保管しておくべき資料等は、次の通りです。

▷ 労働基準法関連で保管義務のある帳簿・台帳等（保存期間：3年※）

①労働者名簿（労働者を雇い入れた場合に労働者ごとに作成。起算日：退職・死亡等）
②賃金台帳（正社員、パート、アルバイト等の区別なく、常時労働者を使用する場合に作成）
③出勤簿（タイムカード）

上記①～③を法定三帳簿といいます。

※当分の間

▷ 所得税法関連で保管義務のある帳簿・資料等（保存期間：7年）

①給与所得者の扶養控除等（異動）申告書
②源泉徴収簿（作成した場合）

③源泉徴収票

④年末調整の資料（基礎控除申告書※・保険料控除申告書・住宅ローン控除申告書など）

※正式名称：給与所得者の基礎控除等申告書兼給与所得者の配偶者控除等申告書兼所得金額調整控除申告書

ここに注目！
給与計算に必要不可欠な賃金台帳の取り扱い方

賃金台帳は労働基準法で作成が義務付けられている台帳のひとつです。労働者名簿と出勤簿と合わせて「法定三帳簿」とも呼ばれています。

賃金台帳には従業員の氏名、性別、賃金計算期間、労働日数、労働時間数、時間外労働、休日労働、深夜労働の時間数、賃金の種類（基本給や諸手当）ごとの金額、控除した金額を記載するように定められています。

上記の内容が記載されていれば、どんな形式でも構いません。

厚労省の労働局のホームページから、サンプルがダウンロードできますので参考にしてみてください。

賃金台帳の作成は細かく時間を要するため毎月作成しておくことが肝要です。

給与計算ソフトを使っている場合は、内容が間違っていないか専門家に確認してもらうとよいでしょう。

社会保険は従業員の将来の年金額に影響を与えるものになります。

取り返しがつかなくならないよう専門家を活用にするのも方法です。

Point ▶ 賃金支払いには5原則がある

1-7 ▷ 給与を支払う上でのルール

働く人にとって、給与は生活に直結するものであり、最も関心のある部分です。

ここでは、給与の支払い方について、その根拠となる法律について解説します。

給与は、賃金のことをいいますが、労働者保護を目的とした労働基準法では、賃金を次のように定義しています。

「賃金とは、賃金、給料、手当、賞与その他名称の如何を問わず、労働の対償として使用者が労働者に支払うすべてのものをいう。」（労基法第11条）。

この条文では、賃金を労働の対償として、労働契約上の労働者の役務（労務）提供に対する対価と位置づけています。

これは、働いた分の賃金が支払われることを意味しています。（反対に、実務では働いていない場合は支払われない、ノーワーク・ノーペイを原則としています。入退職や休復職月の日割計算や、遅刻早退・欠勤は、この原則で計算することになります。）尚、労働契約の締結にあたっては、次の条文でその明示を義務付けています。

「使用者は、労働契約の締結に際し、労働者に対して賃金、労働時間その他の労働条件を明示しなければならない。」（労基法第15条）。

また、賃金の決定、計算及び支払いの方法、賃金の締切り及び支払いの時期については、書面の交付が義務付けられています。

このように、賃金の支払いについては労働者保護の観点から、多くの規制があります。

賃金は労働者にとって、生活をしていくための唯一のものであり、必要不可欠なものです。よって、給与の支払日が決まっていなかったり、支払期日の間隔が開きすぎていたりすると、生活の基盤をゆるがしかねません。そのため賃金の支払方法については、労働基準法24条で(1)通貨で、(2)直接労働者に、(3)全額を、(4)毎月1回以上、(5)一定の期日を定めて支払わなければならないと規定しています（これを「賃金支払いの5原則」といいます）。

▶ 賃金原則

（1）… 通貨払いの原則
（2）… 直接払いの原則
（3）… 全額払いの原則
（4）… 毎月 1 回以上払いの原則
（5）… 一定期日払いの原則

（1）通貨払いの原則

賃金は、原則として通貨で支払わなければなりません。通貨とは、「お金」です。

但し、労働者の同意を得た場合には、労働者が指定する銀行、郵便局等の金融機関に対する労働者の預金もしくは貯金への振込み、または労働者が指定する証券会社に対するその労働者の預り金（所定の要件を満たすものに限られる）への払込み、資金移動業者への資金移動による賃金支払い（賃金のデジタル払い）によってもすることができます。

通貨払の原則とは、価格が不明瞭なもの、換価が不便なもの、弊害を招くおそれが多いものなど、実物給与や現物給与を禁じたものとなっています。

口座振込同意書（例）

株式会社●●が、賃金の口座払いを行うことに同意します。私が届け出る金融機関情報は、下記の通りです。

記

【金融機関及び口座の情報】

銀行名	●●銀行	金融機関コード ｘｘｘｘ
支店名	●●支店	支店番号 ｘｘｘ
口座の種類	普通預金	
口座番号	ｘｘｘｘｘｘｘ	
名義人（カタカナ）	△△△△	

令和　　年　　月　　日

株式会社●●
代表取締役　●●●●　殿

氏名　　　㊞

（2）直接払いの原則

賃金は、原則として直接本人に支払わなければならなりません。この直接払の原則は、中間搾取を排除することを目的とし、役務の提供者たる労働者本人の手に直接支払うことを意味します。よって、賃金は労働者の代理人や貸金債権の譲渡人等に対しては支払ってはならず、仮に支払ったとしても労働基準法上は支払っていないことになり、請求された場合には改めてその労働者に対して賃金を支払わなければなりません。但し、本人が病気であるときなど、本人に支払うのと同じ効果を生ずる者（妻子等）に対して支払う場合には、この者（使者）に支払っても差し支えないとしています。尚、未成年者については、独立して賃金を請求することができ、親権者または後見人は、賃金をその者に替わって受け取ってはならないとしています。

（3）全額払いの原則

賃金は、原則としてその全額を支払わなければなりません。これは、賃金の支払いを一部留保することによって、労働者の足止めを封じることを目的とし、労働の対価を労働者に帰属させ、その控除を禁じるものとなっています。但し、公益上必要があるもの（所得税の源泉徴収、健康保険料・厚生年金保険料・雇用保険料の控除、減給の制裁による控除、市町村民税（都道府県民税を含む）の特別徴収）は、例外として賃金の一部を控除することができるとしています。よって、給与から控除する社会保険料は労基法の例外規定ということになります。

また、事理明白なものについては、例外とした方が手続の簡素化につながるほか、実情にも合うことから、使用者と労働者代表が取り交わす書面による協定（労使協定）を締結することにより、購買代金、社宅、寮その他の福利厚生のための費用、社内預金、組合費等の明確なものについては、賃金から控除することができるとしています。つまり、親睦会費などを給与から控除する場合は、労使協定が必要となります。よって、この労使協定無くして控除した費用等は、返還請求の対象となりますので、この点は、注意する必要があります。

▶ 労使協定による控除

賃金の控除に関する協定書（例）

甲（株式会社○○○○）と乙（従業員代表○○○○）は労働基準法第 24 条第 1 項但書に基づき賃金控除に関し、下記のとおり協定する。

記

1. 甲は、毎月賃金支払の際、次に掲げるものを控除して支払うことができる。
   （1）借上げ社宅費または寮費
   （2）給食費
   （3）貸付金の割賦返済金
   （4）親睦会費及び旅行積立金
2. 本協定は令和○年○月○日から有効とする。
3. 本協定は、何れかの当事者が○日前に文書による破棄の通告をしない限り効力を有するものとする。

令和○年○月○日

甲：使用者職氏名　株式会社○○○○
代表取締役○○○○　㊞
乙：労働者代表　○○○○　㊞

尚、振込手数料は、基本的には口座に振込む際には差し引くことはできません。但し、本来月給制で本人が週給払いを希望した場合などに、都度かかる振込手数料は本人負担であってもかまわないとされています。

(4) 毎月一回以上払いの原則

賃金は、原則として毎月一回以上支払わなければなりません。毎月1回以上であれば、2回であっても3回であっても問題ありません。毎月払の原則は、賃金支払いの間隔が開き過ぎることによる生活上の不安を取り除くことを目的としています。よって、賃金の支払いを2か月に1回などとすることは労働者の生活が不安定になるため、認められていません。尚、賃金の締め日と支払日の関係で、賃金を翌月に支払う場合は、それが、以後、毎月支払われることとなるのであるならば、問題ないとされています。また、通勤定期代として6か月分の購入費用を6か月毎に支給する場合は、6か月毎の支払いであったとしても、定期的に支払われるのであるならば問題ありません。但し、この場合の社会保険料の標準報酬などの算出にあたっては、6で割って均《なら》さなければなりません。尚、賃金の支払いで月末締めの当月25日払いの月給者の時間外労働の算出にあたって、その時間外労働については、月末締めの翌月25日払いとすることは問題ないとされています。

(5) 一定期日払いの原則

賃金は、原則として一定の期日を定めて支払わなければなりません。賃金の所定の支払日が休日に当たる場合には、その前日に支払うこととしても、翌日に支払うこととしても差し支えありませんが、予めいつにしておくのか、定めておく必要があります。

一定期日払の原則は、支払いの間隔が一定しないこと、すなわち支払日が不安定になることで、労働者の計画的な生活ができなくなることから、これを防ぐ目的で定められています。尚、年俸制の場合においても、毎月一回以上、一定の期日を定めて支払わなければなりません。但し、以下の賃金等については毎月一回以上、一定の期日を定めて支払わなくともよいとされています。

(ア) 臨時に支払われる賃金

(イ) 賞与

(ウ) 1か月を超える期間の出勤成績によって支給される精勤手当

(エ) 1か月を超える一定期間の継続勤務に対して支給される勤続手当

(オ) 1か月を超える期間にわたる事由によって算定される奨励加給または能率手当

ここに注目！
給与支払のための覚えておきたいルールのツボ

前述したように給与支払にはいろいろなルールがありますが、もう少し詳しく解説しておきましょう。

20歳未満の未成年者であっても、賃金を請求する権利が与えられています。親や後見人などの代理受領も禁止されており、成人と何ら変わることはありません。とはいえ、本人が病気などで動けないなどの場合には、本人の使者が賃金を受け取ることは可能です。

この場合は代理人と異なり、いわば本人の使者となるわけですから、途中でお金（給与）を紛失した場合であっても、会社は再度給料を支払う必要はありません。

ただし、この使者と代理人の区別は難しいため、使者であれば本人の家族など信用のおける人を選び、後日もめることを避けるために、本人の作成した「賃金受領の使者とする」旨の書面をその使者に持参してもらうのが適当でしょう。

また労働基準法より、事前の借金と賃金の相殺は禁止されており、書面での承諾があっても許されません。ただし、禁止されているのは「賃金との相殺」なので、使用者が労働者に対して、貸付金の返還を求めることは可能です。

これらの給与支払の原則に違反した場合は、労働基準法により30万円以下の罰金が科される可能性があります。

また、未払いとされた分については改めて支払う必要があり、これに加えて、支給日からの遅延損害金を支払わなければなりません。

1-8 ▷ 平均賃金

日々の労務管理を行うにあたり、実務では平均賃金を用いる場面に出くわします。平均賃金は、労働基準法で定める計算方法で求めた1日あたりの賃金額のことになります。平均賃金を用いる必要のある場面は、次のようなときです。

▶ 平均賃金を用いる場面

解雇予告手当	平均賃金の 30 日分以上 (労基法第 20 条)
休業手当	1 日につき平均賃金の 6 割以上 (労基法第 26 条)。使用者の責めに帰すべき事由により労働者を休業させた場合には、使用者は、その休業期間中、平均賃金の 60%以上の休業手当を労働者に支払わなければならない。
年次有給休暇	平均賃金で支払う場合 (労基法第 39 条)
業務上・通勤上の災害	給付基礎日額 (労基法、労災保険法)
減給の制裁	1 回の額は平均賃金の半額、複数回に及ぶ場合は賃金総額の 1 割を上限とする (労基法第 91 条)

平均賃金は、平均賃金を用いる事由が発生した日以前※（事由発生日の直前の賃金締切日）3か月間に、その労働者に支払われた賃金の総額（賞与や臨時に支払われる賃金を除く）をその期間の日数（歴日数）で除した額で、1日あたりの賃金額になります。

尚、賃金が時給や日額、出来高給で決められているなど、労働日数が少ない場合には、総額を労働日数で除した6割にあたる額と比べ、その比した額が高い場合はその高いほうの額を用います（最低保障額）。

※算定事由の発生した日は含まず、その前日から遡る3か月間です。

▶ 休業手当の計算例（月給者の休業手当１日あたりの額）

◆給与額（月給 250,000 円＋通勤手当 5,000 円＋残業代）の場合

6/21 ～ 7/20 の賃金締切期間において、就労義務日 20 日のところ、使用者の責めに帰すべき事由によって、１日休業（6/30）となった。

（毎月 20 日締）

期間	暦日数	公休数	労働日数	休業日数	休業手当
6/21 ～ 7/20	30	10	19	1（6/30）	?

期間	暦日数	公休数	労働日数	残業代（円）	給与額計（円）
3/21 ～ 4/20	31	10	21	13,000	268,000
4/21 ～ 5/20	30	10	20	11,500	266,500
5/21 ～ 6/20	31	10	21	22,000	277,000
合計	92 日	30 日	62 日	46,500	811,500

◆平均賃金の計算

811,500 円÷ 92 日 (暦日数) ＝ 8,820 円 6521…

→ 8,820 円 65 銭 (銭未満を切捨て)

◆休業手当の計算

8,820 円 65 銭× 0.6 × 1(休業日数) ＝ 5,292.39 円

支払額 5,292 円以上 (円未満四捨五入 (50 銭未満切捨て、50 銭以上切上げ))

▶ 休業手当の計算例（日給者の休業手当１日あたりの額）

◆給与額（日給 10,000 円×日数＋通勤手当 5,000 円）の場合

6/21 ～ 7/20 の賃金締切期間において、就労義務日 15 日のところ、使用者の責めに帰すべき事由によって、1 日休業（6/30）となった。

（毎月 20 日締）

期間	暦日数	労働日数	休業日数	通勤手当（円）	休業手当
6/21 ～ 7/20	30	14	1（6/30）	5,000	？

期間	暦日数	労働日数	日給×日数(円)	通勤手当（円）	給与額計(円)
3/21 ～ 4/20	31	17	170,000	5,000	175,000
4/21 ～ 5/20	30	9	90,000	5,000	95,000
5/21 ～ 6/20	31	15	150,000	5,000	155,000
合計	92 日	41 日	410,000	15,000	425,000

◆原則

425,000 円÷ 92 日 (暦日数) ＝ 4,619 円 56 銭…①

◆最低保証額

月で支払った額　15,000 円÷ 92 日 (暦日数) ＝ 163 円 04 銭

日で支払った額　410,000 円÷ 41 日（労働日数）＝ 10,000 円

∴ 10,163 円 04 銭…②

◆比較（①と②）

4,619 円 56 銭＜ 10,163 円 04 銭

∴ 10,163 円 04 銭

◆休業手当の計算

10,163 円 04 銭× 0.6 × 1(休業日数) ＝ 6,097.82 円

支払額 6,098 円以上 (円未満四捨五入 (50 銭未満切捨て、50 銭以上切上げ))

▶ 解雇予告手当の計算例（月給者の解雇予告手当の額）

◆給与額（月給 250,000 円＋通勤手当 5,000 円＋残業代）の場合

解雇日を 6/30 とする解雇予告を 6/25 に行った場合

（毎月 20 日締）

期間	暦日数	月給（円）	通勤手当(円)	残業代（円）	給与額計（円）
3/21 ～ 4/20	31	250,000	5,000	13,000	268,000
4/21 ～ 5/20	30	250,000	5,000	11,500	266,500
5/21 ～ 6/20	31	250,000	5,000	22,000	277,000
合計	92 日	750,000	15,000	46,500	811,500

◆平均賃金の計算

811,500 円÷ 92 日 =8,820 円 6521・・・

8,820 円 65 銭 平均賃金 (銭未満を切捨て)

※尚、上記は原則の計算です。賃金が時間額や日額、出来高給で決められている場合は最低保障額との比較になります。

◆解雇予告手当の支払い

解雇予告期間 30 日以上であるから、予告期間が 5 日しかないため、25 日以上の手当を支払う。

8,820.65 円× 25 日 =220,516 円 25 銭 (円未満の端数は四捨五入)

220,516 円以上の解雇予告手当を通告と同時に支払う。

1-9 ▷ 端数処理

給与計算をする上で、何かと気になるのが端数処理です。ここでは端数処理に関する取り扱いについて、まとめています。各場面での取り扱いは次の通りです。

※賃金計算や社会保険料の取り扱いにあたり、「端数切上げ」など労働者が有利となるような端数処理は当然に認められています。

（1）賃金計算の端数処理

① 1 時間あたりの賃金額に円未満の端数が生じた場合、50 銭未満の端数を切り捨て、50 銭以上 1 円未満の端数を 1 円に切り上げる。

②賃金支払いの便宜上の取扱いとして、1 か月の賃金支払額に 100 円未満の端数が生じた場合、50 円未満の端数を切り捨て、それ以上を 100 円に切り上げることができる。

③賃金支払いの便宜上の取扱いとして、1 か月の賃金支払額で生じた 1,000 円未満の端数を翌月の賃金支払日に繰り越すことができる。

（2）割増賃金計算の端数処理

① 1 時間あたりの割増賃金額に円未満の端数が生じた場合、50 銭未満の端数を切り捨て、50 銭以上 1 円未満の端数を 1 円に切り上げる。

② 1 か月間における割増賃金の総額に円未満の端数が生じた場合、50 銭未満の端数を切り捨て、50 銭以上 1 円未満の端数を 1 円に切り上げる。

(3) 平均賃金の端数処理

平均賃金の計算の結果生じた端数については、「銭未満を切捨て」して処理することとされています。(尚、労災保険で用いる給付基礎日額については、原則、労働基準法で定める平均賃金に相当する額とされていますが、給付基礎日額には最低保証額（自動変更対象額）があり、また、休業補償給付の算定における給付基礎日額に1円未満の端数がある場合は、これを1円に切り上げるとしています。)

(4) 労働時間の取り扱い

賃金は労働の対価であるため、賃金計算は1分単位で行わなければなりませんが、割増賃金計算における時間の計算については、次の取扱いが認められています。

「1か月における時間外労働、休日労働及び深夜業の各々の時間数の合計に1時間未満の端数がある場合に、30分未満の端数を切り捨て、それ以上を1時間に切り上げること」は、常に労働者の不利となるものではなく、事務簡便を目的としたものと認められるから、法第24条及び第37条違反としては取扱わない。

(5) 社会保険料の端数処理

社会保険の被保険者負担分保険料の円未満の端数の取り扱いは、事業主が給与から被保険者負担分を控除する場合、被保険者負担分の端数が50銭以下の場合は切り捨て、50銭を超える場合は切り上げて1円となります。尚、被保険者が被保険者負担分を事業主へ現金で支払う場合は、被保険者負担分の端数が50銭未満の場合は切り捨て、50銭以上の場合は切り上げて1円となります。事業主と被保険者の間で特約がある場合は特約に基づき端数処理をすることができるとされています。

第2章

労働基準法と給与

Point ▶ 時間外労働には届け出や上限がある

2-1 ▷ 労働時間

（1）労働基準法

労働基準法は､使用者が労働者を休みなく永遠に働かすことのないよう、1日8時間、1週40時間、休日は1週間に1日とし、時間外労働と休日労働については罰則を設け、割増賃金の支払いと労使協定の締結及び届け出により、免罰的効力を発生させています。

尚、労基法上の1日は、午前0時から午後12時までの「暦日」をいい、継続勤務が2暦日にわたるような場合（暦日を異にする場合）は、これを一勤務として取り扱い、その勤務は始業時刻の属する日の労働として扱います。また、労基法上の休日は、連続24時間以上のいわゆる休息（例えば9時終業、翌9時始業）は含めず、暦日（午前0時から午後12時）を含むものでなければ、休日として扱わないことになっています。

（2）労働時間法制

労働時間法制は、法定労働時間、時間外及び休日労働、時間外・休日及び深夜労働の割増賃金の大きく3つからなります。

法定労働時間は、1日8時間、1週40時間、法定休日は1週間に1日または4週間で4日です。そして、これを超えて労働する場合には、労使間で協定（時間外・休日労働に関する協定届「36協定」といいます）を締結し、労基署に届け出ることが必要になります。

労働時間法制と給与

①法定労働時間	原則	使用者は、１週間に、40 時間を超えて労働させてはならない。使用者は、１日に、８時間を超えて労働させてはならない。
	弾力的な取扱い	変形労働時間制 フレックスタイム制 裁量労働制
	特例事業場	商業、映画・演劇業、保健衛生業、接客娯楽業の事業で、規模が 10 人未満の事業場については、使用者は、１週間に 44 時間、１日に８時間まで労働させることができる。
②時間外及び休日労働	36 協定	使用者は、過半数組合または過半数代表者と労使協定を締結し、労働基準監督署に届け出た場合は、協定で定めるところにより、時間外または休日に労働させることができる。
③時間外、休日及び深夜労働の割増賃金	割増賃金※	使用者は、時間外または深夜（午後 10 時から午前５時まで）に労働させた場合は、通常の賃金の２割５分以上の割増賃金（※）、休日労働の場合は通常の賃金の３割５分以上の割増賃金を支払わなければならない。※１か月 60 時間を超える時間外労働については、通常の賃金の５割以上。

割増賃金は、あくまでも法定労働時間を超える場合や深夜帯に及ぶ場合、法定休日労働となった場合に発生するものとなります。

法定労働時間は、休憩時間を除き１週間について 40 時間、１週間の各日については、休憩時間を除き１日については８時間となっています。但し、常時 10 人未満の労働者を使用する次の業種については、１週間 44 時間となっています。よって、これを超える労働を法定時間外労働といい、これが、いわゆる（法定）残業のことになります。

特例事業場

商業	卸売業、小売業、理美容業、倉庫業、その他の商業
映画・演劇業	映画の映写、演劇、その他興業の事業
保健衛生業	病院、診療所、社会福祉施設、浴場業、その他の保健衛生業
接客娯楽業	旅館、飲食店、ゴルフ場、公園・遊園地、その他の接客娯楽業

尚、法定時間外労働については、勤務時間の上限が定められています。時間外労働の上限規制は次の通りです。

▶ 時間外労働の上限規制（適用事業・業務）※

時間外労働の上限	【原則】月 45 時間・年 360 時間（休日労働は含まない） 【例外】但し、月 45 時間超は年 6 回まで
臨時的な特別の事情	臨時的な特別の事情がある場合には、次の時間数が上限となります。 臨時的な特別の事情 ＋ 労使の合意 ＋ ①時間外労働　：年 720 時間以内 ②時間外労働＋休日労働　：月 100 時間未満、2～6か月平均 80 時間以内

※適用猶予業種（建設業、トラック・バス・タクシードライバー、医師）は別の上限規制が適用されます。

法違反の有無は「所定外労働時間」ではなく、「法定外労働時間」の超過時間で判断されることになります。

▶ 時間外労働・休日労働に関する協定届（36 協定）　同（特別条項）

➡詳細は巻末付録 P267 参照

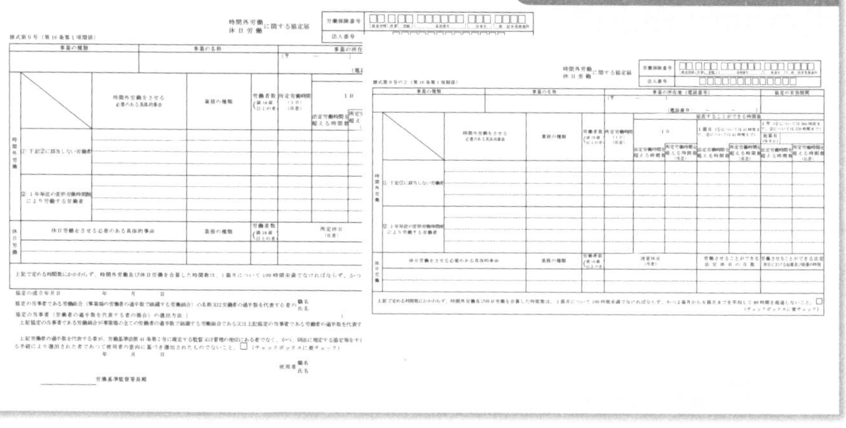

時間外労働または休日労働をさせようとする場合は、36協定が必要となります。労働基準法第36条の規定により「時間外労働・休日労働協定届」を締結し、所轄の労働基準監督署に届け出ることにより、法定労働時間を超える時間外労働及び法定休日における休日労働が認められます。

尚、労働時間の弾力的取り扱いには、次のような制度があります。

▷ 変形労働時間制

変形労働時間制は、一定の条件を満たした場合に、一定期間を平均し、1週間当たりの労働時間が法定労働時間を超えない範囲内において、特定の日または週に法定労働時間を超えて労働させることができる制度となります（一定期間を1か月以内としたものを1か月単位の変形労働制、1か月を越え1年以内とするものを1年単位の変形労働制といいます）。

この1か月単位の変形労働時間制を採用するには、労使協定または就業規則等に定めること、1年単位の変形労働時間制を導入するには、労使協定を締結し、労基署に届け出ることが必要となります。

▶ 1年単位の変動労働時間制に関する協定届

➡詳細は巻末付録 P268 参照

様式第4号（第12条の4第6項関係）

1年単位の変形労働時間制に関する協定届

事業の種類	事業の名称	事業の所在地（電話番号）			常時使用する労働者数
					人
該当労働者数（満18歳未満の者）	対象期間及び特定期間（起算日）	対象期間中の各日及び各週の労働時間並びに所定休日	対象期間中の1週間の平均労働時間数		協定の有効期間
人（ 人）		（別紙）	時間 分		
労働時間が最も長い日の労働時間数（満18歳未満の者）	時間 分（ 時間 分）	労働時間が最も長い週の労働時間数（満18歳未満の者）	時間 分（ 時間 分）	対象期間中の総労働日数	日
労働時間が48時間を超える週の最長連続週数	週	対象期間中の最も長い連続労働日数	日間		
対象期間中の労働時間が48時間を超える週数	週	特定期間中の最も長い連続労働日数	日間		

旧協定の対象期間		旧協定の労働時間が最も長い日の労働時間数	時間 分
旧協定の労働時間が最も長い週の労働時間数	時間 分	旧協定の対象期間中の総労働日数	日

協定の成立年月日　年　月　日

協定の当事者である労働組合（事業場の労働者の過半数で組織する労働組合）の名称又は労働者の過半数を代表する者の　職名 氏名

協定の当事者（労働者の過半数を代表する者の場合）の選出方法（　）

上記協定の当事者である労働組合が事業場の全ての労働者の過半数で組織する労働組合である又は上記協定の当事者である労働者の過半数を代表する者が事業場の全ての労働者の過半数を代表する者であること。□（チェックボックスに要チェック）

上記労働者の過半数を代表する者が、労働基準法第41条第2号に規定する監督又は管理の地位にある者でなく、かつ、同法に規定する協定等をする者を選出することを明らかにして実施される投票、挙手等の方法による手続により選出された者であつて使用者の意向に基づき選出されたものでないこと。□（チェックボックスに要チェック）

年　月　日

使用者　職名 氏名

＿＿＿＿労働基準監督署長殿

記載心得

1　労働基準法第60条第3項第2号の規定に基づき満18歳未満の者に変形労働時間制を適用する場合には、「該当労働者数」、「労働時間が最も長い日の労働時間数」及び「労働時間が最も長い週の労働時間数」の各欄に括弧書きすること。
2　「対象期間及び特定期間」の欄のうち、対象期間については当該変形労働時間制における時間通算の期間の単位を記入し、その起算日を括弧書きすること。
3　「対象期間中の各日及び各週の労働時間並びに所定休日」については、別紙に記載して添付すること。
4　「旧協定」とは、労働基準法施行規則第12条の4第3項に規定するものであること。
5　協定については、労働者の過半数で組織する労働組合がある場合はその労働組合と、労働者の過半数で組織する労働組合がない場合は労働者の過半数を代表する者と協定すること。なお、労働者の過半数を代表する者は、労働基準法施行規則第6条の2第1項の規定により、労働基準法第41条第2号に規定する監督又は管理の地位にある者でなく、かつ、同法に規定する協定等をする者を選出することを明らかにして実施される投票、挙手等の方法による手続により選出された者であつて、使用者の意向に基づき選出されたものでないこと。これらの要件を満たさない場合には、有効な協定とはならないことに留意すること。また、これらの要件を満たしていても、当該要件に係るチェックボックスにチェックがない場合には、届出の形式上の要件に適合していないことに留意すること。
6　本様式をもつて協定とする場合においても、協定の当事者たる労使双方の合意があることが、協定上明らかとなるような方法により締結するよう留意すること。

▷ フレックスタイム制

フレックスタイム制は、一定の期間についてあらかじめ定めた総労働時間の範囲内で、従業員が日々の始業・終業時刻、労働時間を自ら決めるという制度です。フレックスタイム制では、時間外労働となるのは、清算期間における法定労働時間の総枠を超えた時間です。そのため、1日8時間、1週40時間という法定労働時間を超えて労働しても、ただちに時間外労働とはならず、また、1日の標準の労働時間に達しない時間も欠勤となるわけではありません。よって、自分で業務管理や時間管理ができる、いわば自律型社員に適用されることの多い制度になります。尚、フレックスタイム制の導入は、就業規則等への規定と労使協定の締結で導入が可能となります。

※フレキシブルタイム・コアタイムは、設定しなくても可能で、コアタイムを設定しないことで、就労義務日を無くすこともできます。

▷ 裁量労働制

裁量労働制は2つあり、法で定める専門業務に限り、労使協定を締結し、本人同意と同意撤回の手続を定めることで、労使であらかじめ定めた時間、働いたものとみなす制度（専門業務型裁量労働制）と、企画・立案・調査・分析を行う労働者に対し、労使委員会を組織し、その労使委員会で決議し、対象労働者の同意及び同意撤回の手続を定めた場合に、その決議で定めた時間、労働したものとみなす制度があります（企画業務型裁量労働制）。どちらも厳格な運用が求められます。

裁量労働制	専門業務型裁量労働制
	企画業務型裁量労働制

ここに注目！ 労働時間の基本的考え方とは？

労働時間とは「労働者が使用者に労務を提供し、使用者の指揮命令下にある時間」ですが、ほかにも従業員の労働に関する用語がいくつかありますので、間違いのないように解説していきます。

雇用に関する項目でよく見かけるのは「勤務時間」というものです。「労働時間」とはどう違うのか、二つの相違点を説明すると、下記のようになります。

・勤務時間…企業の就業規則に定められている、始業時刻から終業時刻までの時間
・労働時間…上記の勤務時間の中から休憩時間を差し引いた時間

その他に「拘束時間」という用語がありますが、これは始業時間から終業時間までの雇用主の監督下にある時間帯を指し、実働時間と休憩時間を合計した時間のことになるので、休憩時間は拘束時間に含まれるのです。

また休憩時間にもルールが定められています。詳しくは次の項目で説明しますが、労働時間の長さに比例して、各時間枠が定められています。

さらに、休憩時間は労働時間の途中に与える、一斉に与える（分割して与えることも可能）、休憩時間内は従業員の自由に利用させることなどが規定されています。

例えば休憩時間中に電話番などを頼むと、それは業務中ということで労働時間とみなされますので注意してください。ただし業種によっては、一斉に休憩時間を取ることや自由に利用することが困難な場合もあります。

①休憩時間の一斉付与の適用が除外されている業種
・運輸交通、商業、金融・広告業、映画・演劇業、通信業、保健衛生業、接客娯楽業、官公署の事業…このほか労使協定がある場合も一斉付与の除外対象となる

②休憩時間の自由利用の適用が除外されている業種
・警察官、消防隊員、常勤の消防団員、児童自立支援施設に勤務する職員で児童と起居を共にする者など

このように、休憩時間も利用方法が異なるので、給与計算の担当者にとっては複雑な作業になることもありますが、慎重に対処することが大切です。

Point ▶ 労働時間・休日は「所定」と「法定」がある

2-2 ▷ 所定と法定

労働時間と給与の関係では、労働時間と休憩時間、所定労働時間と法定労働時間、所定休日と法定休日を理解しておく必要があります。

（1）所定労働時間と法定労働時間

労働時間には「所定労働時間」と「法定労働時間」があります。

所定労働時間は、事業所が任意に定める労働時間で、法定労働時間は労働基準法で定める時間です。法定労働時間は原則、1 日 8 時間、1 週 40 時間です。

例えば、始業時刻が 9 時、終業時刻が 17 時 30 分で、休憩時間が 12 時から 13 時の会社であれば、所定労働時間は 7 時間 30 分となります。この会社で、9 時から 18 時まで勤務した場合、残業時間は 30 分になりますが、法律上の時間外労働（法定労働時間超の労働）は「無し」となります。尚、この事例で 18 時 30 分まで勤務した場合は、所定外 30 分、法定外 30 分となります。（但し、割増賃金の支給にあたっては、「所定労働時間超」とするか「法定労働時間超」とするかは、就業規則や労使の取り決めによることができます。）

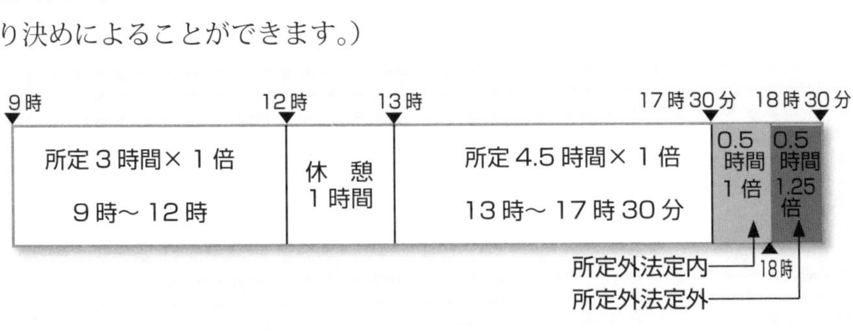

▶ 所定外労働と法定外労働

1 日 7.5 時間の事業所で所定超 1 倍、法定超 1.25 倍とした場合の例

8月		氏名〇〇						
日	曜日	出勤時刻	退勤時刻	休憩時間	所定外	法定外	実働	備考
1	金	9:00	17:30	1:00			7:30	
2	土							所定休日
3	日							法定休日
⋮		⋮	⋮	⋮			⋮	⋮
24	日							法定休日
25	月	9:00	17:30	1:00			7:30	
26	火	9:00	17:30	1:00			7:30	
27	水	9:00	17:30	1:00			7:30	
28	木	9:00	17:30	1:00			7:30	
29	金	9:00	18:30	1:00	0:30	0:30	8:30	60 分残業
30	土							所定休日
31	日							法定休日
					0:30	0:30	158:30	

時給者の場合						
時給	1,100円	所定内労働	1,100 円	×1.00	157.50時間	173,250円
出勤日数	21日	所定外労働	1,100 円	×1.00	0.50時間	550円
欠勤日数	0日	法定外労働	1,100 円	×1.25	0.50時間	688円
特別休暇	0日	所定休日労働	1,100 円	×1.25	0.00時間	
遅刻時間	0.00時間	法定休日労働	1,100 円	×1.35	0.00時間	
早退時間	0.00時間	深夜帯労働	1,100 円	×0.25	0.00時間	

月給者の場合						
時給換算	1,200円	月平均所定労働時間数	170 時間	月給		204,000円
出勤日数	21日	所定外労働	1,200 円	×1.00	0.50時間	600円
欠勤日数	0日	法定外労働	1,200 円	×1.25	0.50時間	750円
特別休暇	0日	所定休日労働	1,200 円	×1.25	0.00時間	
遅刻時間	0.00時間	法定休日労働	1,200 円	×1.35	0.00時間	
早退時間	0.00時間	深夜帯労働	1,200 円	×0.25	0.00時間	

尚、休憩時間は、労働と労働の間に挟むことで、その時間を確保しなければならないことになっています。労働時間に応じた休憩時間は次の通りです。休憩時間は、1日の拘束時間の中で労働から離れることが約束された時間です。よって、休憩時間中の賃金の支払いは不要となります。（いわゆる月給制は、月単位で賃金額を決める支払い方法であるため、休憩時間中の賃金支払いとノーワーク・ノーペイとは別になります。）

尚、この休憩時間には、待機時間等のいわゆる手待時間は含まれません。

▶ 休憩時間

労働時間	休憩時間
6時間以内	決まりなし
6時間を超え、8時間以下の場合	少なくとも45分以上
8時間を超える場合	少なくとも1時間以上

賃金締切期間を1か月にし、その間の公休日数と休憩時間を決めた場合は、労働日と労働時間はその表裏の関係から決まることになります（その逆も然り）。これを給与額に落とし込むと次のようになります。

▶ 月給者

月給25万円、労働時間：1日8時間、休憩時間：1日1時間の例

	労働日数	公休数	休憩時間	労働時間	月給
31日の月	22日	9日	22時間	176時間	25万円
30日の月	21日	9日	21時間	168時間	
28日の月	20日	8日	20時間	160時間	

▶ 時給者

時給 1,100 円、労働時間：1 日 8 時間、休憩時間：1 日 1 時間の例

	労働日数	公休数	休憩時間	労働時間	合計（月）
31 日の月	22 日	9 日	22 時間	176 時間	193,600 円
30 日の月	21 日	9 日	21 時間	168 時間	184,800 円
28 日の月	20 日	8 日	20 時間	160 時間	176,000 円

月給者は月の勤務時間数が変わっても給与額は変わりません。そのため、その月の時間数で割ると時間当たりの時給単価は月によって変動することになります。よって、時間外労働が発生した場合は、その月の時間数から時給単価を求めるのか、月平均労働時間数で求めるのかなど、会社はこの点を決めておく必要があります。一方、時給者は、時間数によって給与額が変動します。そのため、時間外労働の割増賃金は時給単価に割増率を乗じて計算します。

（2）所定休日と法定休日

休日には「所定休日」と「法定休日」があります。所定休日は、事業所が任意に定める休日で、法定休日は労働基準法で定める休日です。労働基準法では原則として、使用者は労働者に対して毎週少なくとも 1 回休日を与えなければならないとしています。法定休日とは、1 週間につき 1 日の休日のことです。例えば、毎週土曜・日曜を所定休日、そのうち日曜を法定休日と定めている事業所であれば、土曜日に労働した時間は「法定」休日労働にはならず、日曜日に労働した時間が「法定」休日労働となります。ただ、月曜から土曜までに働いた時間が 40 時間を超えていた場合には、その超えた時間は「時間外労働」（または「所定休日労働時間」）となります。

	1週間										
	月	火	水	木	金	土	日	月	火	水	木
本来	所定労働日	所定労働日	所定労働日	所定労働日	所定労働日	所定休日	法定休日	所定労働日	所定労働日	所定労働日	所定労働日
本来	8時間	8時間	8時間	8時間	8時間	－	－	8時間	8時間	8時間	8時間
本来	40時間										
実際	出	出	出	出	出	出	休	出	出	出	出
実際	8時間	8時間	8時間	8時間	8時間	8時間	－	8時間	8時間	8時間	8時間
実際	48時間										

1日8時間で週休2日、例えば土日休みの場合、法定休日はそのうちの1日になります。尚、土曜日の休日に労働すると週40時間を超えることになります。この場合、その日は2割5分増しの割増賃金が必要となります。

▷ 所定休日と法定休日

1週間							1週間						
日	月	火	水	木	金	土	日	月	火	水	木	金	土
休日	労働	労働	労働	労働	労働	労働	労働	労働	労働	労働	労働	労働	休日
休日	12連続勤務												休日

法定休日が1週間に1日ということは、最大12連続勤務が可能となります。尚、起算日を定めて運用する変形休日制では、4週間に4日の休日となります。

8月		氏名○○						
日	曜日	出勤時刻	退勤時刻	休憩時間	所定外	法定外	実働	備考
1	金	9:00	18:00	1:00			8:00	
2	土							所定休日
3	日							法定休日
⋮		⋮	⋮	⋮			⋮	⋮
24	日							法定休日
25	月	9:00	18:00	1:00			8:00	
26	火	9:00	18:00	1:00			8:00	
27	水	9:00	18:00	1:00			8:00	
28	木	9:00	18:00	1:00			8:00	
29	金	9:00	18:00	1:00			8:00	
30	土	9:00	18:00	1:00			8:00	所定休日労働
31	日							法定休日
							176:00	

時給者の場合						
時給	1,100円	所定内労働	1,100円	×1.00	168.00時間	184,800円
出勤日数	22日	所定外労働	1,100円	×1.00	0.00時間	
欠勤日数	0日	法定外労働	1,100円	×1.25	0.00時間	
特別休暇	0日	所定休日労働	1,100円	×1.25	8.00時間	11,000円
遅刻時間	0.00時間	法定休日労働	1,100円	×1.35	0.00時間	
早退時間	0.00時間	深夜帯労働	1,100円	×0.25	0.00時間	

月給者の場合						
時給換算	1,200円	月平均所定労働時間数	170時間	月給		204,000円
出勤日数	22日	所定外労働	1,200円	×1.00	0.00時間	
欠勤日数	0日	法定外労働	1,200円	×1.25	0.00時間	
特別休暇	0日	所定休日労働	1,200円	×1.25	8.00時間	12,000円
遅刻時間	0.00時間	法定休日労働	1,200円	×1.35	0.00時間	
早退時間	0.00時間	深夜帯労働	1,200円	×0.25	0.50時間	

※表の事例は所定休日労働時間で8時間を計上していますが、週40時間超の勤務でもありますので、この場合は法定外労働時間で計上することもできます。

Point ▶ 月給者は時給に直して最賃比較する

2-3 ▷ 給与額と最低賃金

労使の間で支払われる給与には、ノーワーク・ノーペイの原則があり、給与は労働の提供に対して支払われますが、国は賃金の最低限度を法（最低賃金法）で定め、使用者は、その最低賃金額以上の賃金を支払わなければならないとしています。

よって、給与計算実務では、労働した時間に対して、最低賃金法で定める金額以上の額が支払われているかを確認する必要があります。

これは、時給者に限らず、日給者や月給者、年俸制の者、完全歩合給制の者であっても一緒です。すべて時間（時給）に換算して考えます。

尚、最低賃金額より低い賃金額で労使双方で合意したとしても、それは法律によって無効とされ、最低賃金額と同額の定めをしたものとされ、最低賃金未満の額しか支払われなかった場合には、最低賃金額との差額を支払わなければなりません。

【時給換算の仕方】

時給	時間によって定められた賃金については、その額（時給）
日給	日によって定められた賃金については、その額(日給)を１日の労働時間数で割った額
月給	月によって定められた賃金については、その額（月給）を月の労働時間数で割った額
歩合給	出来高払制その他の請負制によって定められた賃金については、一賃金計算期間における賃金総額を、その賃金算定期間における総労働時間数で割った額

【最低賃金との比較(例)】東京都の場合(時間あたり1,113円/東京都:令和5年)

日給者	日給 8,000 円で 1 日の労働時間が 8 時間であった場合 時給換算 8,000 円÷ 8 時間＝ 1,000 円（最賃割れ）……out
月給者	月給 170,000 円で 1 か月の労働時間が 170 時間であった場合 時給換算 170,000 円÷ 170 時間＝ 1,000 円（最賃割れ）……out
年俸者	年俸 240 万円で 1 か月の労働時間が 200 時間であった場合 時給換算 2,400,000 円÷ 12 か月÷ 200 時間＝ 1,000 円（最賃割れ）……out

最低賃金法は、重い罰則 (50 万円以下の罰金等) があります。最低賃金がいくらなのか、毎年確認しておきます。

ここに注目！
給与額と最低賃金との関係は？

最低賃金には、自動車や小売業など特定の産業別に定めた産業別と都道府県ごとの地域別があり、どちらか高いほうが適用されます。原則としてすべての従業員に適用され、パートタイマーや臨時の従業員も適用の対象です。

ただし例外として、精神や身体の障害により著しく労働能力が低い者、断続的労働に従事する者、軽易な業務に従事する者などには、許可を受けることで最低賃金の減額の特例が認められます。

尚、次のような賃金は最低賃金の対象から除外されます。

①時間外割増賃金、休日割増賃金、深夜割増賃金
②精皆勤手当
③家族手当
④通勤手当
⑤臨時に支払われる賃金
⑥1か月を超える期間ごとに支払われる賃金

2-4 ▷ 遅刻・早退・欠勤の計算

（1）遅刻・早退の計算

賃金は、労働の対価として従業員が受け取るもの。そこにはノーワーク・ノーペイの原則があります。ノーワーク・ノーペイとは、働いていない分の賃金は支払われない、とするものです。遅刻早退があった際には、この原則を前提に、会社のルールで計算することになります。この遅刻や早退の計算は、勤怠と支給に関する項目で「時間」単位で計算します。

▶ 遅刻・早退

8月		氏名〇〇						
日	曜日	出勤時刻	退勤時刻	休憩時間	所定外	法定外	実働	備考
1	金	9:00	18:00	1:00			8:00	
2	土							所定休日
3	日							法定休日
⋮		⋮	⋮	⋮			⋮	⋮
24	日							法定休日
25	月	9:00	18:00	1:00			8:00	
26	火	9:00	18:00	1:00			8:00	
27	水	9:00	18:00	1:00			8:00	
28	木	9:00	17:30	1:00			7:30	30分早退
29	金	9:15	18:00	1:00			7:45	15分遅刻
30	土							所定休日
31	日							法定休日
							167:15	

時給者の場合						
時給	1,100円	所定内労働時間	1,100円	× 1.0	167.25時間	183,975円
早退時間	0.50時間					
遅刻時間	0.25時間					

月給者の場合					
時給換算	1,200円	月平均所定内労働時間数	170時間	月給	204,000円
早退時間	0.50時間			早退控除	▲600円
遅刻時間	0.25時間			遅刻控除	▲300円

①月給者の遅刻早退控除

月給者の遅刻や早退の計算方法は、就業規則や賃金規程に定めている計算方法で行います。（就業規則等が無い場合は、会社でルールを決め、場当たり的な対応にならないようにしておきます。）月給の多くは時間換算し（月給÷月の労働時間数）、遅刻や早退した時間分の賃金を月給から控除することで計算します。

※月によって所定労働時間が異なるときは、1年間における月平均所定労働時間数を用いるのが一般的です。

▶ 月給者の遅刻早退計算（例）

月給204,000円、月平均所定労働時間170時間の場合で早退0.5時間、遅刻0.25時間した場合
204,000円÷ 170時間×（早退0.5時間＋遅刻0.25時間）＝ 900円…遅刻早退控除額
204,000円－ 900円＝ 203,100円

月平均所定労働時間が170時間の場合なら、除する時間を170時間と決め打ちします。この方法ですと、時間換算した際の時給単価が各月で変わらなくて済みます。

▶ 年間休日数から求める月平均所定労働時間数（例）

年間休日 107 日・1 日 8 時間の場合
（365 日－ 107 日）× 8 時間÷ 12 か月＝ 172 時間（月平均所定労働時間数）

▶ 年間労働日数から求める月平均所定労働時間数（例）

年間労働日数 255 日・1 日 8 時間の場合
255 日× 8 時間÷ 12 か月＝ 170 時間（月平均所定労働時間数）

②日給者の遅刻早退控除

日給者の遅刻や早退の計算方法の多くは、日給を時間換算し（日給÷ 1 日の労働時間数）、遅刻や早退した時間分を日給から控除することで計算します。

▶ 日給者の遅刻早退計算（例）

日給 10,000 円、1 日の労働時間 8 時間の場合で 1 時間遅刻した場合
10,000 円÷ 8 時間×遅刻 1 時間＝ 1,250 円…遅刻早退控除額
10,000 円－ 1,250 円＝ 8,750 円

③時給者の遅刻早退控除

時給者は勤務した分の時間に対し、給与が支払われることになりますので、遅刻や早退があっても、勤務した時間数がその分少なくなるだけになります。そのため、実際の勤務した時間数に対して、給与額を支払うのであれば、特段、遅刻や早退の計算というのはありません。

▶ 時給者の遅刻早退計算（例）

> 時給 1,100 円、1 日の所定労働時間 8 時間の場合で 1 時間遅刻した場合
> 1,100 円× 7 時間＝ 7,700 円

(2) 欠勤計算

欠勤は、働くべき日に働かなかったことをいい、「日」単位で計算します。給与計算の基本はノーワーク・ノーペイですが、欠勤もまた、遅刻や早退と同じように会社のルールで計算します。欠勤は、勤怠と支給に関する項目です。

① 月給者の欠勤控除

月給者の欠勤計算は、就業規則や賃金規程に定めている計算方法で行います。（規定が無い場合は、会社でルールを決め、場当たり的な対応にならないようにしておきます。）月給の多くは日に換算し（月給÷ 1 か月の労働日数）、欠勤した日数分の賃金を月給から控除することで計算します。

欠勤のカウントは、予め出勤日（就労義務日）が決まっている場合は、その本来の出勤日でカウントする（公休日を含めない）のが一般的です。尚、公休日を何回も挟むなど、欠勤が連続し、それが長期に及ぶ場合は、会社によっては休職とすることもあります。

▶ 月給者の欠勤計算（例）

> 月給 25 万円、月の労働日数 20 日の場合で 3 日間欠勤した場合
> 250,000 円÷ 20 日× 3 日＝ 37,500 円…欠勤控除額
> 250,000 円－ 37,500 円＝ 212,500 円

月によって所定労働日数が異なるときは、1年間における月平均所定労働日数を用いるのが一般的です。月平均所定労働日数が21.5日の場合なら、除する日数は21.5日と決め打ちします。

この方法ですと、日に換算した際の単価は各月で変わらなくて済みます。尚、1日8時間労働の事業所では、年間休日が105日必要となることから、21.66日を下回る日数になります。

▶ 年間休日数から求める月平均所定労働日数（例）

年間休日107日の場合
（365日－107日）÷12か月＝21.5日（月平均所定労働日数）

▶ 年間労働日数から求める月平均所定労働日数（例）

年間労働日数252日の場合
252日÷12か月＝21日（月平均所定労働日数）

②日給者と時給者の欠勤

日給者と時給者は勤務した分だけ、給与が支払われることになります。そのため、給与計算では、欠勤控除は基本ありません。

(3) 遅刻・早退・欠勤とペナルティ

遅刻や早退、欠勤は、労使間で取り交わした契約が守られていないことを意味します。遅刻や早退、欠勤等で、契約で決められた日や時間、労働者が働いていないことに対し、会社がペナルティーを科す場合は、就業規則に則って処分します（これを「懲戒や制裁」といいます）。この処分は、ノーワーク・ノーペイとは別のものになります。

尚、減給制裁は、その上限が労基法で定められています。会社が減給の制裁を行おうとする場合は就業規則に定め、平均賃金を用いて算出します。

> 減給は、1回の額が平均賃金の1日分の半額を超え、総額が一賃金支払期における賃金の総額の10分の1を超えてはならない（労基法第91条）。

（4）懲戒の種類と程度

使用者は企業秩序を維持する権限をもち、労働者は企業秩序を遵守する義務を負います。これを基に、使用者は労働者の企業秩序違反行為に対して制裁罰として懲戒を課すことになります。減給の制裁にかかる減給幅の上限や解雇の手続については労基法上に定めはありますが、懲戒の種類と程度については法律上の定めはありません。懲戒を行う場合は、予め就業規則に定め、労働者に周知しておきます。一般的な懲戒処分には、次のようなものがあります。

①戒告・譴責《けんせき》	戒告	将来を戒める（始末書提出を伴わない）
	譴責	始末書を提出させ将来を戒める
②減給	賃金を減額する	
③出勤停止	労働義務の履行を停止する（自宅謹慎、停職、懲戒休職など）	
④降格	役職や職業資格（等級）を引き下げる	
⑤解雇	諭旨解雇《ゆしかいこ》	懲戒解雇相当の事由があるが情状酌量の余地がある場合には退職勧告する（退職勧告に従わないときは懲戒解雇となる）
	懲戒解雇	即日解雇する（解雇予告や予告手当の支払いをしない） 退職金も不支給となる

2-5 ▷ 割増賃金の計算

（1）割増率

割増賃金の支払いが必要なのは、法定労働時間を超えて勤務した場合や勤務する時間帯が深夜（22 時～翌 5 時）になった場合、法定休日（1 週間に 1 日または 4 週間で 4 日）に勤務した場合です。

この時間外労働や休日労働は、使用者が、過半数組合（過半数組合がない場合は過半数代表者）と労使協定を締結し、労働基準監督署に届け出ることで、労働することができるようになります。

但し、時間外労働には限度が定められており、原則、1 か月 45 時間、1 年 360 時間を超えないようにしなければならないとするルール（時間外労働に関する上限規制）があります。それぞれの割増率は次の通りです。

▶ 割増率

	割増率	備考
①法定労働時間超の労働（時間外労働）	25%以上※	1 日 8 時間、1 週 40 時間超（特例事業場 44 時間）
②法定休日労働	35%以上	1 週間に 1 日または 4 週間に 4 日
③深夜帯の労働	25%以上（深夜帯加算）	22 時以降翌 5 時までの間
④法定労働時間超の労働＋深夜帯	50%以上※（25%※＋深夜帯加算 25%）	①＋③
⑤法定休日労働＋深夜帯	60%以上（35%＋深夜帯加算 25%）	②＋③

※月 60 時間以下の場合（60 時間超は 50%以上）

時間外労働が深夜になった場合は、(①時間外労働２割５分＋③深夜労働２割５分）５割の割増賃金を支払う必要があります。

尚、表には「②法定休日労働＋①時間外労働」がありません。これは、法定休日には所定労働時間が存在しないため、８時間以上労働したとしても時間外労働にならない、という理由によるものです。

午前9時から1時間休憩後、翌日午前9時まで勤務の割増率イメージ

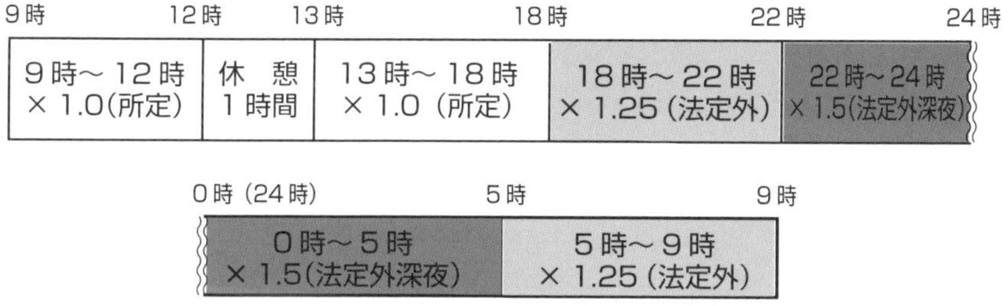

割増賃金計算では、法定労働時間を超えないまでも、勤務が深夜時間帯に及ぶような場合は、深夜割増がつくことになります。そのため、交替制勤務のある事業所では、どの時間帯から割増がつき、休憩時間となるのか、把握しておく必要があります。また、遅刻の取扱いも、遅刻時間が何時間になるのか、休憩時間をはさむ場合は、何時間分の賃金を控除したら良いのかなど、勤務の実態を把握しておくことが大切です。

(2）所定外労働の割増賃金・法定外労働の割増賃金

所定労働時間は、事業所が任意に定める時間であるため、所定労働時間が法定労働時間内であれば、所定労働時間を超えていたとしても法定労働時間を超えていなければ割増賃金は不要となります（所定超の１倍部分は必要となります)。

所定労働時間 7.5 時間の事業所で１時間残業した場合は、所定超 0.5 時間、法定超 0.5 時間ですが、所定超の 0.5 時間は法定内であるため、1.0

倍で計算することが可能となります。（法定超0.5時間は1.25倍となります）

①月給者の割増賃金計算

月給者の割増賃金計算は、時間換算（月給÷月の所定労働時間数）し、計算します。

▶ 月給者の割増賃金

8月		氏名○○						
日	曜日	出勤時刻	退勤時刻	休憩時間	所定外	法定外	実働	備考
1	金	9:00	18:00	1:00			8:00	
2	土							所定休日
3	日							法定休日
⋮		⋮	⋮	⋮			⋮	⋮
24	日							法定休日
25	月	9:00	18:00	1:00			8:00	
26	火	9:00	18:00	1:00			8:00	
27	水	9:00	18:00	1:00			8:00	
28	木	9:00	18:00	1:00			8:00	
29	金	9:00	22:30	1:00		4:30	12:30	4.5時間残業
30	土							所定休日
31	日							法定休日
							172:30	

月給者の場合						
時給換算	1,200円	月平均所定労働時間数	170時間	月給		204,000円
出勤日数	21日	所定外労働	1,200円	×1.00	0.00時間	
欠勤日数	0日	法定外労働	1,200円	×1.25	4.50時間	6,750円
特別休暇	0日	所定休日労働	1,200円	×1.25	0.00時間	
遅刻時間	0.00時間	法定休日労働	1,200円	×1.35	0.00時間	
早退時間	0.00時間	深夜帯労働	1,200円	×0.25	0.50時間	150円

※1日8時間の事業所の例

上表の事例では、次の計算式になります。

▶ 月給者の割増賃金計算（例）

月給 204,000 円、月平均所定労働時間 170 時間の場合で 4.5 時間(内 0.5 時間深夜）残業した場合
204,000 円÷ 170 時間× 1.25 × 4.5 時間＝ 6,750 円……法定外
204,000 円÷ 170 時間× 0.25 × 0.5 時間＝ 150 円……深夜帯

※月によって所定労働時間が異なるときは、1 年間における月平均所定労働時間数を用いる等、会社でルールを決めて、そのルールに則って計算します。

尚、変形労働時間などで、1 日 8 時間を超える時間を 1 勤務の所定労働時間として事業所が設定し、その通りに勤務している場合は、時間外労働になりませんので、割増賃金は発生しません。また、この勤務が深夜帯に及ぶ場合でも、深夜帯の割増賃金を加味した手当等がきちんと支払われている場合は、その計算によるところとなります。

②日給者の割増賃金計算

日給者の割増賃金計算は、時間換算（日給÷ 1 日の所定労働時間数）し、計算します。

▶ 日給者の割増賃金計算（例）

日給 1 万円①、1 日の所定労働時間 8 時間で 12 時間 30 分（内 0.5 時間深夜）働いた場合
10,000 円÷ 8 時間× 1.25 × 4.5 時間＝ 7,031.25 円……法定外②
10,000 円÷ 8 時間× 0.25 × 0.5 時間＝ 156.25 円……深夜帯③
10,000 円＋ 7,031.25 円＋ 156.25 円＝ 17,187.50 円……（①＋②＋③）

③時給者の割増賃金計算

時給者に所定外労働があった場合は、その勤務した実際の時間数と勤務

した時間帯で計算します。

割増率は、所定超1倍、法定超で1.25倍です。尚、勤務が深夜帯（22時以降翌5時まで）に及んだ場合には、ここに0.25倍の加算がつきます。

▶ 時給者の割増賃金

※1日7.5時間の事業所で所定超1倍、法定超1.25倍とした場合の例

8月		氏名○○						
日	曜日	出勤時刻	退勤時刻	休憩時間	所定外	法定外	実働	備考
1	金	9:00	17:30	1:00			7:30	
2	土							所定休日
3	日							法定休日
︙		︙	︙	︙			︙	︙
24	日							法定休日
25	月	9:00	17:30	1:00			7:30	
26	火	9:00	17:30	1:00			7:30	
27	水	9:00	17:30	1:00			7:30	
28	木	9:00	17:30	1:00			7:30	
29	金	9:00	18:30	1:00			8:30	1時間残業
30	土							所定休日
31	日							法定休日
							158:30	

時給者の場合						
時給	1,200円	所定内労働	1,200円	×1.00	157.50時間	189,000円
出勤日数	21日	所定外労働	1,200円	×1.00	0.50時間	600円
欠勤日数	0日	法定外労働	1,200円	×1.25	0.50時間	750円
特別休暇	0日	所定休日労働	1,200円	×1.25	0.00時間	
遅刻時間	0.00時間	法定休日労働	1,200円	×1.35	0.00時間	
早退時間	0.00時間	深夜帯労働	1,200円	×0.25	0.00時間	

▶ 時給者の割増賃金計算（例）

時給 1,200 円、1 日の所定労働時間 7 時間 30 分の場合①で 8 時間 30 分働いた場合
1,200 円× 1.00 × 0.5 時間＝ 600 円……所定外②
1,200 円× 1.25 × 0.5 時間＝ 750 円……法定外③
1,200 円× 7.5 時間＋ 600 円＋ 750 円＝ 10,350 円……（①＋②＋③）

尚、深夜帯の勤務と、それ以外の時間帯の勤務とで時給に差を設け、深夜帯勤務の時給を高く設定している場合は、契約書等で割増加算額等を明確にしておきます。

▶ 割増時給の設定

勤務区分	労働時間	休憩時間	平均時給	時給内訳	備考(1 勤務)
7 時～ 13 時	6 時間	無	1,200 円	1,200 円	7,200 円
11 時～ 20 時	8 時間	1 時間	1,100 円	1,100 円	8,800 円
19 時～ 23 時	4 時間	無	1,275 円 (深夜割増含)	1,200 円 (19 時～ 22 時) 1,500 円 22 時～ 23 時	5,100 円
23 時～ 8 時	8 時間	1 時間	1.425 円 (深夜割増含)	1.500 円 (23 時～ 5 時) 1,200 円 5 時～ 8 時 (内休憩 1 時間)	11.400 円

(3) 遅刻と残業

割増賃金計算については、これまでに述べてきたとおりですが、遅刻した日に残業した場合はどうなるでしょうか。例えば、9 時から 18 時の勤務で、午後から出社し、18 時以降も勤務するような場合です。

これについては、その日、その人の勤務時間が法定労働時間を超えるかどうかで判断します。例えば、9 時から 18 時の勤務で、13 時に出勤した場合は、21 時以降でなければ法定労働時間は超えず割増賃金は発生しません。但し、この場合であっても、休憩時間は適用されるので、8 時間

を超えて勤務する場合は、22 時以降でなければ、割増賃金は発生しないことになります。もっとも、22 時以降の勤務は深夜時間帯となりますので、この場合は、深夜帯の割増賃金が必要になります。

▶ 遅刻した日に残業した場合（13：00 に出社、19 時に退社）

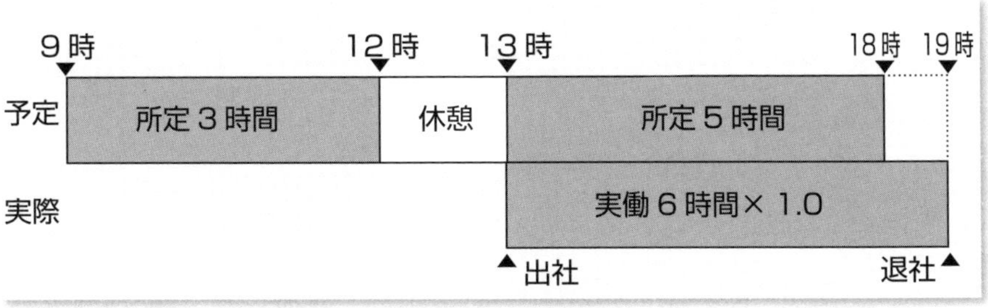

ここに注目！
残業や休日出勤など割増賃金の考え方

割増賃金は「通常の労働に対して支払う賃金」に割増率を乗じて算出しますが、次の手当等は「通常の労働に対して支払う賃金」から除外します。

①通勤手当
②家族手当
③住宅手当
④子女教育手当
⑤別居手当
⑥臨時に支払われる賃金
⑦１か月を超えるごとに支払われる賃金

上記の手当は除外しますが、すべての従業員に一律同額で支払われている場合には除外しません。

そのほか、結婚手当や出産手当、災害見舞金など臨時に支給される賃金、賞与などの１か月を超えるごとに支払われる賃金も除外しますが、皆勤手当は実態で判断します。算出の対象となる期間が１か月以内なら、「通常の労働に対して支払う賃金」に含み、１か月を超える期間なら除外します。

またパートタイマーやアルバイトなども割増賃金の支払い対象になり、たとえ「割増賃金は支払わない」という同意があったとしても無効となります。

Point ▶「代休」と「休日の振替」は異なる

2-6 ▷ 休日振替と代休

「休日の振替え」とは、予め休日と定められていた日を労働日とし、他の労働日をその替わりとして休日にすることをいいます。振り替えることで、休日と定められていた日は「労働日」となり、もともと労働日だった日は「休日」となります。いわゆる事前の交換（トレード）です。そのため、もともと休日だった日が労働日になったので、その日は「休日労働」にはならず、休日労働に対する割増賃金の支払義務は発生しません。

一方、「代休」は、休日だった日に労働が行われた場合で、その代償として、以後、特定の労働日を休みとするものになります。そのため、前もって休日を振り替えたことにはなりません。よって、この代休の場合には、休日労働分の割増賃金を支払う必要があります。

▶ 休日振替と代休の違い

	1週間						
	月	火	水	木	金	土	日
本来	労働日	労働日	休	労働日	労働日	労働日	休
	8h	8h	－	8h	8h	8h	－
	40時間						
実際	出	出	出	出	出	休	休
	8h	8h	8h	8h	8h	－	－
	40時間						

１日８時間、週休２日、水日休みの場合に、水曜日を出勤日とし、同一週の土曜日を休みにする場合

〔振替〕火曜日に、「明日（水曜）出勤してもらう替わりに今週の土曜、休んでいいよ」と言うような場合

→この場合は、割増賃金不要です。

〔代休〕水曜日に、休日出勤した後、土曜を休日出勤した代わりに休む場合

→この場合は、割増賃金が必要です。

▶ **振替休日**

8月		氏名〇〇				
日	曜日	出勤時刻	退勤時刻	休憩時間	実労働時間	備考
1	金	9:00	18:00	1:00	8:00	
⋮		⋮	⋮	⋮	⋮	
24	日					公休(法定休日)
25	月	9:00	18:00	1:00	8:00	
24	火	9:00	18:00	1:00	8:00	
27	水	9:00	18:00	1:00	8:00	公休→労働日
28	木	9:00	18:00	1:00	8:00	
29	金	9:00	18:00	1:00	8:00	
30	土	振替休日				労働日→振休
31	日					公休(法定休日)
合計					168:00	
出勤日数		21 日	所定外労働		0.00 時間	
欠勤日数		0 日	法定外労働		0.00 時間	
特別休暇		0 日	所定休日労働		0.00 時間 ★	
遅刻時間		0.00 時間	法定休日労働		0.00 時間	
早退時間		0.00 時間	深夜帯労働		0.00 時間	

▶ 代休

8月		氏名〇〇				
日	曜日	出勤時刻	退勤時刻	休憩時間	実労働時間	備考
1	金	9:00	18:00	1:00	8:00	
⋮		⋮	⋮	⋮	⋮	
24	日					公休（法定休日）
25	月	9:00	18:00	1:00	8:00	
24	火	9:00	18:00	1:00	8:00	
27	水	9:00	18:00	1:00	8:00	公休→労働日
28	木	9:00	18:00	1:00	8:00	
29	金	9:00	18:00	1:00	8:00	
30	土	代休				労働日→代休
31	日					公休（法定休日）
					168:00	
出勤日数		21 日	所定外労働		0.00 時間	
欠勤日数		0 日	法定外労働		0.00 時間	
特別休暇		0 日	所定休日労働		8.00 時間←休日出勤分（代休）	★
遅刻時間		0.00 時間	法定休日労働		0.00 時間	
早退時間		0.00 時間	深夜帯労働		0.00 時間	

※法定休日が確保されている場合は、休日労働があっても、法定休日労働にはなりません。

勤務表だけを見ると、一見、同じように見えますが、「事前」の振替えか、「事後」の代休かで割増賃金の取扱いは大きく異なることになります。

但し、次のような週40時間を超える場合の「休日の振替え」は、法定外労働の割増賃金が必要です。

▶ 割増料金が必要となる休日振替

	1週間										
	月	火	水	木	金	土	日	月	火	水	木
本来	労働日	労働日	労働日	労働日	労働日	休	休	労働日	労働日	労働日	労働日
	8h	8h	8h	8h	8h	－	－	8h	8h	8h	8h
	40時間										
実際	出	出	出	出	出	出	休	出	出	休	出
	8h	8h	8h	8h	8h	8h	－	8h	8h	－	8h
	48時間										

〔振替〕金曜日に、「明日（土曜）出勤してもらう替わりに来週の水曜、休んでいいよ」と言うような場合

→この場合は、事前の振替えではありますが、土曜日勤務すると週40時間を超えることになります。この場合、土曜日は２割５分増しの割増賃金が必要となります。

〔代休〕土曜日に、休日出勤した後、水曜に休日出勤した代わりに休む場合

→この場合は、割増賃金が必要です。

Point ▶ 割増賃金の計算基礎に含めない賃金がある

2-7 ▷ 基本給と手当

基本給と手当、これらは労基法で定める賃金に位置づけられています。賃金体系や各支給項目は、会社が任意に、また独自に決めることができます。給与計算実務では、賃金体系を作り、基準内賃金と基準外賃金に分け、割増賃金計算や社会保険の標準報酬、労働保険料の算定、通勤費の非課税扱いなど、賃金や報酬に含めるもの、含めないもの等を把握しておきます。

基準内賃金は、法律用語ではなく、一般に所定労働に対して支給する賃金の総称として用いられています。基準外賃金は、それ以外の賃金としている所が多いです。

(1) 基本給等

基本給は、労働者の生活の基盤となる賃金で、一般に生活給として位置づけられています。基本給を構成する要素は、年齢や勤続年数、経験年数などが多く、評価制度を導入している会社では、能力や役割に応じて支給するケースもあります　また、仕事や職務の内容に応じて支給する職務給も最近では注目を浴びています。これらの賃金は、そのテーブルを含めて、会社が賃金規程等に記載しておきます。

基準内賃金	基本給	年齢給	年齢に応じて決まる賃金
		勤続給	勤続年数や経験年数に応じて決まる賃金
	職能給		職務遂行能力に応じて支給される賃金（職能資格制度で運用）
	職務給		職務に応じて支給される賃金（同一職務同一賃金がベース）
	役割給		役割に応じて支給される賃金

（2）さまざまな手当

手当には、扶養する家族や住宅事情、通勤に対して支給する家族手当や住宅手当、通勤手当など、また、役職や資格に応じて支給する役職手当や資格手当、業務や職務の内容に応じて支給する業務手当や職務手当などがあります。また、勤務の回数や日数に応じて支給される数連動型の手当（たとえば夜勤手当や早出手当など）というのもあります。

これらの手当は、会社が任意に、また独自に決めることができます。各種手当を決めた場合は、就業規則や賃金規程等に記載します。

▶ 一般的な手当（例）

基準内賃金	固定的に支払われる賃金	役職手当	役職（職位）に応じて支給される手当
		業務手当	業務に対して支給される手当
		営業手当	外回りの営業職に対して支給される手当
		資格手当	資格に応じて支給される手当
基準外賃金	割増賃金の計算基礎から除かれる賃金	家族手当	扶養家族の人数に応じて支給される手当
		住宅手当	住宅に要する費用に応じて支給される手当
		通勤手当	通勤に要する費用として支給される手当
	変動賃金（回数変動）	夜勤手当	夜勤を行った回数に応じて支給される手当
		早番・遅番手当	早番勤務や遅番勤務で支給される手当
		宿直手当	宿直を行った回数に応じて支給される手当
		精皆勤手当	勤怠に対して支給される手当
		年末年始手当	年末年始に勤務した場合に支給される手当
	割増賃金	時間外労働手当	所定労働時間を超える労働に対して支給される手当
		深夜労働手当	深夜（22時～翌5時）に及ぶ労働に対して支給される手当
		休日労働手当	法定休日の労働に対して支給される手当

精勤手当は、一般に遅刻や欠勤等の有無で支給される手当です。勤怠集計を行い、会社のルールに基づき支給を決定します。

給与計算では、回数や日数に連動して支給される項目の集計を行います。

(3) 割増賃金計算と手当

手当は、会社が独自に定めるため、さまざまな種類がありますが、扶養する家族や住宅事情、通勤に対して支給する家族手当や住宅手当、通勤手当は、労働の対価とは直接には関係がないため、割増賃金の計算の基礎に入れなくてもよいとされています。割増賃金の計算の基礎から除外する賃金は次の通りです。

①家族手当
②通勤手当
③別居手当
④子女教育手当
⑤住宅手当
⑥臨時に支払われた賃金
⑦１箇月を超える期間ごとに支払われる賃金

これらは、いずれも法律で定められた賃金で、上記以外のものは認められていません（限定列挙）。したがって、役職手当や業務手当、資格手当、精勤手当（１か月を超える期間毎に支払われる場合は除かれる）などは、割増賃金の計算の基礎となる賃金に算入しなければなりません。

また、割増賃金から除外できる手当であっても、除外の可否については実態で判断されることになります。具体的には次頁の通りです。

家族手当	扶養家族の人数を基準として算出される手当	
	除外できる例	税法上の扶養家族を有する社員に対し、家族手当を支給する。支給額は次の通りとする。 配偶者　　　：月額１万円 その他の家族：月額５千円
	除外できない例	社員に対し、家族手当として一律１万円を支給する。
通勤手当	通勤距離または通勤に要する実費として支給される手当	
	除外できる例	合理的経路及び方法で公共交通機関を利用し通勤する社員に対し、通勤手当として定期券代を支給する。
	除外できない例	○○勤務の社員に対し１日300円の通勤手当を支給する。
住宅手当	住宅に要する費用に応じて算定される手当	
	除外できる例	社員が賃貸住宅に居住する場合は、家賃の○％を支給する。
	除外できない例	社員が居住する住宅が賃貸の場合は５千円、持ち家の場合は１万円を支給する。（住宅の形態ごとに一律定額で支給する場合）

尚、割増賃金の計算の基礎となるのは、「通常の労働時間」または「労働日の賃金」となります（平均賃金ではありません）。

★報酬となるものならないもの（社会保険）

	報酬となるもの	報酬とならないもの
金銭で支給されるもの	基本給（月給・週給・日給など）、能率給、奨励給、役付手当、職階手当、特別勤務手当、勤務地手当、物価手当、日直手当、宿直手当、家族手当、扶養手当、休職手当、通勤手当、住宅手当、別居手当、早出残業手当、継続支給する見舞金、年４回以上の賞与、役員報酬など	大入袋、見舞金、解雇予告手当、退職手当、出張旅費、交際費、慶弔費、傷病手当金、労災保険の休業補償給付、年３回以下の賞与など
現物で支給されるもの	通勤定期券、回数券、食事、食券、社宅、寮、被服（勤務服でないもの）、自社製品など	制服、作業着（業務に要するもの）、見舞品、食事（本人の負担額が、厚生労働大臣が定める価額により算定した額の２／３以上の場合）など

★賃金に含めるもの含めないもの（雇用保険）

	賃金に含めるもの	賃金に含めないもの
金銭・現物で支給されるもの	基本給、役職手当、職務手当、営業手当、住宅手当、家族手当、時間外労働手当、精皆勤手当、宿日直手当、歩合手当 通勤定期代、回数券、食事、食券、社宅、寮、被服（業務以外のもの）、自社製品、商品 労働の対償として使用者が労働者に支払うすべてのものなど	結婚祝金、災害見舞金、死亡弔慰金など恩恵的なもの 役員報酬など

★通勤交通費の非課税限度額

役員や従業員に通常の給与等に加算して支給する通勤手当は、一定の限度額まで非課税となっています。尚、1か月当たりの非課税となる限度額を超えて通勤手当を支給する場合には、超える部分の金額が給与として課税されます。

マイカーなどで通勤している人の非課税となる1か月当たりの限度額は、片道の通勤距離（通勤経路に沿った長さです。）に応じて定められています。

通常の給与に加算して支給される通勤手当や通勤用定期乗車券は、次の区分に応じ、それぞれ1か月当たり次の金額までは課税されないことになっています。

区分		課税されない金額
1　交通機関または有料道路を利用している人に支給する通勤手当		1か月当たりの合理的な運賃等の額（最高限度　150,000円
2　自動車や自転車などの交通用具を使用している人に支給する通勤手当	通勤距離が片道55キロメートル以上である場合	31,600円
	通勤距離が片道45キロメートル以上55キロメートル未満である場合	28,000円
	通勤距離が片道35キロメートル以上45キロメートル未満である場合	24,400円
	通勤距離が片道25キロメートル以上35キロメートル未満である場合	18,700円
	通勤距離が片道15キロメートル以上25キロメートル未満である場合	12,900円
	通勤距離が片道10キロメートル以上15キロメートル未満である場合	7,100円
	通勤距離が片道2キロメートル以上10キロメートル未満である場合	4,200円
	通勤距離が片道2キロメートル未満である場合	（全額課税）
3　交通機関を利用している人に支給する通勤用定期乗車券		1か月当たりの合理的な運賃等の額※（最高限度150,000円）
4　交通機関または有料道路を利用するほか、交通用具も使用している人に支給する通勤手当や通勤用定期乗車券		1か月当たりの合理的な運賃等の額と2の金額との合計額（最高限度150,000円）

※運賃等の額には消費税及び地方消費税相当額が含まれます。合理的な運賃等の額とは、通勤のための運賃、時間、距離等の事情に照らし最も経済的且つ、合理的と認められる通常の通勤の経路及び方法による運賃または料金の額をいいます（尚、新幹線等の特別急行料金は含まれるが、グリーン料金は含まれない）。

ここに注目！
「報酬」と「賃金」、「給与」の違いを理解する

給与は「賃金」や「報酬」、「手当」などと言い換えられることがありますが、法律によって「給与」の定義は異なり、労働基準法では「賃金」、健康保険法・厚生年金保険法では「報酬」と呼び、それぞれ法でその取扱いの範囲を定めています。

基本的な概念は「労働の対価として会社（使用者）が労働者に支払うもの」で、給与明細書に「〇〇手当」と記載されていても、それが「労働の対価として支払われたもの」であれば、すべて「賃金」となります。特定の人に恩恵的に支払う「結婚祝金」、「災害見舞金」や一時的、臨時的に支払う「大入り袋」、制服や作業着の給付などは法律によって取り扱いが変わります。

労働基準法では一時的、臨時的に支払われるものであっても、労働の対価であれば「賃金」となりますが、健康保険法や厚生年金保険法では制服や作業着、社宅の提供などは一定条件の下で「現物給付の報酬」として扱われます。

したがって、給与計算の担当者はその辺の線引きをしっかり理解しておく必要があります。

2-8 ▷ 割増賃金が含まれる手当

（1）深夜割増と手当

手当は、会社が独自に決めることができますが、その中には割増賃金を含めて設定する手当があります。交替制勤務を行う事業所の「夜勤」などです。この夜勤は、通常の勤務で、時間外労働ではない、深夜帯の勤務という位置づけになります。この夜勤の回数に応じて支払う「夜勤手当」については、割増賃金計算した額を上回るように設定します。

1勤務の所定労働時間を仮に14時間とし、これを夜勤手当として支給する場合は、その手当の額が割増賃金計算した額を上回る必要があります。休憩時間をいつ取得するかで計算額も変わってくるため、給与額の高い人や割増率の高い時間帯の最大値で計算しておきます。尚、労基法上の1日とは午前0時から午後12時までのいわゆる暦日をいうものであり、継続勤務が2暦日にわたる場合には、たとえ暦日を異にする場合でも一勤務として取り扱い、当該勤務は始業時刻の属する日の労働として、当該日の「1日」の労働とすることという通達があります。

変形労働時間制を導入していない場合は、法定労働時間を超える時間数の割増と深夜帯の加算割増がついた額以上の額を支給します。

8月			氏名〇〇				
日	曜日	区分	出勤時刻	退勤時刻	休憩時間	労働時間	
1	金	明	―	9:00			
2	土	休					
3	日	休					
4	月	日	9:00	18:00	1:00	8:00	
5	火	早	7:00	16:00	1:00	8:00	
6	水	遅	11:00	20:00	1:00	8:00	
7	木	夜	17:00	―	2:00	14:00	夜勤
8	金	明	―	9:00			
9	土	休					
10	日	休					
11	月	日	9:00	18:00	1:00	8:00	
12	火	早	7:00	16:00	1:00	8:00	
13	水	遅	11:00	20:00	1:00	8:00	
14	木	夜	17:00	―	2:00	14:00	夜勤
15	金	明	―	9:00			
16	土	休					
17	日	休					
18	月	日	9:00	18:00	1:00	8:00	
19	火	早	7:00	16:00	1:00	8:00	
20	水	遅	11:00	20:00	1:00	8:00	
21	木	夜	17:00	―	2:00	14:00	夜勤
22	金	明	―	9:00			
23	土	休					
24	日	休					
25	月	日	9:00	18:00	1:00	8:00	
26	火	早	7:00	16:00	1:00	8:00	
27	水	遅	11:00	20:00	1:00	8:00	
28	木	夜	17:00	―	2:00	14:00	夜勤
29	金	明	―	9:00			
30	土	休					
31	日	休					
夜勤回数：4回			月平均所定労働時間数：160時間		労働時間	152:00	

▶ 1回の夜勤を14時間と設定している場合

区分（例）	始業及び終業の時間	休憩時間	労働時間
日	9時〜18時	1時間	8時間
早	7時〜16時	1時間	8時間
遅	11時〜20時	1時間	8時間
夜・明	17時〜翌9時	2時間	14時間

尚、変形労働時間制を組み、週平均40時間以内に収まるシフトとなっている場合には、深夜帯の割増分を超えた額で設定（いわゆる割増賃金が含まれる手当）し、それを就業規則や雇用契約書等に明記（1年単位の変形労働時間制の場合は労使協定の締結と所轄労基署への届け出が必要）しているのであれば、別途、深夜帯の割増賃金を支給する必要はありません。

月給制で夜勤を手当として支払う場合は、変形労働時間制にし、手当の額に深夜帯の割増賃金が含まれるようにします。

	拘束時間	時間帯		割増率		休憩時間
夜勤	17時〜翌9時	17時〜22時	5時間	×1.0	法定内	休憩時間をいつにするかで給与額が変わってくる
		22時〜1時	3時間	×1.25	法定内＋深夜	
		1時〜5時	4時間	×1.5	法定超＋深夜	
		5時〜9時	4時間	×1.25	法定超	

▶ 変形労働時間制における夜勤手当の額設定

> 変形労働時間（4週8休）制で月平均所定労働時間数160時間、
> 夜勤手当7,500円/回（夜勤は入りでカウント）、従業員の最大給与額40万円の場合
> 深夜帯22：00～翌5：00（7時間）
> 400,000 ÷ 160 × 0.25 × 7時間＝4,375円
> 4,375円＜7,500円……OK

(2) 労働時間と手当

労働基準法は、法定外の時間外労働や休日労働に対し、割増賃金の支払いを義務付けていますが、営業職や管理職の給与支給の実際では、これらの者については残業代が付かない者として、取り扱われていることがあります。残業代の代わりとして、営業手当や役職手当を支給しているようなケースです。

外回りの営業職については、労働時間の算定が困難な場合には、事業場外のみなし労働時間制※が適用されることはありますが、この適用は労働時間が算定できない場合に限られ、かなり限定的な対応となります。また、管理職者については、（4）にも記載しますが、他の社員をまとめ、指揮命令する立場になく、人事権や決済権を持たないような場合（いわゆる「名ばかり管理職」）は、仮に管理職者として役職手当等の支給があったとしても、その額の妥当性がみられることになります。

よって、管理監督者として否認されれば、割増賃金は全額必要となります。

尚、手当の額に割増賃金が含まれている場合には、その手当の額が実際に勤務した時間数から計算した割増賃金額（残業代）より低ければ、その差分の支払いが求められることになります。

※事業場外みなし労働時間制は、労働者が労働時間の全部または一部について事業場外で業務に従事した場合において、労働時間を算定し難いときは、所定労働時間労働したものとみなす制度です。この場合において、その業務を遂行するため通常所定労働時間を超えて労働することが必要となる場合は、通常必要とされる時間労働したものとみなします。

(3) 固定残業代(みなし残業制)

労働時間管理や賃金管理の実務では、一般に固定残業制(みなし残業制)と呼ばれる制度があります。この制度は、もともと法律上の制度ではないのですが、長時間残業による健康管理や残業代増加の抑止を目的として広く導入されている制度になります。

固定残業制は、予め1か月の残業時間数を決めておき、従業員は、この予め設定された時間数を超えないように勤務するという制度です。

運用方法は、固定残業代などの名目で割増賃金が含まれる給与として、固定額を支払い、その含まれる時間数と金額を労働者に明示した上で、含まれる時間数を超えて勤務した場合に、超えた時間分を含み残業時間超の時間外労働として割増賃金を支払うといった方法になります。

▶ 固定残業代(例)

月給			備考
基本給	160 時間	192,000 円	192,000 ÷ 160 時間 =1,200 円
固定残業代	30 時間分	45,000 円	192,000 ÷ 160 時間× 1.25 × 30 時間

(4) 管理監督者

労働基準法では、経営者と一体的な立場にある者で、現実の勤務態様が労働時間・休憩、休日の規定の適用が馴染まない場合は、この者を労働時間等の規制の適用除外者（監督若しくは管理の地位にある者）として位置づけています。

> 労働時間、休憩及び休日に関する規定は、次の労働者には適用しない。
> ・事業の種類に関わらず監督若しくは管理の地位にある者または機密の事務を取り扱う者

この適用除外は、役付者（部長や課長といった職位につく人）であればすべてが労基法で定める管理監督者となる訳ではありません。

その判断は、役職の名称や資格（経験や能力に基づく格付け）にとらわれず、職務内容、責任と権限、勤務態様等の実態に即して判断すべきものとされています。

よって、重要な職務と責任を有し、現実の勤務態様も、労働時間等の規制になじまないような働き方であって、その判定にあたっては、その地位にふさわしい待遇がなされているなど、賃金等の待遇面においても、一般労働者に比して優遇措置が講じられているという点も重要な判断要素となっています。

Point ▶法の主旨に反する年休買上げはできない

2-9 ▷ 年次有給休暇

年次有給休暇は、正社員、パートタイム労働者など、業種や職種、契約内容にかかわらず、一定の要件を満たした労働者に対して付与される休暇です。年次有給休暇は、賃金が減額されない休暇になります。

(1) 付与要件と付与日数

年次有給休暇が付与される要件は次の２つです。

・雇い入れの日から６か月経過していること
・その期間の全労働日の８割以上出勤していること

雇い入れ日から６か月継続勤務 ＋ 全労働日の８割以上出勤 ＝ 年次有給休暇発生

出勤した日数 ÷ 全労働日 × 100 ＝ 出勤率

全労働日とは、「就労義務のある日」のことになります。よって、次の日は全労働日に含めません。

・所定休日に労働した場合の所定休日労働日
・使用者の責めに帰すべき事由により休業した日
・正当な労働争議により労働の提供がされなかった日

出勤率の算定においては、勤務していないが、出勤した日としてみなす日があります。出勤した日としてみなす日には、次の日があります。

- ・業務上の疾病等により療養のために休業した日
- ・産前産後休業日
- ・育児介護休業日
- ・年次有給休暇を取得した日

この要件を満たした労働者に年次有給休暇が付与されます。年次有給休暇は、最初に付与された日から1年が経過した日（雇入れ日から1年6か月経過した日）において、出勤率8割以上である場合に、次の年次有給休暇が付与されます。以後、同様の要件で付与されることになります。

▷ 週30時間以上勤務する労働者の年次有給休暇

年次有給休暇は、週所定労働時間が30時間以上、所定労働日数が週5日以上の労働者、または1年間の所定労働日数が217日以上の労働者に、次の日数が付与されます。

週所定労働時間	週所定労働日数	１年間の所定労働日数	雇入れの日から起算した勤続期間	付与される休暇の日数
30時間以上	５日以上	２１７日以上	６か月	１０労働日
			１年６か月	１１労働日
			２年６か月	１２労働日
			３年６か月	１４労働日
			４年６か月	１６労働日
			５年６か月	１８労働日
			６年６か月以上	２０労働日

▷ 所定労働日数が少ない労働者の年次有給休暇

パートタイム労働者など、所定労働日数が少ない労働者には、比例して次の日数が付与されます。これを比例付与といいます。具体的には、週所定労働時間が30時間未満、且つ、週所定労働日数が4日以下、または1年間の所定労働日数が48日から216日までの労働者です。

週所定労働時間	週所定労働日数	1年間の所定労働日数	雇入れ日から起算した継続勤務期間（単位：年）						
			0.5	1.5	2.5	3.5	4.5	5.5	6.5以上
30時間未満	4日	169～216日	7	8	9	10	12	13	15
	3日	121～168日	5	6	6	8	9	10	11
	2日	73～120日	3	4	4	5	6	6	7
	1日	48～72日	1	2	2	2	3	3	3

(2) 取得のルール

年次有給休暇は、労働者が請求する時季に与えなければなりません。

但し、労働者が請求した時季に休暇を取得することが事業の正常な運営を妨げる場合は、使用者は、他の時季にその取得時季を変更（これを「時季変更権」といいます）することができます。

尚、年10日以上、年次有給休暇が付与される労働者で5日以上取得している人以外の人については、年5日は使用者が時季を指定して取得させることが必要となります。

年次有給休暇が取得できる日は、就労日（就労義務のある日）で、発生の日から2年間で時効により消滅します。

▷ 計画的付与

年次有給休暇には、その付与を計画的に行う「計画的付与」制度があります。この計画的付与は、取得率の向上を目的とし、付与される日数のうち、5日を超える部分については、労使協定を結ぶことにより、休暇取得日を計画的に割り振ることができます。

▷ 時間単位付与

年次有給休暇は、原則「日」単位での取得ですが、労使協定を結べば、1年間で5日を上限に時間単位で取得することができます。これを「時間単位年休」といいます。

(3) 時給者の年次有給休暇

年次有給休暇は、休暇(すなわち日数)の付与であることから、法律で付与された日数が取得できなかった場合は、買い取ることができないのですが、時給者の場合は、休暇が「有給」になることから、その取得にあたっては、取得した分のお金を支払うことになります。

有給休暇を取得した時は就業規則等で定めるところにより、次のいずれかの方法により計算します。

①平均賃金(過去3か月間における1日あたりの賃金)
②通常の賃金(所定労働時間労働した場合に支払われる通常の賃金)
③標準報酬日額(健康保険法)

※1日の労働時間が一定でない場合は①の方法、一定している場合は②の方法をとることが多いです。③については労使協定で定める必要があります。

日によって、1日の勤務時間が異なるなど、所定労働時間が決まっていないような場合には、①の平均賃金から計算する場合があります。次頁の表の事例で、10/1 ~ 10/31 の間に取得した年次有給休暇(3日分)がいくらになるのか平均賃金から計算してみましょう。

①の平均賃金により計算する場合は、次の（A）（B）を比較して高い方をとります。

（A）過去３か月間の賃金の合計÷過去３か月間の暦日数

（B）過去３か月間の賃金の合計÷過去３か月間の労働日数×0.6

▶ 平均賃金による計算方法：有休分「？」の箇所を求める

	8月 (7/1～7/31)	9月 (8/1～8/31)	10月 (9/1～9/30)	11月 (10/1～10/31)
歴日数	31	31	30	31
労働日数	12	11	12	9
有休取得日数	0	0	0	3
時給単価①	1,100	1,100	1,100	1,100
実労働時間②	60:30	45:00	55:45	45:00
時給①×②	66,550	49,500	61,325	49,500
有休支給分	0	0	0	?
総支給額	66,550	49,500	61,325	49,500+？

（A）過去３か月間の賃金の合計÷過去３か月間の暦日数

66,550+49,500+61,325 = 177,375

31+31+30 = 92

177,375 ÷ 92 = 1,927.98

（B）過去３か月間の賃金の合計÷過去３か月間の労働日数×0.6

66,550+49,500+61,325 = 177,375

12+11+12 = 35

177,375 ÷ 35 × 0.6 = 3,040.71

(A) ＜ (B) のため、(B) 3,041円×３日＝9,123円となります。

？ =9,123

2-10 ▷ 労働時間管理

コロナ禍でテレワークや時差出勤が進み、就業場所や就業時間の管理方法が見直されています。職種によっては、勤務場所は何処でも良くなり、出退勤の時刻や勤務時間は自分で決めるなど、フレックスタイム制や自己申告制が注目されています。

これまで労働時間の把握は、タイムカードや出勤簿で把握するのが一般的でしたが、ワークライフバランスなどの働き方改革とコロナ禍の働き方で、勤務時間を自分で管理する方法（自己申告制度）が取られ始めています。この時間管理手法は、会社が各従業員にIDとパスワードを付与し、従業員がネット上の自分の勤務表に勤務した時間を自ら申告することで、会社が労働時間を把握します。

このように、テレワークや時差出勤、フレックスタイム制や自己申告制で、時間管理はこれまでの懲罰型管理から労働者主体の「自主・自律」の管理方法へとシフトし始めています。

▷ 時間管理の例

テレワークによって、WEB上での時間管理が進んでいます。勤務予定表の作成や残業申請、有給申請などはすべてクラウド上の自分の勤務表で行います。クラウドで行う時間管理は、どこからでもアクセスできるのがメリットです。会議や打ち合わせなどもWEBで行うようになってきているため、従業員は会社に行く必要がなくなり、働き方が大きく変化し始めています。

（参考）勤務ナビ https://www.k-navi.org ➡次頁参照

勤務ナビ〔クラウド勤怠管理〕…シフト表作成、残業申請、有給申請、上長承認、勤怠集計はすべて WEB 上で行う。

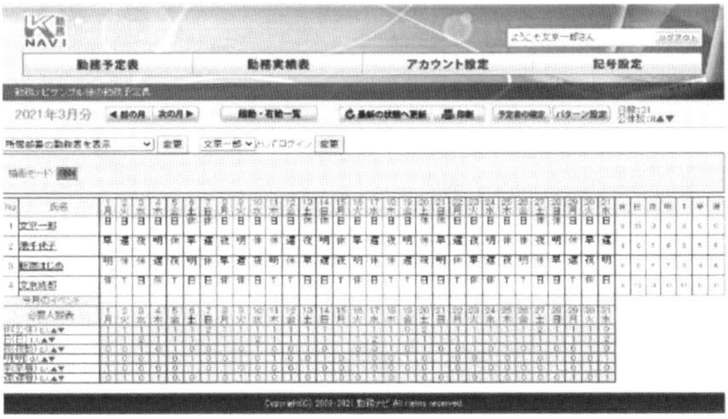

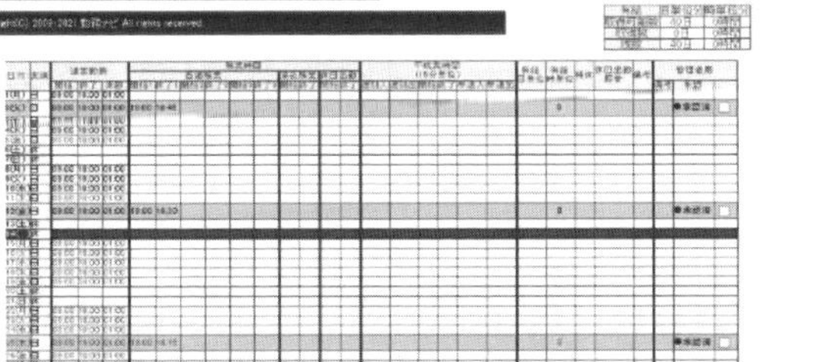

このように自主・自立の働き方は、拘束としての労働から開放される一方で、仕事そのものに関心が移り、成果や生産性がより重視されるようになります。

自己管理では健康管理も必要で、相談窓口の有無も大切になります。

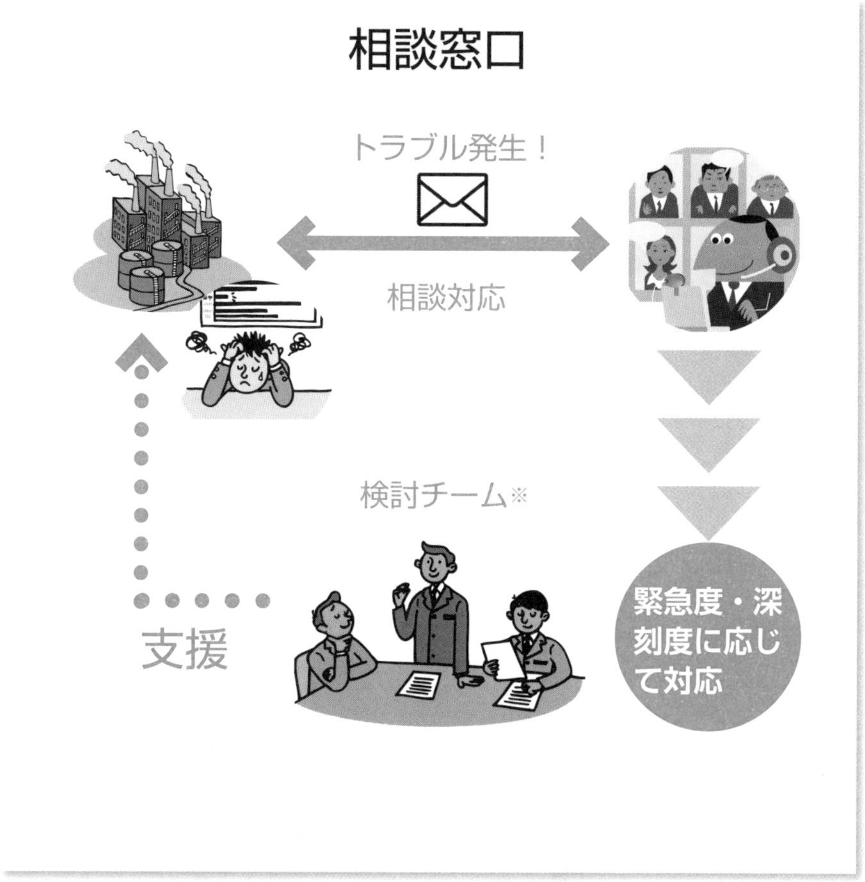

※外部専門家（社会保険労務士等）を入れた検討チーム

第3章

税と社会保険

3-1 ▷ 税と社会保険の徴収・納付のルール

給与計算では、労働基準法に則り、割増賃金計算を行い、ノーワーク・ノーペイの原則に従い、遅刻早退控除、欠勤控除等の計算を行います。会社等の事業主は、従業員が国や地方自治体に納めるべき税金の額を計算し、給与からこれを徴収し、納付します。また、会社は従業員が負担すべき社会保険料を正しく給与から控除し、会社負担分と合わせて納付します。

▷ 給与計算で行うこと

①賃金額を正しく計算し支給すること。

②税金を計算し、給与から徴収しこれを納付すること。

③本人負担分の社会保険料を給与から控除し、会社負担分と合わせて納付すること。

税金や社会保険については、次の原則的なルールを押さえておくと良いです。

（1）所得税の徴収と納付のルール

所得税は、所得者本人が支払う税金ですが、会社は、給与を支払う都度、徴収し（これを「源泉徴収」という）、原則翌月 10 日までに納付※し、最終的な税額は 1 月～ 12 月の「年」で確定させます（各人の税金は、年で確定させるため、年末に精算業務が発生します。これを「年末調整」といいます）。

※納期の特例申請をしている場合は半年毎に納付することができます。

原則：翌月 10 日納付、例外：半年毎（7 月・1 月）納付

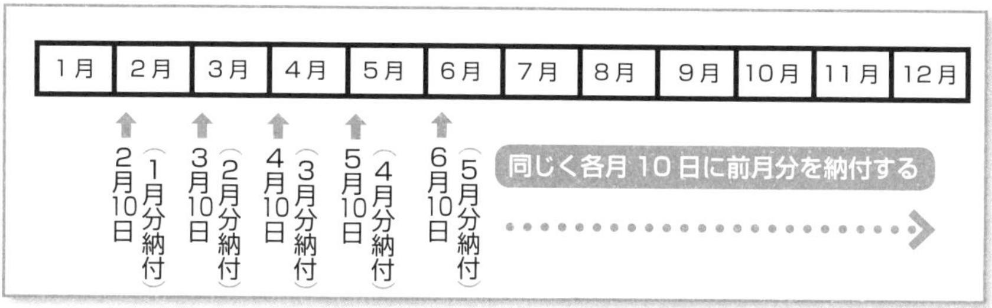

※給与を支給する際に、給与から所得税などの税金を徴収することを「源泉徴収」といい、給与等を支払う会社のことを税法上は「源泉徴収義務者」といいます。

(2) 住民税の徴収と納付のルール

住民税は、本人が支払う税金になり、税額は、6月～翌5月の「6月を始めの月とする年度」で決定します。決定された住民税は、給与から天引きします（これを「特別徴収」といいます※）。特別徴収する会社は、給与を支払う都度、徴収し各市町村へ翌月10日までに納付します。

※従業員2人以下の小規模事業所や、給与額が少なく住民税額が引けないような場合は、本人が自分で納付する方法を取ることができます（これを「普通徴収」といいます）。

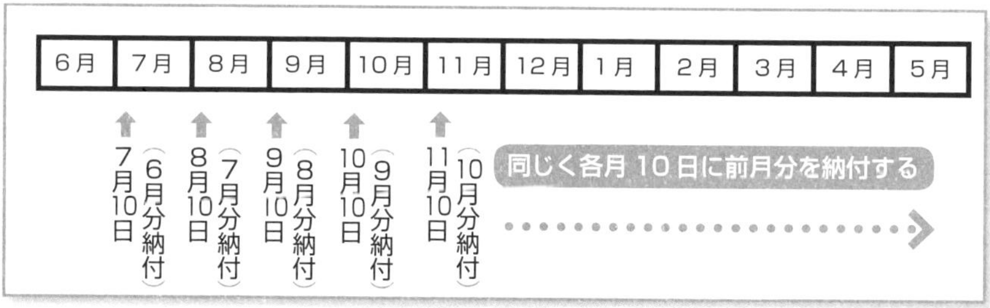

(3) 雇用保険料の徴収と納付のルール

雇用保険料は、給与を支払う都度、本人負担分を徴収し、最終的な労働保険料（労災保険料・雇用保険料）は４月～翌３月の「年度」で確定させ、会社負担分と合わせて１年度分まとめて納付（※）します。

※労働（概算）保険料が40万円以上になる場合は、３回に分けて納付することができます。

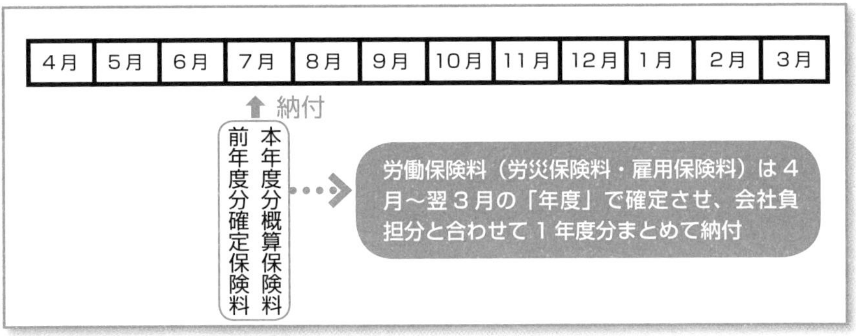

（4）社会保険料の徴収と納付のルール

社会保険料（健康保険料・介護保険料、厚生年金保険料）は、入社時の給与額（標準報酬月額）、４月～６月の平均給与額（〃）、昇給があった月以後３か月間の平均給与額（〃）の「月」を基準に決定され、会社は毎月の給与から本人負担分を徴収し、会社負担分と合わせて、翌月末日までに納付します。

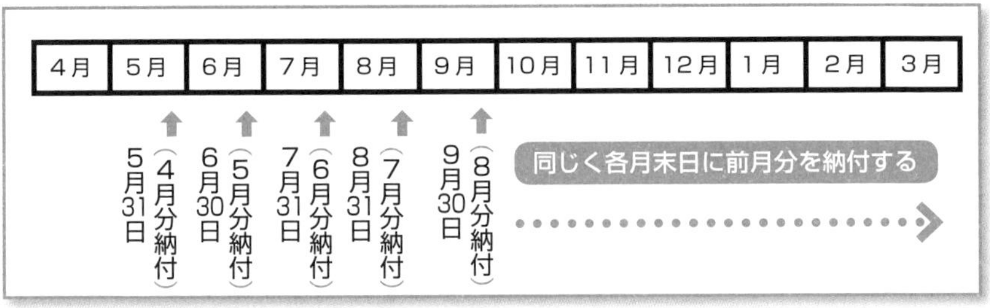

年間スケジュール

1月	2月	3月	4月
1月度給与計算 所得税（1月支払分）徴収 社会保険料（12月分）徴収 雇用保険料　徴収 12月分社保料納付期限：1/31	2月度給与計算 1月分所得税納付期限：2/10 1月分社保料納付期限：2/28	3月度給与計算 2月分所得税：3/10 2月分社保料：3/31	4月度給与計算 社保算定対象月 前年度（4月～翌3月） 労働保険料計算 3月分所得税：4/10 3月分社保料：4/30
5月	**6月**	**7月**	**8月**
5月度給与計算 社保算定対象月 4月分所得税：5/10 4月分社保料：5/31	6月度給与計算 社保算定対象月 賞与支給 住民税徴収開始（6月～翌5月） 6月度賞与計算 賞与支払届提出(5日以内) 5月分所得税：6/10 5月分社保料：6/30	7月度給与計算 4月～6月の報酬にかかる算定基礎届の提出（7/10） 6月分所得税：7/10（賞与分も）※1 6月分住民税：7/10 6月分社保料：7/31（賞与分も） 労働保険料の納付：7/10 ※2	8月度給与計算 7月分所得税：8/10 7月分住民税：8/10 7月分社保料：8/31
9月	**10月**	**11月**	**12月**
9月度給与計算 8月分所得税：9/10 8月分住民税：9/10 8月分社保料：9/30	10月度給与計算 社保算定の結果反映9月分（4月～6月の平均標準報酬月額・社保等級改定） 9月分所得税：10/10 9月分住民税：10/10 9月分社保料：10/31	11月度給与計算 年末調整の準備 10月分所得税：11/10 10月分住民税：11/10 10月分社保料：11/30	12月度給与計算 12月度賞与計算 賞与支払届提出(5日以内) 年末調整 11月分所得税：12/10 11月分住民税：12/10 11月分社保料：12/31
1月	**2月**	**3月**	**4月**
前年（1月～12月） ・法定調書合計表の提出 1/31 ・源泉徴収票の提出 1/31 ・給与支払報告書の提出 1/31 12月分所得税：1/10（賞与分も）※1 12月分住民税：1/10 12月分社保料：1/31（賞与分も）			前年度（4月～翌3月） 労働保険料計算

上段：イベント・下段：納付期限

15日締め25日払い、社会保険料：翌月徴収、賞与支給6月・12月の場合

※1　源泉所得税の特例納付：7/10（1月～6月分）・翌年1/20（7月～12月分）

※2　労働保険料の延納：7/10（1期）・10/31（2期）・1/31（3期）

▶ 月間スケジュール

15 日締め 25 日払い、社会保険料：翌月徴収の場合

4月						
月	火	水	木	金	土	日
1	2	3	4	5	6	7
8	9	10 所得税・住民税納期限 前月分納付	11	12	13	14
15 給与締切日 3/16～4/15	16	17	18 この間に給与計算をする	19	20	21
22	23 この間に給与計算をする	24	25 給与支払日 税徴収 → 翌月（5月）10日に納付 ３月分社保徴収	26	27	28
29	30 社保料 納期限(※) ３月分納付	1	2	3	4	5

（※）税金や社会保険料の納付期限となる日が金融機関の休みにあたる場合は、その翌日（翌営業日）となります。

Point ▶ 納期限を守る

3-2 ▷ 税金と社会保険料の納付

（1）所得税

所得税は国に納める税金で、所得者本人の所得に応じて暦年（1月～12月）で税額が決まる仕組みとなっています。会社は、給与を支払う際に所得税額を計算し給与から控除（天引き）し、これを預かり、所得者本人に替わって納付します。この天引きを源泉徴収といい、会社は給与支払いの都度、源泉徴収します。所得税は、歴年での確定となるため、その精算をその年の最後に支給する給与等で行います。これを年末調整と言います。

尚、給与所得を計算する際には所得控除がありますが、所得を得ている人すべてに適用されるのが「基礎控除」の48万円（本人の合計所得金額が2,400万円超の場合は段階的に少なくなる）です。養う家族がいる場合はさらに一定額が控除されます。その他、生命保険や地震保険等に加入している場合は、保険料の一部が控除の対象となります。

◆所得税の納付

会社が、従業員に給与を支払った場合には、その支払いの都度、支払金額に応じた所得税を差し引くことになります。会社が、税理士や社会保険労務士などに報酬を支払ったりする場合も同様です。差し引いた所得税は国に納めます。

★納付書の記入方法

従業員に給与を支払った場合や税理士等に報酬を支払った場合は、源泉徴収した所得税及び復興特別所得税を「給与所得・退職所得等の所得税徴収高計算書」を使用して、国に納付します。税金の納期限は、給与や報酬を支払った月の翌月 10 日までとなります。但し、会社が納期の特例の承認を受けている場合（給与を支払う対象者が常時 10 人未満の会社）は、1 月から 6 月支払分は 7 月 10 日まで、7 月から 12 月支払分は翌年の 1 月 20 日までとなります。

納期の特例の承認を受けていない場合	給与や報酬などを支払った月の翌月 10 日	
納期の特例の承認を受けている場合	1 月から 6 月までの分	7 月 10 日
	7 月から 12 月までの分	翌年の 1 月 20 日

納付すべき額が無い場合でも「所得税徴収高計算書」は税務署に提出する必要があります。

▶ 給与所得・退職所得等の所得税徴収高計算書（納付書）

▶ 源泉所得税の納期の特例の承認に関する申請書→次頁

➡詳細は巻末付録 P269 参照

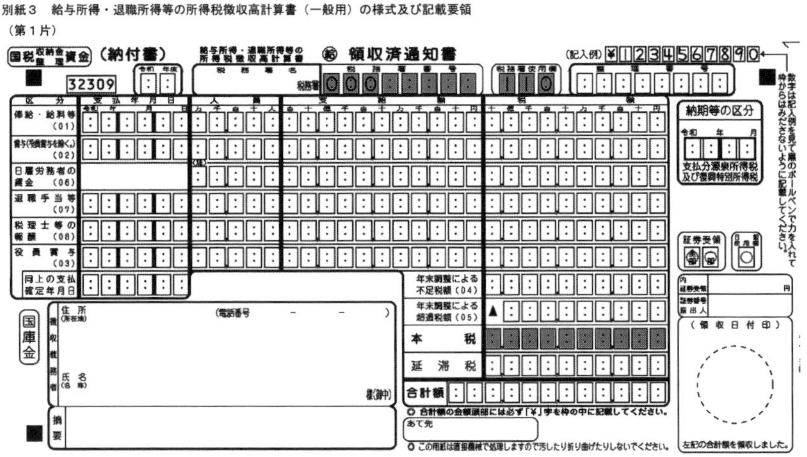
別紙３　給与所得・退職所得等の所得税徴収高計算書（一般用）の様式及び記載要領
（第１片）
国税収納金整理資金（納付書）
給与所得・退職所得等の所得税徴収高計算書
㊕ 領収済通知書
(記入例) ¥1234567890
32309
令和 年度
税務署名 税務署
税務署番号
税務署使用欄 110
整理番号
数字は記入例を見て黒のボールペンで力を入れて枠からはみださないように記載してください。
区分 / 支払年月日 / 人員 / 支給額 / 税額
俸給・給料等 (01)
賞与(役員賞与を除く。) (02)
日雇労務者の賃金 (06)
退職手当等 (07)
税理士等の報酬 (08)
役員賞与 (03)
同上の支払確定年月日
年末調整による不足税額 (04)
年末調整による超過税額 (05)
本税
延滞税
合計額
納期等の区分
令和 年 月
支払分源泉所得税及び復興特別所得税
証券受領
国庫金
徴収義務者
住所(所在地)
(電話番号 － －)
氏名(名称)
様(御中)
摘要
○ 合計額の金額頭部には必ず「¥」字を枠の中に記載してください。
あて先
○ この用紙は直接機械で処理しますので汚したり折り曲げたりしないでください。
内 証券受領 円
証券番号 振出人
（領収日付印）
左記の合計額を領収しました。

出典：国税庁

➡詳細は巻末付録 P270 参照

源泉所得税の納期の特例の承認に関する申請書

※整理番号	

税務署受付印

令和　年　月　日	住所又は本店の所在地	〒 電話　－　－
	(フリガナ)	
	氏名又は名称	
	法人番号	※個人の方は個人番号の記載は不要です。
	(フリガナ)	
税務署長殿	代表者氏名	

次の給与支払事務所等につき、所得税法第 216 条の規定による源泉所得税の納期の特例についての承認を申請します。

給与支払事務所等に関する事項	給与支払事務所等の所在地 ※　申請者の住所(居所)又は本店(主たる事務所)の所在地と給与支払事務所等の所在地とが異なる場合に記載してください。	〒 電話　－　－		
	申請の日前6か月間の各月末の給与の支払を受ける者の人員及び各月の支給金額 〔外書は、臨時雇用者に係るもの〕	月区分	支給人員	支給額
		年　月	外 人	外 円
		年　月	外 人	外 円
		年　月	外 人	外 円
		年　月	外 人	外 円
		年　月	外 人	外 円
		年　月	外 人	外 円
	1　現に国税の滞納があり又は最近において著しい納付遅延の事実がある場合で、それがやむを得ない理由によるものであるときは、その理由の詳細 2　申請の日前1年以内に納期の特例の承認を取り消されたことがある場合には、その年月日			

税理士署名	

※税務署処理欄	部門		決算期		業種番号		番号		入力		名簿		通信日付印	年　月　日	確認	

03.06 改正

出典：国税庁

(2) 住民税

住民税は、前年の所得に応じて税額が決まります。住民税は都道府県と市区町村に納める税金で、税率は概ね10％です。住民税額は、前年の所得に応じて、向う一年間の税額が決定され、住民票のある市区町村から住民税決定通知書が会社または個人に届きます。住民税額は、市区町村が計算し通知してくるため、会社が計算することはありません。

	普通徴収	特別徴収
対象（原則）	会社から支払う給与が、本人（従業員）にとって従たる給与となる場合（乙区分）	給与所得者（左記以外の人）
納付方法	本人が直接、市区町村へ納付する	本人（従業員）の代わりに、会社が給与から控除（天引き）して納付する
納付額	市区町村より通知された額（年税額を年４回で按分）	市区町村より通知された額（年税額を月数（12）で按分（中途入社の場合は翌年５月までの月数で按分））

会社が特別徴収する場合は、会社に書類（給与所得等に係る特別区民税・都民税 特別徴収税額の決定・変更通知書）が届きます。会社は、この通知に従い、給与から住民税を天引きします。住民税は、前年の所得に対して決定された税額を6月以降に、1月1日時点での住所地の市区町村に納めます。住民税は、原則として会社が給与から天引きして本人に代わって納める特別徴収により納付します。

特別徴収の他に本人が直接納付する普通徴収という制度がありますが、現在は特別な事情がない限り特別徴収により納付することになります。

会社は年末調整をした後、毎年1/31までに「給与支払報告書」を従業員の居住地（1/1現在の住所地）の市区町村に提出します。この情報をもとに、その年の6月以降の住民税額が決定することになります。

◆住民税の徴収と納付（特別徴収）

給与から控除（天引き）する住民税は、6月を始期とする年度単位（6月～翌5月）で、当月分を翌月10日までに納付する仕組みとなっています。住民税は、毎年5月頃、従業員の住民票がある市区町村役所から会社宛てに税額通知（決定通知書と納付書）が届きます。会社は、記載されている額を給与から控除し、納付書で納付します。

尚、年末調整後に確定申告や修正申告等があり、前年の所得が変わるような場合には、税額変更通知が会社に届きます。その場合は、控除額、納付額を変更します。給与からは変更後の住民税額を控除し、納付書は金額を手書きで訂正（二重線引きし変更後の金額を記入）し、変更後の額を納付します。

特別徴収している人が退職や休職した場合は、給与から住民税を控除することができませんので、市区町村へ「給与支払報告書特別徴収に係る給与所得者異動届」を提出し普通徴収へ切り替えます。

▶ 住民税額決定通知書に記載されている内容（例）

氏名：文京一郎			住所：東京都文京区〇〇 1-1-1		
住民税（市区町村：　　）			指定番号		
6月分	12,000円	10月分	10,000円	2月分	10,000円
7月分	10,000円	11月分	10,000円	3月分	10,000円
8月分	10,000円	12月分	10,000円	4月分	10,000円
9月分	10,000円	1月分	10,000円	5月分	10,000円
				合計	122,000円

▶ 給与支払報告書

➡詳細は巻末付録 P271 参照

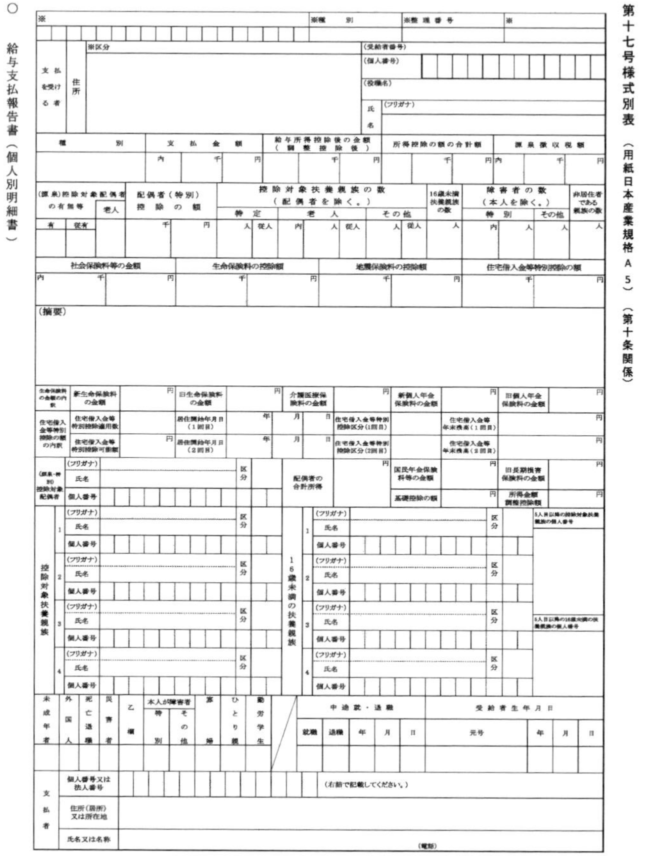

○ 給与支払報告書（個人別明細書）

第十七号様式別表（用紙日本産業規格Ａ５）（第十条関係）

※　※種別　※整理番号　※

支払を受ける者　住所　※区分　（受給者番号）　（個人番号）　（役職名）　氏名　（フリガナ）

種別　支払金額　給与所得控除後の金額（調整控除後）　所得控除の額の合計額　源泉徴収税額

内　千　円　千　円　千　円　内　千　円

（源泉）控除対象配偶者の有無等　老人　配偶者（特別）控除の額　控除対象扶養親族の数（配偶者を除く。）　特定　老人　その他　16歳未満扶養親族の数　障害者の数（本人を除く。）　特別　その他　非居住者である親族の数

有　従有　千　円　人　従人　内　人　従人　人　従人　人　内　人　人　人

社会保険料等の金額　生命保険料の控除額　地震保険料の控除額　住宅借入金等特別控除の額

内　千　円　千　円　千　円　千　円

（摘要）

生命保険料の金額の内訳　新生命保険料の金額　円　旧生命保険料の金額　円　介護医療保険料の金額　円　新個人年金保険料の金額　円　旧個人年金保険料の金額　円

住宅借入金等特別控除の額の内訳　住宅借入金等特別控除適用数　居住開始年月日（１回目）　年　月　日　住宅借入金等特別控除区分（1回目）　住宅借入金等年末残高（１回目）　円

住宅借入金等特別控除可能額　円　居住開始年月日（２回目）　年　月　日　住宅借入金等特別控除区分（2回目）　住宅借入金等年末残高（２回目）　円

（源泉・特別）控除対象配偶者　（フリガナ）　氏名　区分　個人番号　配偶者の合計所得　円　国民年金保険料等の金額　円　旧長期損害保険料の金額　円　基礎控除の額　円　所得金額調整控除額　円

控除対象扶養親族　1　（フリガナ）　氏名　区分　個人番号　2　（フリガナ）　氏名　区分　個人番号　3　（フリガナ）　氏名　区分　個人番号　4　（フリガナ）　氏名　区分　個人番号

16歳未満の扶養親族　1　（フリガナ）　氏名　区分　個人番号　2　（フリガナ）　氏名　区分　個人番号　3　（フリガナ）　氏名　区分　個人番号　4　（フリガナ）　氏名　区分　個人番号

5人目以降の控除対象扶養親族の個人番号

5人目以降の16歳未満の扶養親族の個人番号

未成年者　外国人　死亡退職　災害者　乙欄　本人が障害者　特別　その他　寡婦　ひとり親　勤労学生

中途就・退職　就職　退職　年　月　日

受給者生年月日　元号　年　月　日

支払者　個人番号又は法人番号　（右詰で記載してください。）

住所（居所）又は所在地

氏名又は名称　（電話）

（3）社会保険料の納付

社会保険料（健康保険・厚生年金保険）は、「月単位」での納付となります。当月分の保険料を翌月末日まで※に会社負担分と本人負担分を合わせて「納入告知書（納付書）」を金融機関に提出することで納付します。納入告知書（納付書）は、領収済通知書・領収控・納入告知書（納

付書)・領収証書の順に綴ってあります。

尚、保険料口座振替納付申出書（口座振替依頼書）を役所と金融機関に提出している場合（口座からの引き落としを希望する場合）は、社会保険料は銀行口座からの引落しになります。

※納付期限までに保険料の納付がないときは、督促状が届きます。督促状の指定する期日までに納付がなく、督促状の指定する期日以降に納付がされたときは延滞金がかかります。

▶ 保険料口座振替納付申出書

➡詳細は巻末付録 P272 参照

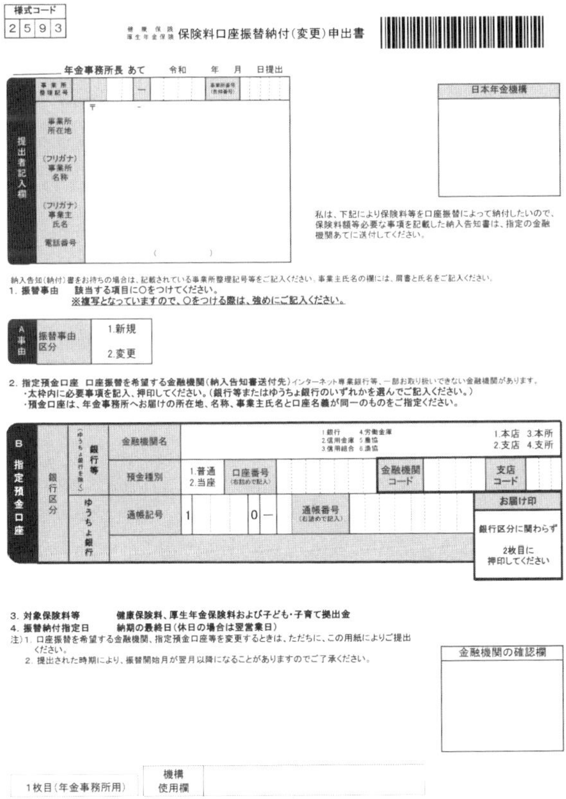
様式コード
2593
健康保険 厚生年金保険 保険料口座振替納付(変更)申出書

＿＿＿年金事務所長 あて　令和　年　月　日提出

提出者記入欄
事業所整理記号　―　事業所番号(告知番号)
事業所所在地　〒　-
(フリガナ) 事業所名称
(フリガナ) 事業主氏名
電話番号　(　)

日本年金機構

私は、下記により保険料等を口座振替によって納付したいので、保険料額等必要な事項を記載した納入告知書は、指定の金融機関あてに送付してください。

納入告知(納付)書をお持ちの場合は、記載されている事業所整理記号等をご記入ください。事業主氏名の欄には、肩書と氏名をご記入ください。

1. 振替事由　該当する項目に○をつけてください。
※複写となっていますので、○をつける際は、強めにご記入ください。

A 事由　振替事由区分　1.新規　2.変更

2. 指定預金口座　口座振替を希望する金融機関(納入告知書送付先)インターネット専業銀行等、一部お取り扱いできない金融機関があります。
・太枠内に必要事項を記入、押印してください。(銀行等またはゆうちょ銀行のいずれかを選んでご記入ください。)
・預金口座は、年金事務所へお届けの所在地、名称、事業主氏名と口座名義が同一のものをご指定ください。

B 指定預金口座　銀行区分
銀行等(ゆうちょ銀行を除く)
金融機関名　1.銀行 2.信用金庫 3.信用組合 4.労働金庫 5.農協 6.漁協　1.本店 2.支店 3.本所 4.支所
預金種別　1.普通 2.当座　口座番号(右詰めで記入)　金融機関コード　支店コード
ゆうちょ銀行
通帳記号　1　0―　通帳番号(右詰めで記入)
お届け印　銀行区分に関わらず 2枚目に押印してください

3. 対象保険料等　健康保険料、厚生年金保険料および子ども・子育て拠出金
4. 振替納付指定日　納期の最終日(休日の場合は翌営業日)
注)1. 口座振替を希望する金融機関、指定預金口座等を変更するときは、ただちに、この用紙によりご提出ください。
2. 提出された時期により、振替開始月が翌月以降になることがありますのでご了承ください。

金融機関の確認欄

1枚目(年金事務所用)　機構使用欄

出典：日本年金機構

(4) 労働保険料

労働保険料は、労災保険料と雇用保険料になります。労災保険料と雇用保険料は「事業の種類」によって料率が異なります。労災保険料は全額会社負担です。雇用保険料は、会社と被保険者がそれぞれの率で負担します。労災保険料は会社だけが負担する制度であるため、給与計算や賞与計算では、被保険者である従業員の雇用保険料だけ徴収します。徴収した雇用保険料は、1年分(年度)まとめて、会社が負担する労災保険料と雇用保険料を合わせて国に納付します。

▶(例)労災:その他各種事業、雇用:一般事業の場合

		本人	会社
労働保険料	労災保険率	負担なし	3/1000(事業の種類毎)
	雇用保険率	6/1000(事業の種類毎)	9.5/1000(事業の種類毎)

◆労働保険料の納付

労働保険料は、「年度単位(4月～翌3月)」で計算する仕組みとなります。労働保険は、年度当初に概算で申告・納付し、翌年度の当初に保険料の確定の申告をします。保険料は前年度の確定保険料と当年度の概算保険料を併せて申告・納付します。これを繰り返していくため、「年度更新」といい、毎年6月1日から7月10日までの間にこの手続を行います。

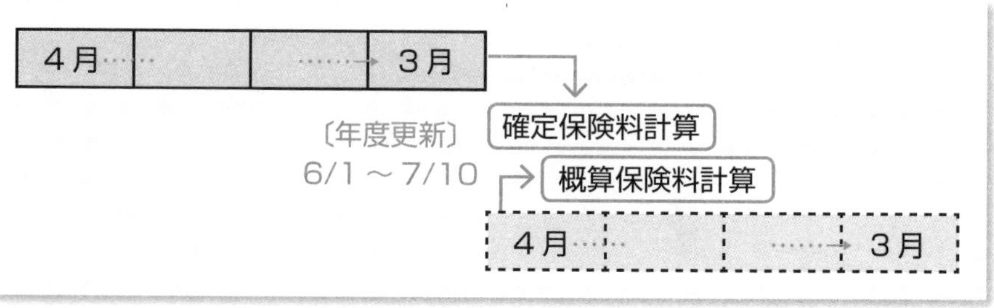

尚、概算保険料額が 40 万円 (労災保険か雇用保険のどちらか一方の保険関係のみ成立している場合は 20 万円) 以上の場合または労働保険事務組合に労働保険事務を委託している場合は、労働保険料の納付を 3 回に分けて納付（これを「延納」または「分割納付」といいます）することができます。

延納（分納納付）	納期限
1 期（4月 1 日～ 7 月 31 日）	7 月 10 日
2 期（8月 1 日～ 11 月 30 日）	10月 31 日
3 期（12月 1 日～翌年 3 月 31 日）	翌年 1 月 31 日

上表の納期限にかかわらず、年度の途中で新規に成立した事業所は、保険関係が成立した日から 50 日以内に納付します。但し、10/1 以降に成立した事業は、延納が認められず一括納付となります。

▶ 労働保険 概算・増加概算・確定保険料申告書

➡詳細は巻末資料 P273 参照

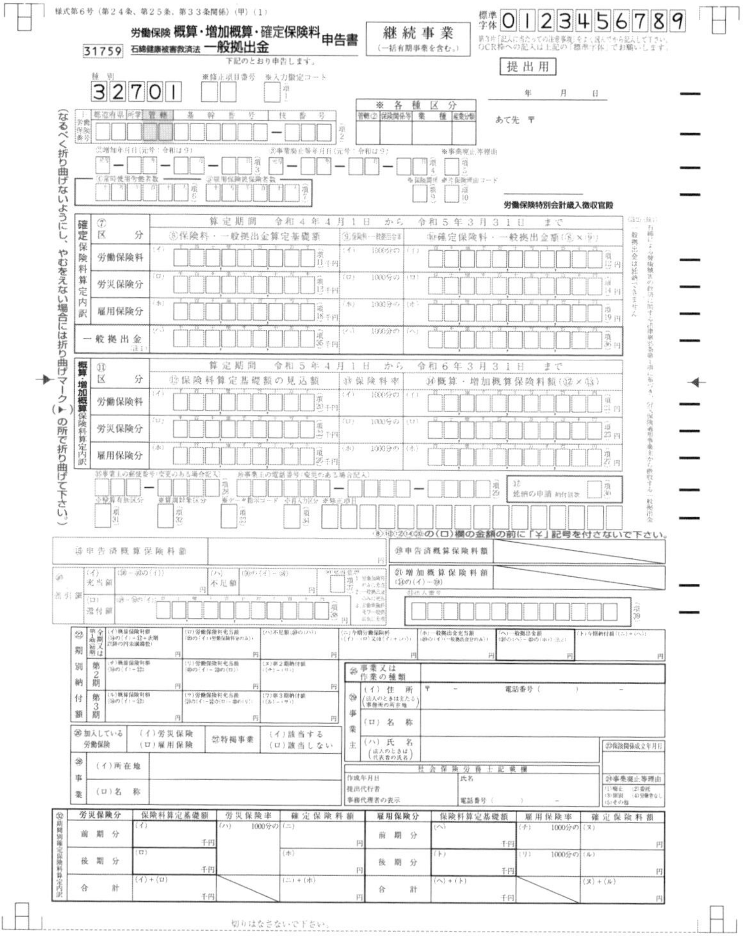
様式第６号（第２４条、第２５条、第３３条関係）（甲）（１）

31759 労働保険 概算・増加概算・確定保険料 石綿健康被害救済法 一般拠出金 申告書

継続事業（一括有期事業を含む。）

標準字体 0 1 2 3 4 5 6 7 8 9

第３片「記入に当たっての注意事項」をよく読んでから記入して下さい。OCR枠への記入は上記の「標準字体」でお願いします。

提出用

下記のとおり申告します。

種別 32701　※修正項目番号　※入力徴定コード

年　月　日

※各種区分　管轄(2)　保険関係等　業種　産業分類

あて先 〒

①労働保険番号　都道府県　所掌　管轄　基幹番号　枝番号

②増加年月日（元号：令和は９）　③事業廃止等年月日（元号：令和は９）　※事業廃止等理由

④常時使用労働者数　⑤雇用保険被保険者数　※保険関係　※片保険理由コード

労働保険特別会計歳入徴収官殿

（なるべく折り曲げないようにし、やむをえない場合には折り曲げマーク（▶）の所で折り曲げて下さい。）

確定保険料算定内訳 ⑦区分	算定期間 令和４年４月１日 から 令和５年３月３１日 まで ⑧保険料・一般拠出金算定基礎額	⑨保険料・一般拠出金率	⑩確定保険料・一般拠出金額（⑧×⑨）
労働保険料	(イ) 千円	(イ) 1000分の	(イ) 円
労災保険分	(ロ) 千円	(ロ) 1000分の	(ロ) 円
雇用保険分	(ホ) 千円	(ホ) 1000分の	(ホ) 円
一般拠出金（注1）	(ヘ) 千円	(ヘ) 1000分の	(ヘ) 円

概算・増加概算保険料算定内訳 ⑪区分	算定期間 令和５年４月１日 から 令和６年３月３１日 まで ⑫保険料算定基礎額の見込額	⑬保険料率	⑭概算・増加概算保険料額（⑫×⑬）
労働保険料	(イ) 千円	(イ) 1000分の	(イ) 円
労災保険分	(ロ) 千円	(ロ) 1000分の	(ロ) 円
雇用保険分	(ホ) 千円	(ホ) 1000分の	(ホ) 円

⑮事業主の郵便番号（変更のある場合記入）　⑯事業主の電話番号（変更のある場合記入）　⑰延納の申請 納付回数

⑧⑩⑫⑭⑳の（ロ）欄の金額の前に「￥」記号を付さないで下さい。

⑱申告済概算保険料額　円

⑲申告済概算保険料額

⑳増加概算保険料額（⑭の（イ）－⑲）

⑳差引額　(イ)充当額（⑱－⑩の（イ））円　(ハ)不足額（⑩の（イ）－⑱）円　(ロ)還付額　円

㉒期別納付額
- 第１期（初期）：(イ)概算保険料額　(ロ)労働保険料充当額　(ハ)不足額　(ニ)今期労働保険料　(ホ)一般拠出金充当額　(ヘ)一般拠出金額　(ト)今期納付額（(ニ)＋(ヘ)）円
- 第２期：(チ)概算保険料額　(リ)労働保険料充当額　(ヌ)第２期納付額　円
- 第３期：(ル)概算保険料額　(ヲ)労働保険料充当額　(ワ)第３期納付額　円

㉕事業又は作業の種類

㉖事業主 (イ)住所（法人のときは主たる事務所の所在地）〒　電話番号（　）－　(ロ)名称　(ハ)氏名（法人のときは代表者の氏名）

㉖加入している労働保険 (イ)労災保険 (ロ)雇用保険　㉗特掲事業 (イ)該当する (ロ)該当しない

㉘事業 (イ)所在地 (ロ)名称

社会保険労務士記載欄　作成年月日　提出代行者　事務代理者の表示　氏名　電話番号（　）－

㉚保険関係成立年月日

㉛事業廃止等理由 (1)廃止 (2)委託 (3)個別 (4)労働者なし (5)その他

㉜期間別確定保険料算定内訳 労災保険分	保険料算定基礎額	労災保険率	確定保険料額	雇用保険分	保険料算定基礎額	雇用保険率	確定保険料額
前期分	(イ) 千円	(ハ) 1000分の	(ニ) 円	前期分	(ヘ) 千円	(チ) 1000分の	(ヌ) 円
後期分	(ロ) 千円		(ホ) 円	後期分	(ト) 千円	(リ) 1000分の	(ル) 円
合計	(イ)＋(ロ) 千円		(ニ)＋(ホ) 円	合計	(ヘ)＋(ト) 千円		(ヌ)＋(ル) 円

切りはなさないで下さい。

出典：厚生労働省

Point ▶ 税法上の扶養と社会保険法上の扶養は異なる

3-3 ▷ 社会保険上の扶養・税法上の扶養

（1）社会保険法上の扶養

社会保険の被保険者に扶養する家族がいる場合は、「被扶養者異動届」を提出すると、保険者からその被扶養者の分の保険証が発行されます。社会保険の扶養要件については、次の通りです。

①社会保険の被扶養者の範囲

被扶養者に該当する条件は、原則、日本国内に住所（住民票）を有しており、被保険者により主として生計を維持されていること、そして、次の条件の人です。

同居要件なし	配偶者、子、孫及び兄弟姉妹、父母、祖父母などの直系尊属
同居要件あり	上記以外の３親等内の親族（伯叔父母、甥姪とその配偶者など） 内縁関係の配偶者の父母及び子（当該配偶者の死後、引き続き同居する場合を含む）

被扶養者の範囲図（三親等の親族図）

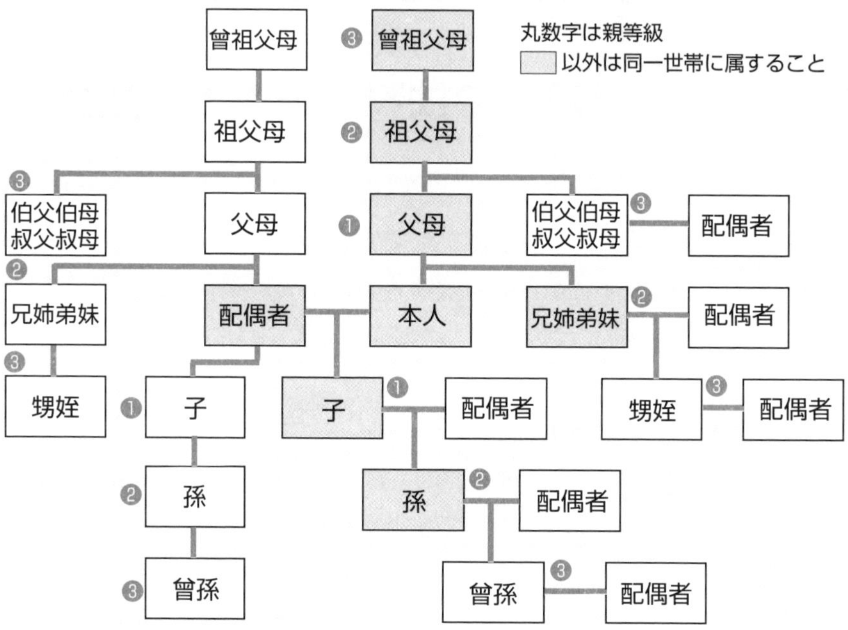

②社会保険の被扶養者の認定

収入要件	社会保険の扶養にする日から将来に向かって1年間で見込み収入130万円未満※（60歳以上または障害者の場合は、年間収入180万円未満） ＋（プラス） 【同居】収入が扶養者（被保険者）の収入の半分未満 【別居】収入が扶養者（被保険者）からの仕送り額未満 ※見込み年収130万円未満 但し、一時的な収入増であれば、130万円以上でも事業主の証明により引き続き認定可となります。 ・給与収入がある場合：月108,333円以下 ・失業給付を受ける場合：日額3,611円以下

※年間収入とは、過去の収入のことではなく、被扶養者に該当する時点及び認定された日以降の年間の見込み収入額のことをいい、被扶養者の収入には、雇用保険の失業等給付や公的年金、健康保険の傷病手当金や出産手当金も含まれます。（給与所得等の収入がある場合は、月額108,333円以下であること。雇用保険等の受給者の場合は、日額3,611円以下である必要があります。）

（2）税法上の扶養

給与所得者（従業員）に税法上の扶養家族がいる場合は、従業員の所得税が少なくなります。

税法上の扶養は、その年の12月31日の現況で、次の4つの要件すべてに当てはまる人です。

①配偶者（内縁除く）及び6親等内の血族並びに3親等内の姻族
②納税者と生計を一にしている
③年間の合計所得金額が48万円以下（給与のみの場合は給与収入が103万円以下）
④青色申告者の事業専従者としてその年を通じて一度も給与の支払いを受けていないまたは白色申告者の事業専従者でない

区分		控除額
一般の控除対象配偶者（70歳未満）		38万円※1
一般の控除対象扶養親族※2		38万円
特定扶養親族※3		63万円
老人扶養親族※4	同居老親等以外	48万円
	同居老親等※5	58万円

※ 1 控除を受ける納税者本人の合計所得金額 900 万円以下 38 万、900 万超 950 万以下 26 万、950 万超 1,000 万以下 13 万、70 歳以上は老人控除対象配偶者となり同 48 万、同 32 万、同 16 万となる。尚、配偶者は年間の合計所得金額が 48 万円超 133 万円以下なら配偶者控除が受けられなくても配偶者特別控除が、配偶者の所得に応じて受けられる。

※ 2 控除対象扶養親族：扶養親族のうち、その年 12 月 31 日現在の年齢が 16 歳以上の人

※ 3 特定扶養親族：控除対象扶養親族のうち、その年 12 月 31 日現在の年齢が 19 歳以上 23 歳未満の人

※ 4 老人扶養親族：控除対象扶養親族のうち、その年 12 月 31 日現在の年齢が 70 歳以上の人

※ 5 同居老親等：老人扶養親族のうち、納税者またはその配偶者の直系の尊属（父母・祖父母など）で、納税者またはその配偶者と普段同居している人

所得税は、所得者が国に納付する税金ですが、給与の場合はその支払者たる会社が、従業員に支払う給与から所得税を天引き（源泉徴収）し、これを納めることになります。

したがって、扶養の要件に合致してない人を被扶養者として給与所得者たる従業員が会社に申告し給与計算、年末調整していると、税務署から会社に対し修正申告の連絡が来ます。

そのようなことから、給与担当者は、従業員から申告のあった被扶養者が扶養の要件に合致しているか、厳格に確認しておく必要があります。

Point ▶ 1/1 以降退職は住民税を一括徴収する

3-4 ▷ 入退職時の所得税・住民税

入社時、退職時にかかる所得税と住民税の手続や確認ポイントは原則、次の通りです。

（1）入社時

<table>
<tr><td rowspan="9">入社</td><td rowspan="6">所得税</td><td colspan="2">①「給与所得者の扶養控除等申告書」の提出はあるか</td></tr>
<tr><td>提出あり</td><td>→甲欄</td></tr>
<tr><td>提出なし</td><td>→乙欄（年末調整の対象外：確定申告）</td></tr>
<tr><td colspan="2">②前職の源泉徴収票の提出はあるか（年の途中での入社の場合）</td></tr>
<tr><td>提出あり</td><td>→前職分を含めて年末調整する</td></tr>
<tr><td>提出なし</td><td>→収入がある場合は年末調整できない（確定申告）</td></tr>
<tr><td rowspan="3">住民税</td><td colspan="2">③住民税異動届は前職より引き継いでいるか</td></tr>
<tr><td>提出あり</td><td>→異動届を確認し、前職より引き継いだ住民税額を給与より控除し会社が納付（特別徴収）、住民税異動届を市区町村へ提出する</td></tr>
<tr><td>提出なし</td><td>→普通徴収　本人が納付する</td></tr>
</table>

（2）退職時

<table>
<tr><td rowspan="5">退職</td><td>所得税</td><td colspan="3">源泉徴収票を本人へ渡す（退職日後１か月以内）※</td></tr>
<tr><td rowspan="4">住民税</td><td rowspan="3">特別徴収の場合</td><td>次の職場が決まっている</td><td>→本人経由で次の職場へ「住民税異動届」を提出</td></tr>
<tr><td rowspan="2">次の職場が決まっていない</td><td>→最後の給与支給後、住民税異動届を市区町村へ提出</td></tr>
<tr><td>１月１日～５月３１日退職→原則として残りの住民税を最後の給与より一括徴収し納付。合わせて住民税異動届を市区町村へ提出</td></tr>
<tr><td>普通徴収の場合</td><td colspan="2">手続なし</td></tr>
</table>

※退職者の源泉徴収票の発行

退職者の給与計算が終わったら、退職者に「給与所得の源泉徴収票」を発行します。この源泉徴収票は、1年間（1月～12月）に会社から本人に支払った金額、控除した社会保険料額と所得税の額を記載します。源泉徴収票は、給与等を支払ったすべての従業員について作成し、退職日から1月以内に発行し、これを交付します。

ここに注目！
退職時の社会保険料徴収のポイント

退職してすぐに再就職しない場合には、それまで給与から天引きされていた社会保険料は自分で納めることになります。

社会保険料は退職日を基準に保険料が算出されるため、退職日によっては負担額が変わることが予想されます。社会保険料は、会社と従業員が折半して負担しているので、大きな金額差になります。

退職する場合の社会保険料は、退職日の翌日で事務手続が行われます。退職日を月末（例えば11月30日）にすると、会社負担は11月までになります。

一方、11月25日を退職日とすると、この場合の社会保険料は会社負担はなくなり、11月分は退職者（元従業員）が支払うことになります。

ここで退職する従業員が誤解しやすい点をあげておきます。

・退職日＝資格喪失日ではなく、退職日の翌日が資格喪失日となる
・資格喪失日が存在する月からは全額自己負担になる

というルールが存在するので、退職者によく理解してもらうことも大切です。

保険料の支払い等一般的にわかりにくい制度をよく説明して、円満に退職してもらうことで、会社のイメージアップにもつながるのです。

Point ▶所得税は社保控除後計から算出し扶養人数で決まる

3-5 ▷ 給与計算と税額表（所得税）

ここでは、給与計算や賞与計算で使用する税額表（所得税）について説明します。

（1）税額表の種類

給与等を支払うときに源泉徴収(控除)する所得税(及び復興特別所得税)の額は、「給与所得の源泉徴収税額表（月額表及び日額表）」または「賞与に対する源泉徴収税額の算出率の表」(以下これらを「税額表」といいます)を使って求めます（P291・P308）。

この税額表は、「給与所得者の扶養控除等申告書」の提出の有無により、次の区分で使用します。

	支給区分	種類	使用する欄	扶養控除等申告書
給与	①月ごとに支払うもの ②半月ごと、10日ごとに支払うもの ③月の整数倍の期間ごとに支払うもの	月額表	甲欄	提出あり
			乙欄	提出なし
	④毎日支払うもの ⑤週ごとに支払うもの ⑥日割で支払うもの	日額表	甲欄	提出あり
			乙欄	提出なし
	⑦日雇賃金		丙欄	提出不要
賞与	賞与として支払うもの（但し、前月中に給与の支払がない場合または賞与の金額が前月中の給与の金額の10倍を超える場合には、「月額表」を使います。）	賞与に対する源泉徴収税額の算出率の表	甲欄	提出あり
			乙欄	提出なし

給与計算と賞与計算に関係する税区分は、大きく分けると甲区分と乙区分があります。「給与所得者の扶養控除等申告書」を提出している人に支払う給与については「甲欄」を、その他の人に支払う給与については「乙欄」を使って税額を求めます。

「月額表」を使うのは、次のような給与を支払う場合です。①月ごとに支払うもの、②半月ごと、10日ごとに支払うもの、③月の整数倍の期間ごとに支払うものです

「日額表」を使うのは④毎日支払うもの、⑤週ごとに支払うもの、⑥日割で支払うもの、⑦日雇賃金です。このうち、「給与所得者の扶養控除等申告書」を提出している場合は「甲欄」を、その他の人については「乙欄」を、⑦の日雇賃金は「丙欄」を使って税額を求めます。

※日雇賃金とは、日々雇い入れられる人の賃金で、労働した日または時間によって算定され、日ごとに支払いを受ける賃金です。但し、1か所の勤務先から継続して2か月を超えて給与等が支払われた場合には、その2か月を超える部分の期間について支払われるものは含まれません。

（2）パートやアルバイトの源泉徴収

パートやアルバイトに、給与を支払う際に源泉徴収（控除）する税額は、社員と同様に「給与所得の源泉徴収税額表」の「月額表」または「日額表」の「甲欄」または「乙欄」を使って求めます。但し、勤務した日または時間によって計算していることのほか、雇用契約が2か月以内の有期契約である場合には、「日額表」の「丙欄」を使って源泉徴収税額を求めます。

尚、契約の期間の延長などで2か月を超える場合には、2か月を超えた日以降は、「日額表」の「丙欄」を使うことができないため、その場合は、税額表（「月額表」または「日額表」）の「甲欄」または「乙欄」を使って源泉徴収税額を求めます。

(3) 2か所以上から給与をもらっている人の源泉徴収

給与の支払いを受ける従業員が兼業や副業などで、2か所以上の会社から給与をもらっている場合には、その人に支払う給与が「主たる給与」になるか、「従たる給与」になるか、確認することが必要です。

主たる給与とは、「給与所得者の扶養控除等申告書」を提出している人に支払う給与をいいます。従たる給与とは、主たる給与の支払者以外の給与の支払者（従たる給与の支払い者）が支払う給与をいいます。

尚、主たる給与を支払う場合の源泉徴収税額は、税額表の「甲欄」で求めます。一方、従たる給与を支払う場合の源泉徴収税額は、税額表の「乙欄」で求めます。

原則として従たる給与については年末調整できません。この場合、所得者本人が確定申告することにより所得税及び復興特別所得税の精算を行う必要があります。

(4) 税額表と年末調整

会社は、毎月の給与の支払いや賞与支払いの際、所得税及び復興特別所得税額を控除していますが、必ずしもその人が1年間に納めるべき税額とはなりません。税金は1年間の給与総額から算出するため、年末調整で、1年間に控除した税額と納めるべき税額を一致させることになります。

覚えておこう！
給与担当者はアウトソーシングに強くなれ

経営の効率化が進むと、ルーティン業務はアウトソーシング化していきます。
給与のアウトソーシングには二つのケースがあります。
①給与計算ソフトの導入と②給与計算代行・アウトソーシングサービスです。
①は、企業情報や従業員のデータなどを事前に入力しておけば、給与計算・給与明細書の作成・年末調整までを行うことができ、クラウド型とインストール型があります。
②は、従業員の給与計算業務や年末調整などに関する作業など専門性の高い業務まですべて外部に委託できるものです。経理担当者の負担や人件費を抑制でき、大幅な業務効率化を図ることができます。
一見とても便利なように見えますが、アウトソーシングがすべて会社に向いているかというとそうではありません。
アウトソーシング化のメリットは多いですが、マイナス面もあるのです。
給与計算は毎月行わなければならない業務ですが、「丸投げ」して、その分の仕事は何もしなくてもよいと考えて依頼することは大きな問題があります。
給与は、会社の売り上げや労務管理に深くかかわっていることなので、まったくノータッチにしておくと、会社全体の経営数字や経営状況が見えなくなります。そして、いつの間にか経営危機が訪れていることがあります。
そんなことをなくすためにも、経営の数字は把握しておく必要があります。
また何もチェックせずに「丸投げ」をすると、従業員の生産性が見えなくなります。
外注先と緊密な連携を取り、情報共有していくことが大切です。
アウトソーシング先を選ぶ場合には、価格の見積もりを取りますが、内容を確認しておかないと後悔することがあります。
通常業務外のオプション項目があり、価格のアップにつながるからです。
安さには理由があると考えておいたほうがよいでしょう。
人件費をどう売り上げにつなげていくのかという展望も、担当者には必要な能力です。

第4章

給与計算実務

Point ▶ 毎月の給与計算は支給項目、控除項目の順に計算する

この章では、入社、退職、それぞれのシーンでの給与額、社会保険料の額、雇用保険料の額、所得税の額がいくらになるか、社会保険料をいつからいつまで控除したら良いのかを学びます。

4-1 ▷ 各計算の流れ

給与計算は、まず支給する対象者を洗い出すことから始めます。
毎月の給与計算では、入退職者の情報を整理し、給与支給日に支給する対象者を洗い出します。

賞与計算では、賞与の査定期間や賞与支給日に在籍していることなど、賞与を支給する要件を確認し、賞与を支給する対象者を洗い出します。

また、給与計算と賞与計算では、社会保険・雇用保険それぞれ保険料を控除する被保険者を確認します。

年末調整では、扶養控除等申告書の提出状況を確認し、年末調整の対象者を洗い出します。

▶ 対象者の洗出し

毎月の給与計算	入退職者を確認する（入社日・退職日、日割計算）
賞与計算	賞与支給要件を確認する（査定（評価）期間・支給日、在籍要件）
年末調整(年税額計算)	扶養控除等申告書の提出状況を確認する

それぞれの計算の流れは次の通りです。

◆毎月の給与計算の流れ

対象者確認 ➡ 勤怠集計・日割 ➡ 支給項目の計算 ➡ 控除項目の計算 ➡ 振込

支給項目の計算：残業代計算・欠勤・遅刻早退控除額の計算、控除項目の計算：所得税・社会保険料・住民税

◆賞与計算の流れ

対象者の洗い出し ➡ 賞与総額の決定 ➡ 各人の賞与決定 ➡ 控除項目の計算 ➡ 振込

◆年末調整の流れ

対象者確認 ➡ 提出書類の確認 ➡ 年税額の計算 ➡ 還付徴収額の決定 ➡ 振込

◆給与計算の構成（勤怠・支給・控除）

毎月の給与計算の構成は、勤怠・支給・控除の３つから成ります。日割計算や遅刻早退・欠勤控除の計算、割増賃金計算、所得税や社会保険料の計算は、給与明細書をイメージするとわかりやすいでしょう。

給与明細書は、一般に「勤怠」、「支給」、「控除」、「差引」の４つの項目（欄）に分けられます。

勤怠項目は、勤務日数や勤務時間数、支給項目は基本給や手当、通勤交通費など、控除項目は、社会保険料や雇用保険料、所得税や住民税など給与から控除する税金や社会保険料の額を記載します。

差引支給項目は、支給項目の合計から控除項目の合計を差引した額を記載します。

この額が、いわゆる本人手取り額となります。

毎月の給与計算では、勤怠項目、支給項目、控除項目の順に数字を作っていきます。①毎月の勤怠を集計した結果、②支給項目の額が決まり、③その支給項目から控除すべき額を計算していきます。控除額は、本人が負担すべき保険料や、国や市区町村等に納付すべき税金です。④本人に支給する額は、②支給計から③控除計を差し引いた額です。

▶ 給与明細書≫（イメージA）

※末日締め翌月25日払い

9月度給与明細書※（8月勤務分：支給日9月25日）		名前：文京一郎（25歳）	
勤怠（8月1日～8月31日）			勤怠項目①
	出勤日数	22日	
	欠勤日数	0日	
	有休日数	0日	
	遅刻早退時間	0時間	
	残業時間	0時間	
支給項目			支給項目②
	基本給	180,000円	
	職能給	40,000円	
	業務手当	20,000円	
	住宅手当	10,000円	
	非課税通勤費(定期代)	5,000円	
	残業手当	0円	
	遅刻早退欠勤控除	0円	
	支給計A	255,000円	
控除項目			控除項目③
	健康保険料	12,974円	
	介護保険料	0円	
	厚生年金保険料	23,790円	
	雇用保険料	1,530円	
	所得税	5,200円	
	住民税	14,000円	
	控除計B	57,494円	
	年末調整還付		差引支給項目④
	年末調整徴収		
差引支給合計額			
	振込額（A－B）	197,506円	

▶ 給与明細書≫（イメージB）

9月度給与明細書（8月勤務分）		末日締め翌月25日払（支給日9月25日）		名前：文京一郎（25歳）			
勤怠（8/1～8/31）		支給		控除		差引支給額（本人手取）	
出勤日数	22日	基本給	180,000円	健康保険料	12,974円	年調還付	
欠勤日数	0日	職能給	40,000円	介護保険料	0円	年調徴収	
有休日数	0日	業務手当	20,000円	厚生年金保険料	23,790円		
遅早時間	0時間	住宅手当	10,000円	雇用保険料	1,530円		
残業時間	0時間	非課税通勤費（定期代）	5,000円	所得税	5,200円		
		残業手当	0円	住民税	14,000円		
		遅早欠勤控除	0円				
		支給計	255,000円	控除計	57,494円	支給額	197,506円

①	②	③	④
勤怠項目	支給項目	控除項目	差引支給項目

4-2 ▷ 従業員が入社したら

(1) 月給者の給与

月給者の給与計算では、その月に支払う給与支給の対象者を確認するところから始めます。

下記の会社に入社した正社員（月給者）、文京一郎（25 歳：独身）さんの例で給与額を確認してみましょう。

▶ 会社の情報

事業所所在地	東京都
健康保険	政府管掌健康保険（全国健康保険協会：協会けんぽ）
業種	ＩＴ
給与の締め日と支払日	末締め翌月 25 日払い
社会保険料の徴収	翌月徴収

▶ 従業員情報

※文京一郎さんの場合は、扶養する家族はいないので、家族手当の支給はありません。→次頁参照

入社した従業員の給与は、事業主が決めます。支給する給与額は、雇用契約書や労働条件通知書、就業規則・賃金規程等で確認します。

氏名	文京一郎	
年齢	25歳	
入社日	n年8月1日	
契約形態	雇用契約（正社員）	
期間の定め	無し	
給与形態	月給制	
給与額	基本給　180,000円	支給額計 255,000円
	職能給　40,000円	
	業務手当　20,000円	
	住宅手当　10,000円	
	通勤手当　5,000円	
	家族手当　0円	
雇用保険・社会保険の資格取得日	n年8月1日	
扶養の有無	無	

▶ 賃金規程例

第n1条（基本給）
基本給は、年齢、経験、勤続年数を考慮して各人別に決定する。………

第n2条（職能給）
職能給は、職務遂行能力に応じ決定する。………

第n3条（業務手当）
業務手当は、次の業務に従事する者に対し支給する。………

第n4条（役職手当）
役職手当は、職位と職責に応じ、次の区分に従い支給する。………

第n5条（家族手当）
家族手当は、次の家族（税法上の扶養とする）を扶養している労働者に対し支給する。………

第n6条（住宅手当）
住宅手当は、次の区分に従い支給する。………

第n7条（通勤費・通勤手当）
通勤手当は、月額○円までの範囲内において、通勤に要する実費に相当する額を支給する。………

入社した従業員には、「給与所得者の扶養控除等（異動）申告書」やマイナンバー入りの住民票を提出してもらい、扶養の有無や住所等をこれらの書類で確認します。

手当には、扶養する家族の数に応じて支給する家族手当や、住宅事情によって支給する住宅手当、通勤にかかる定期代などを支給する通勤手当などがあります（※）。各手当の支給要件や支払いまでの手続については、把握方法を含めて就業規則や賃金規程で確認しておきます。（規定が無い場合は、会社でルールを決め、場当たり的な対応にならないようにしておきます。）

※手当は、会社が任意に決めることができます。家族手当や住宅手当、通勤手当は割増賃金の計算の基礎から外すことができる手当とされています。（P93）

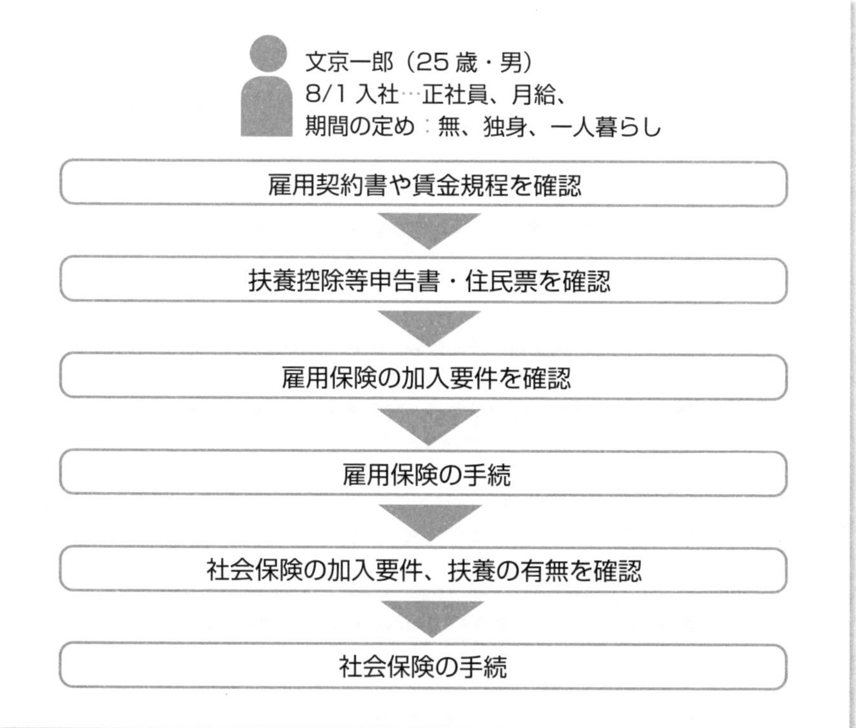

雇用契約書（例）

（乙）文京　一郎　殿

事業場名称・所在地
使用者職氏名（甲）

乙の労働条件は次のとおりとし、甲及び乙は、下記の条件で雇用契約を締結した。

契約期間	期間の定めなし 試用期間　（有）（×年×月×日～×年×月×日　） ※以下は、「契約期間」について「期間の定めあり」とした場合に記入 契約の更新の有無 （原則自動的に更新する・更新する場合があり得る・契約の更新はしない） 但し、契約の更新は、契約期間満了時の業務量、勤務成績、勤務態度、能力、従事している業務の進捗状況、甲の経営状況を総合的に判断した上で決定する
就業場所	x x x x x
職務内容	x x x x x
業務内容	（x x x x x）の他、甲が指示する業務とする。
締結日	n年８月１日
始業、終業の時刻、休憩時間、所定時間外労働の有無に関する事項	1　始業・終業の時刻等（9:00 ～ 18:00） 2　休憩時間（12:00 ～ 13:00　1 時間とする） 3　所定時間外労働の有無（有）
休日	土・日（原則：週休２日）
休暇	法令通りとする。乙が休暇を取得する場合は、1 か月前までに甲に届け出ること。
賃金等	1給与　月給制　※月給者の場合、入退職月は日割計算とする。 基本給 180,000 円・職能給 40,000 円・業務手当 20,000 円・住宅手当 10,000 円・交通費 5,000 円 2　所定時間外、休日または深夜労働に対して支払われる割増賃金率 イ　所定時間外、法定超月 60 時間以内（25）%、月 60 時間超（25）%、所定超（0）% ロ　休日法定休日（35）%、法定外休日（25）% ハ　深夜（25）% 3　賃金締切日－毎月末日・賃金支払日－翌月 25 日・賃金の支払方法（振込） 4　労使協定に基づく賃金支払時の控除（無） 5　昇給（原則（有）但し甲の業績による。昇給となる場合は原則７月とする。） 6　賞与（原則（有）但し甲の業績による。支給する場合は原則 6・12 月とする。） 7　退職金（無）
退職に関する事項	1 定年制（有（60 歳）） 2 継続雇用制度（有（65 歳まで））但し、業務に堪え得る身体及び心神の状態であること 3 自己都合退職の手続（退職する少なくとも 30 日以上前に届け出て甲の承認を得ること） 4 解雇の事由及び手続 1）天災その他やむを得ない場合 2）事業縮小等、甲の都合による 3）職務命令に対する重大な違反行為 4）業務上の不正行為があった場合には、30 日前に予告するか予告手当を支払って解雇する。
その他	・社会保険の加入状況（法令通り）・雇用保険の適用（法令通り）

※以上のほかは、甲の就業規則の定めるところによる。この契約に疑義が生じたとき及び定めなき事項については、甲の就業ルール、労働基準法その他の関係諸法令に基づき、乙との協議により決定するものとする。

甲

住所

法人名

乙　　　　年　　月　　日

住所

氏名

文京一郎

◆家族手当・住宅手当の確認ポイント◆

◆家族手当・住宅手当の確認ポイント◆

①権利発生・要件はどうなっているのか
・従業員からの請求によって発生する権利なのか
・従業員である以上当然にある権利（該当者は事業所で洗い出す）なのか

②対象者はどうしているのか
・常勤・非常勤かで判断しているのか
・職種で判断しているのか
・出勤日数で判断しているのか

③扶養の要件はどうなっているのか
・社会保険上の扶養で判断するのか（130 万円未満要件等）
・税法上の扶養で判断するのか（103 万円未満要件等）
・事業所独自の基準で判断するのか

④住宅手当支給の要件はどうなっているのか
・世帯主か否かで判断するのか（住民票の提出）
・借家や持ち家かで判断するのか（申告制）
・同居・別居で判断するのか（扶養控除等申告書）

⑤基準日はどうなっているのか
・請求日発生なのか
・届出日発生なのか
・毎月１日発生なのか
・給与計算における起算日（締め日の翌日）発生なのか
・年起算（例１月１日あるいは４月１日）での判断なのか
・該当日発生なのか
・事由発生日判断なのか

⑥計算方法はどうなっているのか
・日割計算なのか
・事由発生日まで遡及をするのかしないのか
・遡及する場合はいつまでなのか

⑦確認はどうするのか
・申告制にし、確認はしないのか、その場合罰則はどうなっているのか
・確認する場合は、添付書類はどのようなものか（住民票、扶養控除等申告書、非課税証明書、扶養調書）

⑧過払いはどうするのか
・本人が届け出ずに過払いになっていた場合はどうするのか

(2) 時給者の給与

次は、時給者の給与です。時給者の給与はとてもシンプルです。基本的な考え方は次の通りです。

給与額	時給単価×１か月に勤務した時間数
交通費の額	実費（1 日の交通費の額×出勤日数、または１か月の定期券代等）
年次有給休暇	１日あたりの給与額を支給 時給単価×１日の所定労働時間数

時給者（パートタイム労働者）、文京時郎（20 歳）さんの例で給与額を確認してみましょう。

▶ **従業員情報**

氏名	文京時郎
年齢	20 歳
入社日	n 年８月１日
契約形態	雇用契約（パートタイマー）
期間の定め	有（n 年８月１日～n +1 年３月 31 日）
給与形態	時給制
勤務日	週３日（月・水・金）
１日の勤務時間数	６時間
給与額	基本給（時給）1,200 円　見込額（月）96,000 円 交通費１日　切符代（実費）
雇用保険・社会保険への加入	無（法令通り）
年次有給休暇	法令通り
扶養の有無	無

時給者の給与計算のポイントは、勤務時間と社会保険（健康保険・厚生年金保険・雇用保険）の加入の有無、年次有給休暇です。

社会保険の加入は勤務する日数や時間数で判断します。よって、本人の希望や会社の意向で加入するかどうかを決められるものではありません。
年次有給休暇は、社員、アルバイトを問わず、要件に合致した場合に付与されます。勤務日数や時間数が短い場合は、比例した日数が付与されます（P105）。

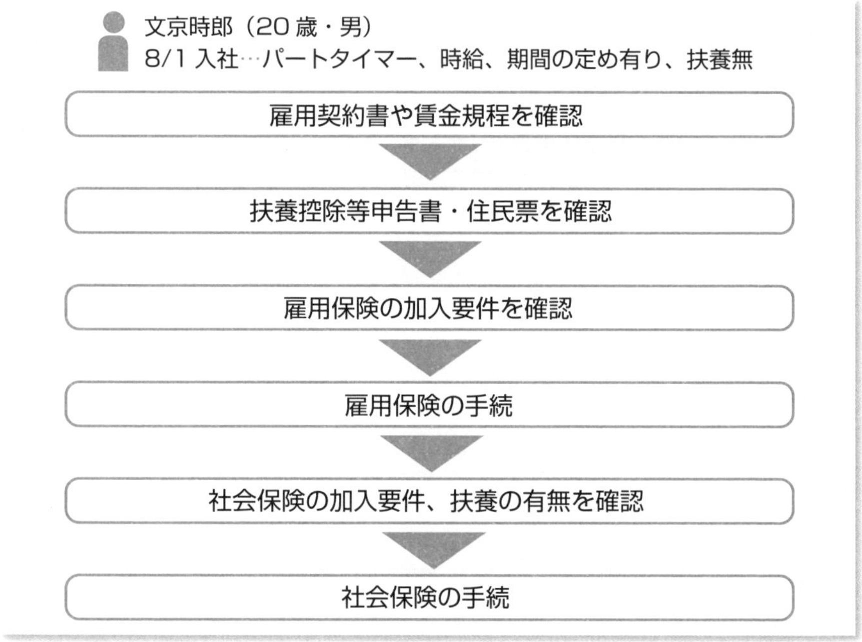

(3) 雇用保険・社会保険への加入手続

入社した従業員が雇用保険や社会保険の加入要件に合致する場合は、正社員、パート・アルバイトを問わず、それぞれ被保険者資格の取得手続をします。
被保険者になると保険料が発生します。給与計算では、被保険者となった人の保険料を給与額から控除します。
雇用保険・社会保険の加入の要件は次頁・上の通りです。

雇用保険の加入要件	31 日以上引き続き雇用されることが見込まれている人で、1 週間の所定労働時間が 20 時間以上である人
社会保険の加入要件	強制適用事業所（法人事務所または常時 5 人以上いる個人事務所）に勤務する人で、1 週間の時間数及び 1 か月の日数が常時雇用者の 4 分の 3 以上の人※

※特定適用事業所や労使合意に基づき申出をした事業所（任意特定適用事業所）に勤める週 20 時間以上で月 8.8 万円以上、1 年以上雇用が見込まれる学生以外の人は社会保険の加入対象となります。また、強制適用事業所以外の事業所は、条件を満たせば任意適用事業所として社会保険に加入することができます。

1 雇用保険の資格取得手続をする

入社した従業員が雇用保険の被保険者となる場合は、事業主は被保険者となる日の属する月の翌月 10 日までに「雇用保険被保険者資格取得届」（下記参照）を公共職業安定所に提出します。

➡詳細は巻末付録 P266 参照

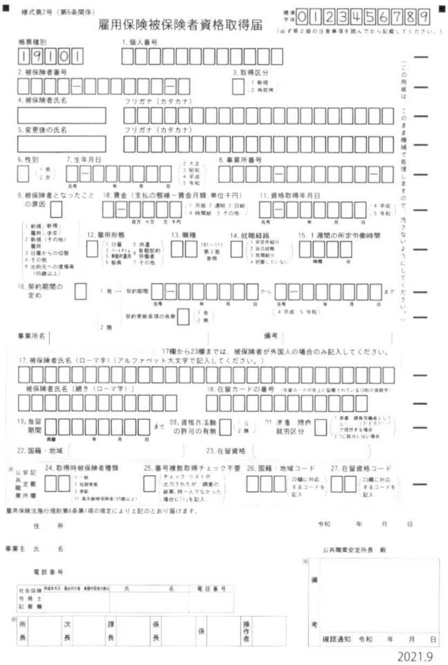

様式第2号（第6条関係）
雇用保険被保険者資格取得届
標準字体 0123456789
（必ず第２面の注意事項を読んでから記載してください。）
帳票種別 19101
1. 個人番号
2. 被保険者番号
3. 取得区分（1 新規 2 再取得）
4. 被保険者氏名　フリガナ（カタカナ）
5. 変更後の氏名　フリガナ（カタカナ）
6. 性別（1 男 2 女）
7. 生年月日（2 大正 3 昭和 4 平成 5 令和）
8. 事業所番号
9. 被保険者となったことの原因
10. 賃金（支払の態様－賃金月額：単位千円）
11. 資格取得年月日
12. 雇用形態
13. 職種
14. 就職経路
15. 1 週間の所定労働時間
16. 契約期間の定め
事業所名　備考
17欄から23欄までは、被保険者が外国人の場合のみ記入してください。
17. 被保険者氏名（ローマ字）（アルファベット大文字で記入してください。）
被保険者氏名〔続き（ローマ字）〕
18. 在留カードの番号
19. 在留期間
20. 資格外活動の許可の有無
21. 派遣・請負就労区分
22. 国籍・地域
23. 在留資格
24. 取得時被保険者種類
25. 番号複数取得チェック不要
26. 国籍・地域コード
27. 在留資格コード
雇用保険法施行規則第6条第1項の規定により上記のとおり届けます。
住所　令和　年　月　日
事業主　氏名
電話番号
公共職業安定所長　殿
社会保険労務士記載欄
所長　次長　課長　係長　係　操作者
備考
確認通知　令和　年　月　日
2021.9

出典：ハローワーク

➡詳細は巻末付録 P264・265 参照

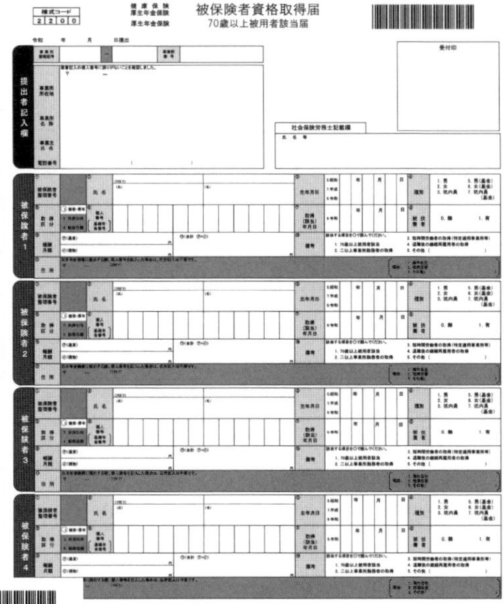
様式コード 2200
健康保険 厚生年金保険 被保険者資格取得届
厚生年金保険 70歳以上被用者該当届

…加入の事業所様へ
…被用者該当届のみ提出の場合は、「⑲備考」欄の「1.70歳以上被用者該当」
…その他」に〇をし、「5.その他」の（ ）内に「該当届のみ」とご記入ください（この場合、
…保険者証の発行はありません）。

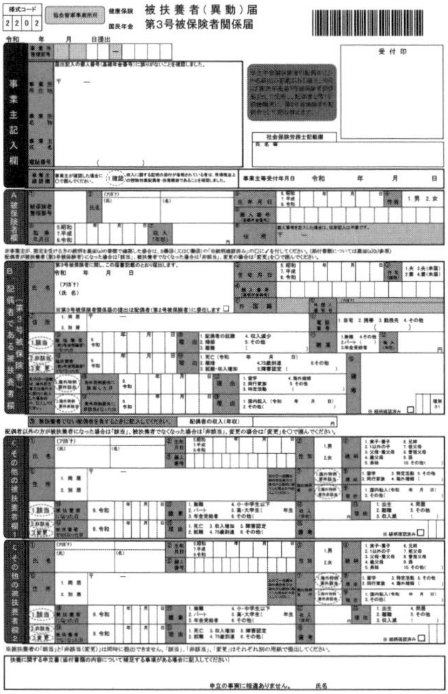
様式コード 2202
健康保険 国民年金 被扶養者（異動）届 第3号被保険者関係届

出典：日本年金機構

②社会保険の資格取得手続をする

入社した従業員が社会保険の被保険者となる場合は、事業主は被保険者となる日から５日以内に「健康保険・厚生年金保険被保険者資格取得届」を年金事務所に提出します。尚、被保険者に扶養する家族（P127）がいる場合は、「健康保険被扶養者（異動）届・国民年金第３号被保険者関係届」も提出します。会社が協会けんぽではなく、健康保険組合に加入している場合は、健康保険はその組合に、厚生年金は年金事務所にそれぞれ提出します。

社会保険は、資格取得届を提出すると、年金事務所から標準報酬の決定に関する通知が届きます。この標準報酬で毎月の給与から控除する保険料額が決まります。

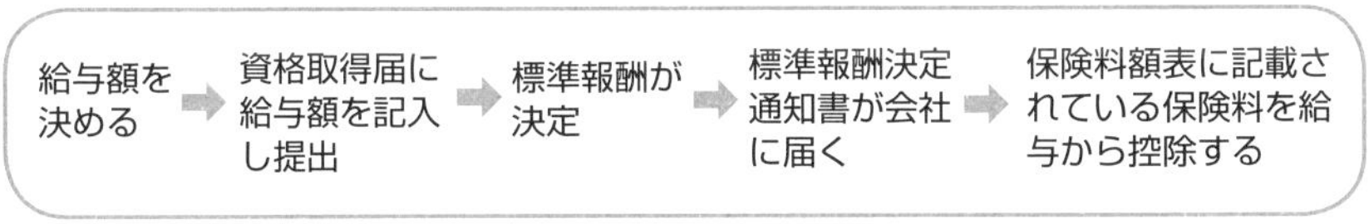

Point ▶ 勤怠、支給、控除の順に計算する

4-3 ▷ 入社時の給与計算 5つのステップ

入社した従業員の給与計算は、日割計算、残業等計算、社会保険料計算、雇用保険料計算、所得税計算の「5つのステップ」で完了します。

4-2で登場した文京一郎さんの例で計算してみましょう。

※社会保険料、雇用保険料を控除する人は、社会保険、雇用保険の被保険者として資格を取得した人です。被保険者でない人は、保険料はかかりません（したがって、社会保険に加入していない人はステップ3を飛ばし、雇用保険に加入していない人は、ステップ4は飛ばしてください。）

5ステップで入社した従業員の給与計算をする

STEP1（日割計算）：日割計算の対象となるか確認する！

対象者確認 ➡ 日割・勤怠集計 ➡ 支給項目の計算 ➡ 控除項目の計算 ➡ 振込

前の項（4-2）で月の給与額が決まったあとは、賃金計算期間の途中での入社であれば、ノーワーク・ノーペイの原則に基づき、日割り計算します。もっとも、賃金計算期間の途中で入社した場合でも日割り計算しない（満額支給する）など、会社で決めている場合は、そのルールに従い計算します。

尚、日割計算の方法には、①暦日による方法、②当該月の所定労働日による方法、③月平均の所定労働日による方法の３の方法があります。（日割計算方法 P192）

日割計算の方法は、手当を含めて日割するのかなど、賃金規程や就業規則で確認します。（規定が無い場合は、会社でルールを決め、場当たり的な対応にならないようにしておきます。）

▶ 賃金規程例

第 n1 条（賃金計算期間の途中で入社、退職、休職、復職した社員の賃金計算方法）

1. 賃金計算期間の途中に入社、休職、復職、または退職した場合は、その月の賃金を下記の算式により日割計算して支払う。

基準内賃金 ÷ 1 か月の歴日数 × 在籍日数

※文京一郎さんの場合は、賃金計算期間の途中での入社ではないので、満額支給となります。

STEP2（残業等計算）：勤怠集計、遅刻早退控除計算、残業代計算をする！

対象者確認 ➡ 日割・勤怠集計 ➡ 支給項目の計算 ➡ 控除項目の計算 ➡ 振込

日割計算の有無を確認した後は、勤怠集計を行います。遅刻や早退、欠勤があった場合は、支給項目で控除し、残業等があった場合は残業代を計算し支給項目で計上します。

勤怠集計、遅刻早退控除計算、残業計算は給与計算では支給項目の計算になります。

こちらも賃金規程で計算方法を確認します。（規定が無い場合は、会社でルールを決め、場当たり的な対応にならないようにしておきます。）（遅刻早退控除計算、残業計算の方法 P74、P80）

▶ 賃金規程例

第n2条（欠勤等の扱い）

1. 欠勤、遅刻、早退及び私用外出をした場合の賃金計算については、原則として1日、または1時間当たりの賃金額に欠勤、遅刻、早退及び私用外出の日数または時間数を乗じた額を差し引くものとする。

[1] 遅刻・早退・私用外出等の控除

$$\text{基準内賃金} \times \frac{\text{不就労時間数}}{\text{1か月の所定労働時間数（172時間）}}$$

[2] 欠勤による控除額

$$\text{基準内賃金} \times \frac{\text{欠勤日数}}{\text{1か月の所定労働日数（21.5日）}}$$

第n3条（割増賃金）

1. 割増賃金は、次の算式により計算して支給する。

[1] 時間外労働割増賃金（法定労働時間を超えて勤務した場合）

$$\frac{\text{基準内賃金}}{\text{1か月の平均所定労働時間数}} \times 1.25^{※} \times \text{時間外労働時間数}$$

※月60時間超は1.50とする。

[2] 休日労働割増賃金（法定の休日に勤務した場合）

$$\frac{\text{基準内賃金}}{\text{1か月の平均所定労働時間数}} \times 1.35 \times \text{法定休日労働時間数}$$

[3] 深夜労働割増賃金（午後10時から午前5時までの間に勤務した場合）

$$\frac{\text{基準内賃金}}{\text{1か月の平均所定労働時間数}} \times 0.25 \times \text{深夜労働時間数}$$

2. 社員の1か月平均労働時間数は172時間とする。

STEP3（社保料計算）：入社した従業員の社会保険料の額を求める！

対象者確認 ➡ 日割・勤怠集計 ➡ 支給項目の計算 ➡ 控除項目の計算 ➡ 振込

支給項目が確定した後は、控除項目を計算していきます。

※社会保険料を控除する人は、社会保険の被保険者として資格を取得した人です。（したがって、社会保険に加入していない人は、社会保険料は当然かかりませんので、その場合は、ステップ4に進んでください。）

ステップ３では、社会保険料を計算します。社会保険では、給与のことを報酬（※）といい、月額給与は報酬月額として、一定のレンジで標準報酬に置き換えられます。

※社会保険には、報酬となるものとならないものがあります。（P94・報酬となるものならないもの）

入社した従業員の社会保険料は、通勤交通費を含めた１か月の支給総額の見込み額（残業代の見込みを含む）で社会保険料額が決まります。

給与から控除する社会保険料は、この給与の見込み額を記入した「健康保険・厚生年金保険被保険者資格取得届」を提出し、年金事務所等が標準報酬を決定することで、保険料額が決まります。

給与計算では、「健康保険・厚生年金保険資格取得確認及び標準報酬決定通知書」を見て、保険料がいくらになるのかを確認し、これをもとに本人負担分の保険料を給与から控除していきます。

▶ 資格取得時の標準報酬

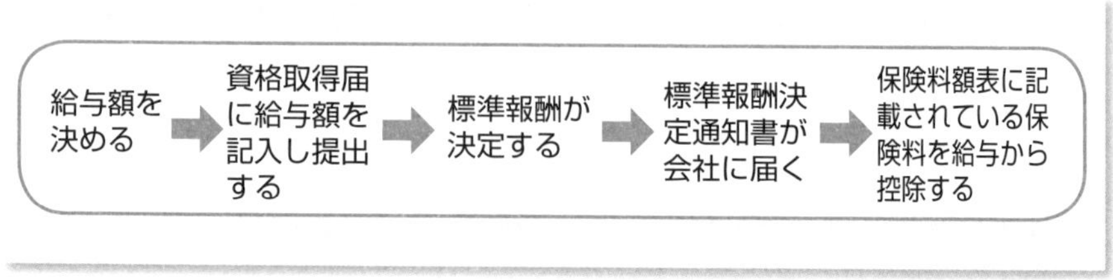

資格取得時に決定された標準報酬（これを「取得時決定」といいます）は、その後、4月・5月・6月の報酬月額の平均を使用し標準報酬を算定（これを「定時決定（算定基礎）」といいます）していきます。

▶ 定時決定による標準報酬の改定：原則

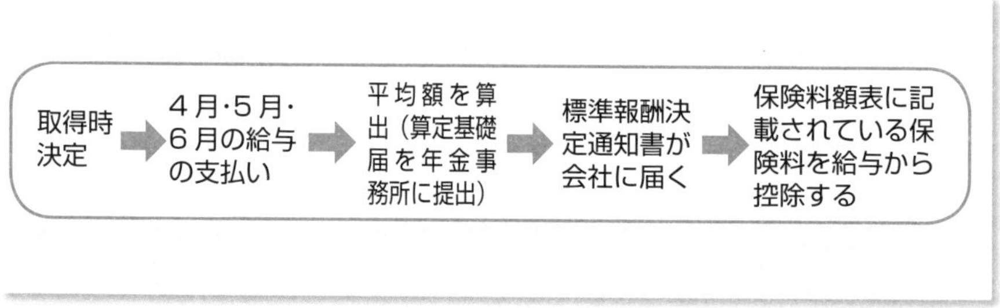

社会保険料の控除のポイントは、いつの（何日に支払う）給与から何月分の保険料を控除するのか、これに尽きます。

社会保険料は、「月単位」で、「社会保険の資格を取得した日の属する月の分」から「資格を喪失した日の属する月の前月分まで」発生します。社会保険の喪失した日とは、退職日の翌日（これを「翌日喪失」といいます）です。

8月入社であれば、8/1入社でも8/31入社でも、8月分の保険料は日割されることなく満額発生することになります。（8/31入社の場合は、給与は1日分ですが、保険料は1か月分かかります。）

8/1 入社

8月	9月	10月	11月	12月	1月	2月

※社会保険料は8月分から

8/31 入社

8月	9月	10月	11月	12月	1月	2月

※社会保険料は8月分から

※賃金締切期間の途中で入社した場合の基本給等は、規程等で定める会社のルールに則り計算します（日割計算）。

保険料がかかる人は、健康保険料は75歳未満の人、介護保険料は40歳以上65歳未満の人、厚生年金保険料は70歳未満の人です。

保険料は会社と従業員がそれぞれ半分ずつ負担（折半）します。

文京一郎さんの給与は、支給計の255,000円ですので、報酬月額は「250,000～270,000」の箇所になります。

これを次頁の表にあてはめると、社会保険料がいくらになるのかがわかります。

▷ 令和6年3月分（4月納付分）からの健康保険・厚生年金保険の保険料額表➡次頁（東京都）（単位：円）

・健康保険料率：令和6年3月分～　適用

・厚生年金保険料率：平成29年9月分～　適用

・介護保険料率：令和6年3月分～　適用

・子ども・子育て拠出金率：令和2年4月分～　適用

令和６年３月分（４月納付分）

標準報酬		報酬月額			全国健康保険協会管掌健康保険料				厚生年金保険料	
					介護保険第２号被保険者に該当しない場合		介護保険第２号被保険者に該当する場合		一般	
					9.98%		11.58%		18.30%	
等級	月額	円以上	～	円未満	全額	折半額	全額	折半額	全額	折半額
1	58,000		～	63,000	5,788.4	2,894.2	6,716.4	3,358.2	16,104.00	8,052.00
2	68,000	63,000	～	73,000	6,786.4	3,393.2	7,874.4	3,937.2	16,104.00	8,052.00
⋮	⋮	⋮		⋮	⋮	⋮	⋮	⋮	⋮	⋮
17（14）	200,000	195,000	～	210,000	19,960.00	9,980.00	23,160.00	11,580.00	36,600.00	18,300.00
18（15）	220,000	210,000	～	230,000	21,956.00	10,978.00	25,476.00	12,738.00	40,260.00	20,130.00
19（16）	240,000	230,000	～	250,000	23,952.00	11,976.00	27,792.00	13,896.00	43,920.00	21,960.00
20（17）	260,000	250,000	～	270,000	25,948.00	12,974.00	30,108.00	15,054.00	47,580.00	23,790.00
21（18）	280,000	270,000	～	290,000	27,944.00	13,972.00	32,424.00	16,212.00	51,240.00	25,620.00
22（19）	300,000	290,000	～	310,000	29,940.00	14,970.00	34,740.00	17,370.00	54,900.00	27,450.00
23（20）	320,000	310,000	～	330,000	31,936.00	15,968.00	37,056.00	18,528.00	58,560.00	29,280.00

※この表は東京都に会社がある場合の表です。都道府県ごとに料率が異なるので、社会保険料を求める際は、事業所所在地の最新の「保険料額表」を確認する必要があります（全国健康保険協会 HP 参照）。尚、事業所が健康保険組合に加入している場合は、料率は健康保険組合が設定する料率となります。

文京一郎さんの会社では、給与は「末締め翌月 25 日払い」、社会保険料は「翌月徴収」にしています。よって、8 月分の保険料は 9/25 支給の給与から控除となります。

尚、締め日と支払日、徴収（控除）月の関係は P201 に記述します。

給与明細書で見るとイメージしやすいので、給与明細書※を作りながら「？円」の箇所を埋めていきましょう。　この場合、社会保険料の本人負担額（？円の箇所）はいくらになるでしょうか？

▷ 8/1 入社：月給者（25 歳）の場合 会社所在地：東京都

9月度給与明細書（8月勤務分）		末日締め翌月25日払（支給日9月25日）		名前：文京一郎（25歳）			
勤怠（8/1～8/31）		支給		控除		差引支給額（本人手取）	
出勤日数	22日	基本給	180,000円	健康保険料	?円		
欠勤日数	0日	職能給	40,000円	介護保険料	?円		
有休日数	0日	業務手当	20,000円	厚生年金保険料	?円		
遅早時間	0時間	住宅手当	10,000円	雇用保険料			
残業時間	0時間	通勤費（定期代）	5,000円	所得税			
欠勤日数	0日	残業手当	0円	住民税			
		遅早欠勤控除	0円				
		支給計	255,000円	控除計		支給額	

※社会保険料を翌月徴収にしている会社では８月分の保険料は 9/25 支給の給与から控除します。

給与額が 255,000 円の場合、取得届には 255,000 円と記載し、年金事務所に提出します。標準報酬決定通知書に記載されている標準報酬が 260 千円となった場合は、給与計算では、保険料額表の 260 千円の行（等級）に記載されている保険料を控除します。

この場合、健康保険料は労使合わせて 25,948 円です。本人負担額は半分の 12,974 円です。

厚生年金保険料は 47,580 円で、こちらも本人負担額は半分の 23,790 円です。

尚、40 歳未満の場合は、介護保険料はかかりません。

よって、文京一郎さんの場合、社会保険料は健康保険料と厚生年金保険料だけになります。（40 歳以上 64 歳までの人は、介護保険料がかかり、この場合、本人負担額は 2,080 円となります。）

社会保険料は、保険料額表を使わなくても料率からも求められます。

料率は都道府県ごとに異なり、保険料額表に記載されています※。

令和６年３月分（東京都）

料率	全体	折半
健康保険料率	9.98%（99.8/1000）	4.99%（49.9/1000）
介護保険料率	1.60%（16.0/1000）	0.80%（8.00/1000）
厚生年金保険料率	18.3%（183/1000）	9.15%（91.5/1000）

※給与計算では、適用事業所となっている都道府県の保険料額表を参照します。

▷ 計算で求める場合

健康保険料…260 千円÷ 1000 × 49.9 ＝ 12,974 円（75 歳未満の場合）
介護保険料…260 千円÷ 1000 × 8.00 ＝ 2,080 円（40 歳以上 65 歳未満の場合）
厚生年金保険料…260 千円÷ 1000 × 91.5 ＝ 23,790 円（70 歳未満の場合）
∴文京一郎さんの健康保険料は 12,974 円、厚生年金保険料は 23,790 円となります。

これで社会保険料の計算は終わりです。徴収した社会保険料は、会社負担分と合わせて翌月末日までに納付します（P122）。よって、8 月分は 9 月末日までに納付します。給与を末締め、翌月 25 日払いにしているのであれば、9 月 25 日払いの給与で 8 月分の社会保険料を控除します。

STEP4（雇用保険料計算）：入社した従業員の雇用保険料の額を求める！

対象者確認 ➡ 日割・勤怠集計 ➡ 支給項目の計算 ➡ 控除項目の計算 ➡ 振込

次は雇用保険料です。では、雇用保険の本人負担額（?円の箇所）がいくらになるのか見ていきましょう。健康保険料・介護保険料、厚生年金保険料はSTEP3で計算してあるので埋めてあります。

※雇用保険料を控除する人は、雇用保険の被保険者として資格を取得した人です。（したがって、雇用保険に加入していない人は、雇用保険料は当然かかりませんので、その場合はステップ5に進んでください。）

業種：一般

9月度給与明細書（8月勤務分）		末日締め翌月25日払（支給日9月25日）		名前：文京一郎（25歳）			
勤怠（8/1～8/31）		支給		控除		差引支給額（本人手取）	
出勤日数	22日	基本給	180,000円	健康保険料	12,974円	年調還付	
欠勤日数	0日	職能給	40,000円	介護保険料	0円	年調調整	
有休日数	0日	業務手当	20,000円	厚生年金保険料	23,790円		
遅早時間	0時間	住宅手当	10,000円	雇用保険料	?円		
残業時間	0時間	通勤費（定期代）	5,000円	所得税			
		残業手当	0円	住民税			
		遅早欠勤控除	0円				
		支給計	255,000円	控除計		支給額	

労働保険（雇用保険・労災保険）は、給与のことを賃金（※）といい、雇用保険料の計算では原則、支給計に業種別の料率を乗じて求めます。

※この算出方法は、入社時に限らず、退職時や毎月の給与計算、賞与計算でも同様になります。

令和６年度

事業の種類	雇用保険料率		
	被保険者負担率（①）	事業主負担率（②）	保険率（①+②）
一般の事業	6/1,000	9.5/1,000	15.5/1,000
農林水産※・清酒製造の事業	7/1,000	10.5/1,000	17.5/1,000
建設の事業	7/1,000	11.5/1,000	18.5/1,000

※園芸サービス、牛馬の育成、酪農、養鶏、養豚、内水面養殖の事業は除かれ、一般の事業の率が適用される。

文京一郎さんの会社の業種は「ＩＴ」ですので、この場合は「一般の事業」となり1,000分の15.5、本人負担率は1,000分の6です。

例）月額255,000円の場合（ＩＴ企業）255,000 ÷ 1,000 × 6 = 1,530円

尚、計算後１円未満の端数が出た場合は、50銭以下を切り捨て、50銭１厘以上は切り上げます。

∴文京一郎さんの雇用保険料は1,530円となります。

これで雇用保険料の計算は終わりです。

雇用保険料の納付は、健康保険料や厚生年金保険料とは異なり、その納付は「年度単位」で行います。よって、徴収した雇用保険料は、会社負担分の雇用保険料と全額会社が負担する労災保険料と合わせて、１年（4月～翌３月）分まとめて、７月10日までに納付書等で納付します（年度更新P124）。

STEP5（所得税計算）：入社した従業員の所得税の額を求める！

対象者確認 ➡ 日割・勤怠集計 ➡ 支給項目の計算 ➡ **控除項目の計算** ➡ 振込

最後に所得税（？円の箇所）を求めます。健康保険料・介護保険料、厚生年金保険料はSTEP3で、雇用保険料はSTEP4で計算してあるので埋めてあります。

9月度給与明細書（8月勤務分）		末日締め翌月25日払（支給日9月25日）		名前：文京一郎（25歳）			
勤怠（8/1～8/31）		支給		控除		差引支給額（本人手取）	
出勤日数	22日	基本給	180,000円①	健康保険料	12,974円⑤		
欠勤日数	0日	職能給	40,000円②	介護保険料	0円⑥		
有休日数	0日	業務手当	20,000円③	厚生年金保険料	23,790円⑦		
遅早時間	0時間	住宅手当	10,000円④	雇用保険料	1,530円⑧		
残業時間	0時間	通勤費（定期代）	5,000円	所得税	？円		
欠勤日数	0日	残業手当	0円	住民税			
		遅早欠勤控除	0円				
		支給計	255,000円			支給額	

所得税は、「課税対象合計」から社会保険料と雇用保険料を合計した「社会保険料計」を控除した「社会保険料等控除後の給与等の金額」から求めます。

課税対象合計とは、支給項目から非課税項目（通勤費など）を除いた額となります。

注）ここでいう社会保険料計や社会保険料控除後計の「社会保険料」とは、健康保険料、介護保険料、厚生年金保険料、雇用保険料のことになります。

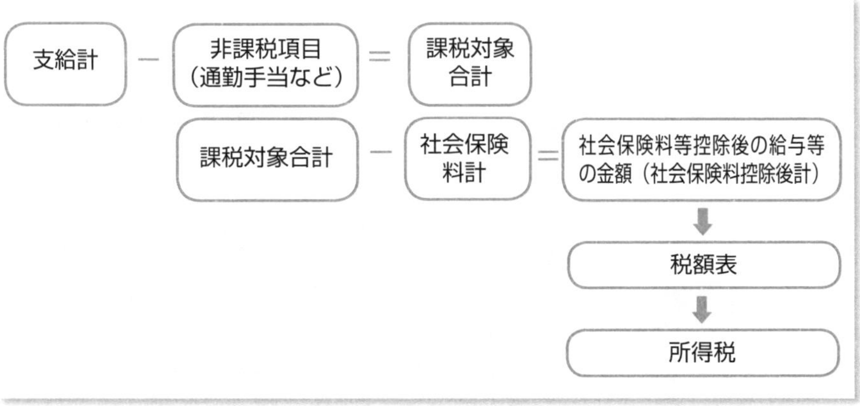

社会保険料控除後計とは、課税支給の合計から社会保険料の合計額を控除した額のことです。通勤手当などの定期代や出張旅費、見舞金、宿日直手当の一部は非課税となります（P94）。

▷ 非課税となるもの

(1) 通勤手当のうち、一定金額以下のもの

(2) 転勤や出張などのための旅費のうち、通常必要と認められるもの

(3) 宿直や日直の手当のうち、一定金額以下のもの

この社会保険料控除後の額を「給与所得の源泉徴収税額表（月額表）」にあてはめれば、（扶養する人数毎に）所得税の額がわかります。尚、月額表の「甲欄」が適用される人は、「給与所得者の扶養控除等申告書」を提出している人です（税額表の使い方 P133）。

令和6年分源泉徴収税額表

その月の社会保険料等控除後の給与等の金額		甲								乙
		扶養親族等の数								
		0人	1人	2人	3人	4人	5人	6人	7人	
以上	未満	税額								税額
	88,000未満	0	0	0	0	0	0	0	0	その月の社会保険料等控除後の給与等の金額の3.063%に相当する金額
88,000	89,000	130	0	0	0	0	0	0	0	3,200
⋮	⋮	⋮	⋮	⋮	⋮	⋮	⋮	⋮	⋮	⋮
207,000	209,000	5,050	3,430	1,820	200	0	0	0	0	23300
209,000	211,000	5,130	3,500	1,890	280	0	0	0	0	23,900
211,000	213,000	5,200	3,570	1,960	350	0	0	0	0	24,400
213,000	215,000	5,270	3,640	2,030	420	0	0	0	0	25,000
215,000	217,000	5,340	3,720	2,100	490	0	0	0	0	25,500

文京一郎さんは独身のため「扶養なし」です。ここでいう扶養とは税法上の扶養となります（扶養の要件 P127）。

課税支給合計は、通勤費（定期代）を除きますので250,000円です。社会保険料・雇用保険料の合計は38,294円です。よって、社会保険料控除後計は211,706円です。これを月額表の「その月の社会保険料等控除後の給与等の金額」欄で、211,706円が含まれる「211,000円以上213,000円未満」の行を求め、その行と「甲」欄の「扶養親族等の数0人」の欄との交わるところに記載されている金額5,200円を求めます。この額が給与から源泉徴収する税額です。

※この算出方法は、入社時に限らず、退職時や毎月の給与計算でも同様になります。

給与明細書（P163）から計算すると次のようになります。

課税支給合計：250,000円（①＋②＋③＋④）

社会保険料合計：38,294円（⑤＋⑥＋⑦＋⑧）

250,000 － 38,294 ＝ 211,706

∴文京一郎さんの所得税は5,200円となります。

所得税の計算も終わりです。徴収した所得税は、翌月10日（※）までに納付書等で納付します（P117）。※納期の特例は半年毎の納付

これで社会保険料、雇用保険料、所得税、すべての額がわかりました。

最後に、住民税を給与天引き（特別徴収）しているのであれば、控除項目にその額（市区町村からの通知額）を入れます。

住民税は、会社負担がありませんので、社会保険料や雇用保険料、所得税には影響しないものになります（住民税の仕組みP120）。

対象者確認 ➡ 日割・勤怠集計 ➡ 支給項目の計算 ➡ 控除項目の計算 ➡ 振込

8月分、9月25日払い給与の所得税・住民税は、10月10日までに納付します。

8月分、9月25日払い給与の社会保険料は、9月末日納付です。

文京一郎さんは住民税を自分で納めているので、この場合、給与から控除する住民税額は0円です。

ということで、文京一郎さんに最終的に支給する額（差引支給額）は211,506円となりました。

入社した従業員の給与計算は、これで終わりです。出来上がった給与明細書はこちらです。

▶ 給与明細書

9月度給与明細書（8月勤務分）		末日締め翌月25日払（支給日9月25日）		名前：文京一郎（25歳）			
勤怠（8/1～8/31）		支給		控除		差引支給額（本人手取）	
出勤日数	22日	基本給	180,000円	健康保険料	12,974円	年調還付	
欠勤日数	0日	職能給	40,000円	介護保険料	0円	年調調整	
有休日数	0日	業務手当	20,000円	厚生年金保険料	23,790円		
遅早時間	0時間	住宅手当	10,000円	雇用保険料	1,530円		
残業時間	0時間	通勤費（定期代）	5,000円	所得税	5,200円		
		残業手当	0円	住民税	0円		
		遅早欠勤控除	0円				
		支給計	255,000円	控除計	43,494円	支給額	211,506円

※社会保険料は8月分から（社会保険料を翌月徴収にしている会社では8月分の保険料を9/25支給の給与から控除）

★社会保険料と年齢　（年齢による取り扱い　40 歳・65 歳・70 歳・75 歳）

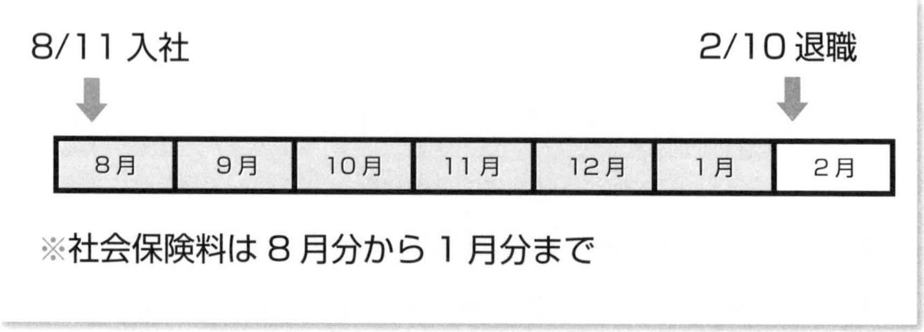

社会保険料は、資格を取得した日の属する月分から資格を喪失した日の属する月の前月分までの「月」単位なっていますが、健康保険、介護保険、厚生年金保険については、それぞれ加入できる年齢があります。

給与計算では、いつから保険料を徴収し、いつまで保険料を徴収したらよいのか、被保険者の年齢は、毎月確認しておきます。

（1）健康保険料

健康保険料は、75 歳に達する日（誕生日の前日）が属する月※分から、健康保険料はかかりません。尚、健康保険は、75 歳の誕生日が喪失日となります。75 歳になると「後期高齢者医療制度」に加入し、そこで被保険者となります。健康保険は被保険者資格喪失届を年金事務所へ提出します。

※ 5/1 生まれの場合、75 歳になる年の 4 月分から健康保険料はかからなくなります。

（2）介護保険料

介護保険料は、40 歳に達する日（誕生日の前日）が属する月※分から発生します。65 歳に達する日（誕生日の前日）が属する月の前月分まで介護保険料がかかります。65 歳以降は住所地の市区町村に介護保険料を納付します。

※ 5/1 生まれの場合の保険料徴収期間は、40 歳になる年の 4 月分から 65 歳になる年の 3

月分までです。尚、5/2 生まれの場合の保険料徴収期間は、40 歳になる年の 5 月分から 65 歳になる年の 4 月分までです。

(3) 厚生年金保険料

厚生年金保険料は、70 歳に達する日（誕生日の前日）が属する月※分から、厚生年金保険料はかかりません。（70 歳になったことによる厚生年金の喪失手続は基本、不要です。尚、標準報酬月額と給与額からみた標準報酬月額の等級に違いがあるときは「厚生年金保険・被保険者資格喪失届　70 歳以上被用者該当届」の提出が必要です。）

※ 5/1 生まれの場合、70 歳になる年の 4 月分から厚生年金保険料はかからなくなります。

(4) 雇用保険料

雇用保険料は、雇用保険被保険者であればかかります。2020 年 4 月 1 日より雇用保険料免除制度は廃止され、年齢に関係なく雇用保険料は徴収となっております。

▶ 保険料徴収年齢

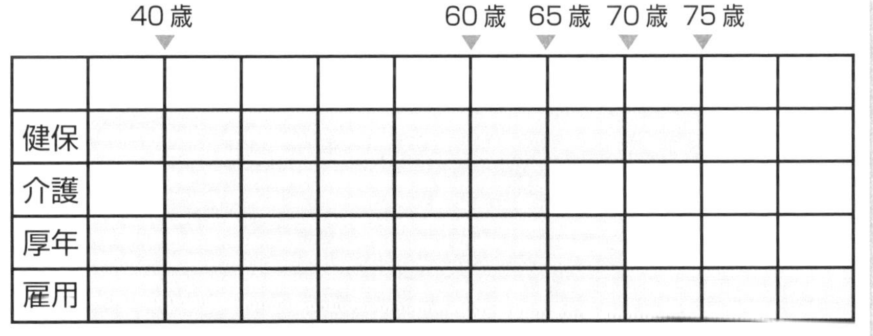

※雇用保険は被保険者である間は保険料を控除します。

※「n 歳に達する日（誕生日の前日）が属してる月」とは、例えば誕生日が 4/23 の場合は、前日の 4/22 が属している 4 月分という意味になります。尚、誕生日が 12/1 の場合は、前日の 11/30 が属している 11 月分という意味になります。

Point ▶ 社会保険料は資格を喪失した日の属する月の前月分まで

4-4 ▷ 退職時の給与計算 5つのステップ

退職する従業員の給与計算は、日割計算、残業等計算、社会保険料計算、雇用保険料計算、所得税計算の「5つのステップ」で完了します。

※社会保険料、雇用保険料を控除する人は、社会保険、雇用保険の被保険者として資格を取得した人です。被保険者でない人は、保険料はかかりません（したがって、社会保険に加入していない人はステップ3を飛ばし、雇用保険に加入していない人は、ステップ4は飛ばしてください。）

5ステップで退職する従業員の給与計算をする

（1）退職者の給与計算をする

退職する従業員の給与計算のポイントは、最後の給与で精算すべきものはすべて精算することです。退職時の給与計算は、社会保険料（STEP3）、雇用保険料（STEP4）、所得税（STEP5）の計算の流れを押さえ、被保険者の社会保険料をいつまで徴収したら良いか把握します。それ以外は、基本的には、毎月の給与計算と変わりません。

STEP1（日割計算）：日割計算の方法を確認する！

対象者確認 ➡ 日割・勤怠集計 ➡ 支給項目の計算 ➡ 控除項目の計算 ➡ 振込

賃金締切期間の途中で退職する場合は、日割り計算となることも多いため、給与額によっては、保険料が控除できない場合があります。

賃金計算期間の途中で退職する場合は、日割計算の対象者かどうか、手当を日割り計算するかどうかを、そして、日割計算の対象となる場合には、最後の給与で保険料控除できるかを確認します（日割計算の方法 P192）。

STEP2（残業等計算）：勤怠集計、遅刻早退控除計算、残業代計算をする！

対象者確認 ➡ 日割・勤怠集計 ➡ 支給項目の計算 ➡ 控除項目の計算 ➡ 振込

日割計算の方法を確認した後は、勤怠集計を行い、遅刻や早退、欠勤があった場合は、支給項目で控除し、残業等があった場合は残業代を計算し支給項目に計上します。

STEP3（社保料計算）：退職する従業員の社会保険料を求める！

対象者確認 ➡ 日割・勤怠集計 ➡ 支給項目の計算 ➡ 控除項目の計算 ➡ 振込

支給項目が確定した後は、控除項目を計算していきます。

※社会保険料を控除する人は、社会保険の被保険者として資格を取得している人です。（したがって、社会保険に加入していない人は、社会保険料は当然かかりませんので、その場合は、ステップ4に進んでください。）

最後の給与で大切になるのは、本人負担分の社会保険料をいつまで控除し、いつの給与で預かり、これを納付するのかです。

社会保険は退職日の翌日が喪失日です。保険料は「月単位」で、「資格を喪失した日の属する月の前月分まで」となります。例えば、12/31 退職であれば喪失日は 1/1 となり、喪失した日の属する月は 1 月であることから、この場合、保険料は 12 月分まで、ということになります。

12/30 退職であれば、喪失日は 12/31 となり、喪失した日の属する月は 12 月ですから、この場合、保険料は 11 月分までとなります。

末締め翌月払いで社会保険料を翌月徴収している会社を退職する従業員（文京一郎さん）の例での給与明細書を見ていきましょう。

★「12/31」に退職した場合（末締め・翌月 25 日払い、社保料翌月徴収の会社）

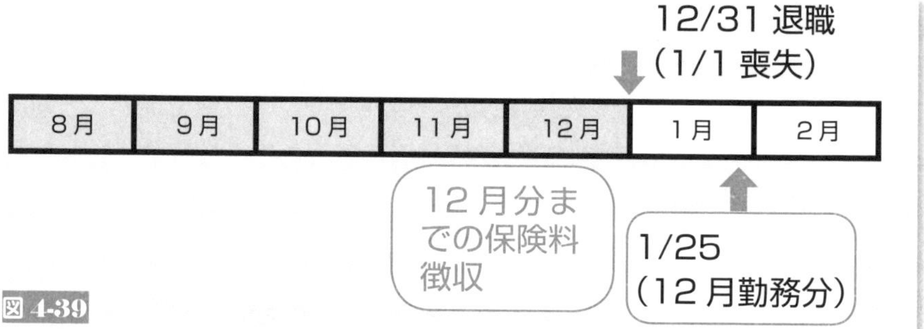

図 4-39

1 月度給与明細書（12 月勤務分）		末日締め翌月 25 日払（支給日 1 月 25 日）		名前：文京一郎（25 歳）			
勤怠（12/1 〜 12/31）		支給		控除		差引支給額（本人手取）	
出勤日数	22 日	基本給	180,000 円	健康保険料	12,974 円		
欠勤日数	0 日	職能給	40,000 円	介護保険料	0 円		
有休日数	0 日	業務手当	20,000 円	厚生年金保険料	23,790 円		
遅早時間	0 時間	住宅手当	10,000 円	雇用保険料	1,530 円		
残業時間	0 時間	通勤費（定期代）	5,000 円	所得税	5,200 円		
欠勤日数	0 日	残業手当	0 円	住民税			
		遅早欠勤控除	0 円				
		支給計	255,000 円	控除計	43,494 円	支給額	211,506 円

※社保料は 12 月分まで

★「12/30」に退職した場合（末締め・翌月 25 日払い、社保料翌月徴収の会社

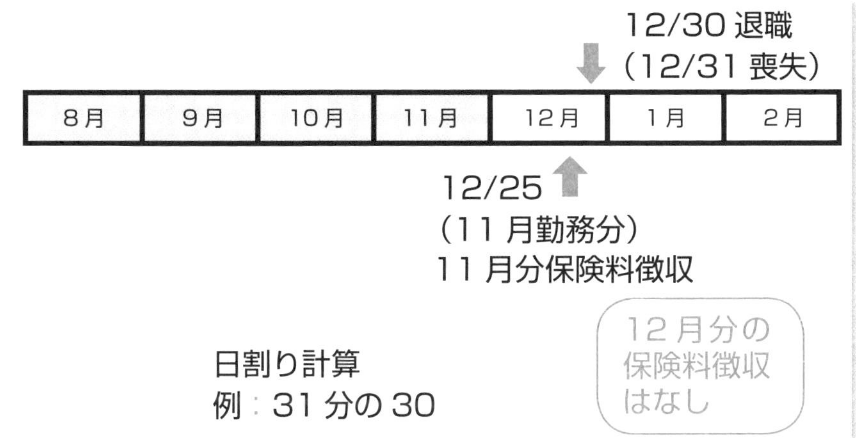

1 月度給与明細書（12 月勤務分）		末日締め翌月 25 日払（支給日 1 月 25 日）		名前：文京一郎（25 歳）			
勤怠（12/1 ～ 12/30）		支給		控除		差引支給額（本人手取）	
出勤日数	21 日	基本給	174,194 円	健康保険料	0 円		
欠勤日数	0 日	職能給	38,710 円	介護保険料	0 円	控除なし	
有休日数	0 日	業務手当	19,355 円	厚生年金保険料	0 円		
遅早時間	0 時間	住宅手当	9,677 円	雇用保険料	●円		
残業時間	0 時間	通勤費（定期代）	4,839 円	所得税	●円		
		残業手当	0 円	住民税			
		遅早欠勤控除	0 円				
		支給計	246,775 円	控除計	●円	支給額	●円

※社保料は 11 月分まで

※賃金締切期間の途中で退職した場合は、規程等で定める会社のルールに則り計算します（日割計算）。

社会保険は翌日喪失であるため、12/30 退職の場合は、社会保険料は11 月分までとなり、この場合、最後の給与では社保料の控除は不要となります。

尚、当月末締め当月 25 日払い等、前払いの会社で社会保険料を翌月徴収している会社は注意が必要です。

この会社に勤める従業員が月末に退職する場合は社会保険料を 2 か月分、最後の給与で控除する必要があります。（P205）

退職日：12/31 の場合の明細書（末締め・当月 25 日払い、社保料翌月徴収の会社）

12月度給与明細書（12月勤務分）		末日締め当月 25 日払（支給日 12 月 25 日）		名前：文京一郎（25 歳）			
勤怠（12/1 ～ 12/31）		支給		控除		差引支給額（本人手取）	
出勤日数	22 日	基本給	180,000 円	健康保険料	25,948 円		
欠勤日数	0 日	職能給	40,000 円	介護保険料	0 円	2 か月分控除	
有休日数	0 日	業務手当	20,000 円	厚生年金保険料	47,580 円		
遅早時間	0 時間	住宅手当	10,000 円	雇用保険料	●円		
残業時間	0 時間	通勤費（定期代）	5,000 円	所得税	●円		
欠勤日数	0 日	残業手当	0 円	住民税			
		遅早欠勤控除	0 円				
		支給計	255,000 円	控除計	●円	支給額	●円

※社保料は 12 月分まで。

STEP4（雇用保険料計算）：退職する従業員の雇用保険料の額を求める！

対象者確認 ➡ 日割・勤怠集計 ➡ 支給項目の計算 ➡ 控除項目の計算 ➡ 振込

雇用保険料の算出方法は、毎月の給与計算と同様、料率を乗じて求めます。（P160）

※雇用保険料を控除する人は、雇用保険の被保険者として資格を取得している人です。（したがって、雇用保険に加入していない人は、雇用保険料は当然かかりませんので、その場合は、ステップ5に進んでください。）

STEP5（所得税計算）：退職する従業員の所得税の額を求める！

対象者確認 ➡ 日割・勤怠集計 ➡ 支給項目の計算 ➡ 控除項目の計算 ➡ 振込

所得税の額も、毎月の給与計算と同様、課税対象合計から社会保険料（雇用保険料を含む）を控除した社会保険料控除後計から扶養人数に応じ算出します。（P163）

所得税は社会保険料を求めた後に算出しますが、退職時の給与計算にあたっては、社会保険料は、翌月徴収や当月徴収、締め日と支払日、退職日やその日割り計算によって、保険料控除の有無や額が変わってきます。この辺りは会社の保険料控除のタイミングによるものなので、社会保険料をまずは正しく求め、その出てきた額から算出する、ということが大切になります。

最後に、住民税を給与天引き（特別徴収）しているのであれば精算します。一括徴収する場合は、最後の給与からまとめて控除します。住民税は、社会保険料や雇用保険料、所得税には影響しないものになります（住民税の仕組み P120）。

対象者確認 ➡ 日割・勤怠集計 ➡ 支給項目の計算 ➡ 控除項目の計算 ➡ 振込

以上で、退職した従業員の給与計算は終わりです。

（2）退職者の給与計算が終わったら

給与計算が終わったら次の手続を行います。

- ▶ **雇用保険被保険者資格喪失届（次頁左側）**
- ▶ **健康保険・厚生年金保険被保険者資格喪失届（次頁右側）**

①雇用保険の資格喪失手続をする

退職者が雇用保険の被保険者である場合は、被保険者資格の喪失と離職票の手続をします。この手続は退職日の翌日から 10 日以内に事業主が行います。書類の提出先は管轄の公共職業安定所です。この手続を行うと被保険者資格が喪失したことの通知書と離職票が発行されます。発行された離職票等は退職者に渡します。退職者はこれを持って公共職業安定所に行き、失業認定を受け、一定の要件に該当すると失業等の給付が受けられるようになります。

➡詳細は巻末付録 P274・275 参照

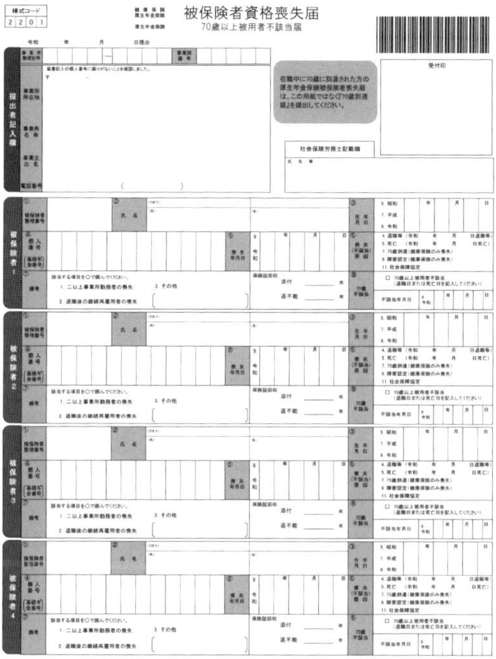

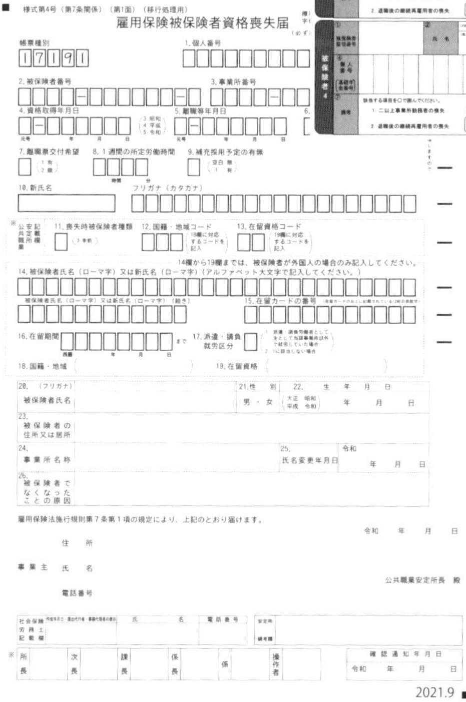

出典：ハローワーク
日本年金機構

②社会保険の資格喪失手続をする

退職者が社会保険の被保険者である場合は、被保険者資格の喪失の手続をします。その際、退職者本人の健康保険証と被扶養者の健康保険証の回収を行います。

この手続は退職日の翌日から5日以内に事業主が行います。書類の提出先は管轄の年金事務所です。尚、会社が協会けんぽではなく、健康保険組合に加入している場合は、健康保険の喪失はその組合に、厚生年金は年金事務所にそれぞれ提出します。

③源泉徴収票を発行する

給与計算が終わったら退職者には源泉徴収票を発行します。源泉徴収票は、1年（1月～12月）の間に会社から本人に支払った金額、控除した社会保険料額と所得税の額を記載します。記載する額には、賞与も含めます。年の途中で退職する場合は、年末調整は行わず、源泉徴収票だけ発行します。支払金額欄に記載する額は、交通費などの非課税合計を除いて支払った合計額です。

④住民税の届け出をする（給与所得者異動届出書の提出）

退職者の住民税を給与から控除している場合は、「給与所得者異動届出書」を納付していた市区町村に提出します。1月以降に退職する場合で、最後に支払う給与から住民税残額を一括徴収できる場合には、給与から全額徴収し、これを納付します。

6月から12月までの間に退職する場合は、年税額と徴収した額（徴収済額）、残額を分けて記載し、提出します。

▶ 給与所得者異動届出書

➡詳細は巻末付録P276参照

給与支払報告・特別徴収に係る給与所得者異動届出書

御注意

1 黒のボールペン又はペンで記載してください。
2 「宛名番号」の欄には、特別徴収税額通知書に記載された宛名番号を記載してください。
3 転勤、再就職等により異動後の勤務先で引き続き特別徴収を行う場合には、前勤務先で最上段の事項を記載し、新勤務先に送付願います。
ただし、「給与所得者」の欄の「個人番号」は、前勤務先では記載せず、新勤務先で本人から番号の提供を受け記載してください。
また、前勤務先が個人事業主の場合、「給与支払者」の欄の「個人番号」は、前勤務先では記載せず、新勤務先へ送付願います。
新勤務先では最下段の事項を記載し、一月一日現在の住所地（課税地）の市区町村長に送付してください。
4 一月一日から四月三十日までの間に退職した人に未徴収税額がある場合には、一括徴収することが義務づけられています。

1. 現年度　2. 新年度　3. 両年度		
区処理欄		
※特別徴収義務者指定番号		※市区町村ごとに異なります
※宛名番号		
連絡先の氏名及び所属課、係名並びに電話番号	課・係	
	氏名	
	電話	（内線　　）

◎異動があった場合は、速やかに提出してください。

千代田区長　殿 年　月　日提出	給与支払者（特別徴収義務者）	住所（居所）又は所在地	〒
		フリガナ	
		氏名又は名称	
		代表者の職氏名印	㊞
		個人番号又は法人番号	

給与所得者		(ア) 特別徴収税額（年税額）	(イ) 徴収済額	(ウ) 未徴収税額 (ア)−(イ)	異動年月日
受給者番号(整理番号)	フリガナ	円	月から	月から	・・
	氏名　〔旧姓　〕		月まで	月まで	
生年月日	昭和・平成　年　月　日		円	円	
個人番号					
1月1日現在の住所					
給与の支払を受けなくなった後の住所					

異動の事由	異動後の未徴収税額の徴収	退職した年の1月から退職時までの給与支払額
1. 退職 2. 転勤 3. 合併 4. 休職 5. 長期欠勤 6. 死亡 7. 会社解散 8. 住所誤報 9. その他（特別徴収不可）	1. 特別徴収継続 2. 一括徴収（1月以降は必須） 〔　月分で納入〕 （　月　日納期分） 3. 普通徴収 〔理由　〕	円 控除社会保険料額 円

※「9. その他（特別徴収不可）」を選択された場合は、次のいずれかの理由を必ず選択してください。

1（普C）	給与が少なく税額が引けない（例：年間の給与支給額が○○万円以下）
2（普D）	給与の支払が不定期（例：給与の支払が毎月でない）
3（普E）	事業専従者（個人事業主のみ対象）

◎給与の支払を受けなくなった後の月割額（未徴収税額）を一括徴収する場合は、次の欄にも記入してください。

一括徴収の理由		徴収予定		
1. 異動が　年12月31日までで、申出があったため（　月　日申出） 2. 異動が　年1月1日以後で、特別徴収の継続の希望がないため		徴収予定月日	徴収予定額	徴収予定額合計（上記(ウ)と同額）
		・	円	円
		・	円	
異動者印		・	円	

相続人の氏名等			
氏名		続柄	
住所			
電話			

◎転勤（転職）等による特別徴収届出書

新しい勤務先の特別徴収義務者指定番号（※新規事業所の場合は記入不要です。）		連絡先の氏名及び所属課、係名並びに電話番号	課・係	
新しい勤務先の住所（居所）又は所在地	〒		氏名	
フリガナ				
氏名又は名称			電話	（内線　　）
代表者の職氏名印	㊞			

新しい勤務先では
月割額　　　円を
　月分から徴収し、納入します。
新規の場合は、いずれかを○で囲んでください。
納入書　要・不要

区記入欄

【提出先】〒102—8688　東京都千代田区九段南一丁目二番一号　千代田区役所 税務課 課税係

4-5 ▷ 在職者の給与計算 5 つのステップ

在職者の給与計算は、日割計算、残業等計算、社会保険料計算、雇用保険料計算、所得税計算の「5 つのステップ」で完了します。

※社会保険料、雇用保険料を控除する人は、社会保険、雇用保険の被保険者として資格を取得した人です。被保険者でない人は、保険料はかかりません（したがって、社会保険に加入していない人はステップ 3 を飛ばし、雇用保険に加入していない人は、ステップ 4 は飛ばしてください。）

5 ステップで在職者の給与計算をする

（1）在職者の給与計算の流れ

在職者の給与計算は、被保険者の「社会保険料」以外は、その月に支給すべき額から求める計算になります。よって、ステップ 1、2、4、5 は、入社時の給与計算と基本的には変わりません。

STEP1（日割計算）：日割計算の方法を確認する！

対象者確認 ➡ **日割・勤怠集計** ➡ 支給項目の計算 ➡ 控除項目の計算 ➡ 振込

賃金締切期間の途中で給与額が変わる場合に日割り計算することがあり

ます。日割計算の方法は、賃金締切期間の途中での入退職の計算の仕方と基本、変わりません。

STEP2（残業等計算）：勤怠集計、遅刻早退控除計算、残業代計算をする！

対象者確認 ➡ 日割・勤怠集計 ➡ **支給項目の計算** ➡ 控除項目の計算 ➡ 振込

ステップ２では、勤怠集計を行い、遅刻や早退、欠勤があった場合は、支給項目で控除し、残業等があった場合は残業代を計算し支給項目に計上します。

STEP3（社保料計算）：従業員の社会保険料を求める！

対象者確認 ➡ 日割・勤怠集計 ➡ 支給項目の計算 ➡ **控除項目の計算** ➡ 振込

在職者の給与計算で意識しておくのは、このステップ３の「社会保険料」です。社会保険料は後述する（2）～（4）をご参照ください。

※社会保険料を控除する人は、社会保険の被保険者として資格を取得している人です。（したがって、社会保険に加入していない人は、社会保険料は当然かかりませんので、その場合は、ステップ４に進んでください。）

STEP4（雇用保険料計算）：従業員の雇用保険料の額を求める！

対象者確認 ➡ 日割・勤怠集計 ➡ 支給項目の計算 ➡ 控除項目の計算 ➡ 振込

雇用保険料はその月に支給する賃金総額から雇用保険料率を乗じて本人負担分の雇用保険料を求めます。

※雇用保険料を控除する人は、雇用保険の被保険者として資格を取得している人です。（したがって、雇用保険に加入していない人は、雇用保険料は当然かかりませんので、その場合は、ステップ5に進んでください。）

STEP5（所得税計算）：従業員の所得税の額を求める！

対象者確認 ➡ 日割・勤怠集計 ➡ 支給項目の計算 ➡ 控除項目の計算 ➡ 振込

所得税は課税支給合計から社会保険料を控除した社会保険料控除後の額から税額を求めます。

尚、住民税は、本人負担分のみですので、各月の住民税額を給与から控除します。

（2）在職者の社会保険料

毎月の給与計算で控除する社会保険料は、標準報酬月額（等級）で決定されることになりますが、この社会保険料は、①被保険者資格を取得した時に決定する標準報酬月額、②事業主が提出する算定基礎届により決定する標準報酬月額、③固定的賃金の変動により事業主が届け出る月額変更届で決定する標準報酬月額、④保険者が決定する標準報酬月額で、各人の標準報酬月額（社会保険料）は決定されることになります。

入社時（資格取得時）の社会保険料は、前述した通りですが（P155）、入社後の在職者の社会保険料は、上記②の毎年、事業主が届け出る「算定基礎届」で決定されることになります。尚、在職者の給与が昇給や降給により大幅に変動があった場合には、「月額変更届」を提出することにより、社会保険料は改定されることになります（③）。

▶ 標準報酬月額の決定

①取得時決定	被保険者資格を取得した時に決定する標準報酬月額（等級）
②定時決定(算定基礎届)	4月・5月・6月の給与支払実績に基づき算定基礎届で決定する標準報酬月額
③随時改定(月額変更届)	固定的賃金が改定されたときに月額変更届で決定する標準報酬月額
④保険者算定	定時決定が実態とかけ離れるような場合に保険者が決定する標準報酬月額

（3）定時決定（報酬月額算定基礎届）

事業主は、7月1日現在のすべての被保険者及び70歳以上被用者について、その年の4月、5月、6月に支払った報酬の届け出（算定基礎届の提出）をすることになっています。

この届け出は、毎年1回、その年の9月分から翌年の8月分までの社会保険料（標準報酬月額）を決める手続になります（これを「定時決定」といいます）。

提出期限は毎年7/10で、算定基礎届は6月頃、封筒で会社宛てに送られてきます。この書類で届け出る対象者は、その年の5/31までに資格を取得した人※です。

※被保険者であるパート・アルバイトも届け出をします。尚、6/30以前に退職した人は届け出不要となります。

算定基礎届の対象となる人	算定基礎届の対象とならない人
5/31までに資格を取得した人で7/1時点で在職している人	6/1以降に資格を取得した人
7/1以降に退職する人	6/30以前に退職した人
休職中の人	7月に月額変更届（産前産後月変・育休月変を含む）を提出する人
育児休業中の人	8月に月額変更届（産前産後月変・育休月変を含む）を提出する予定の人
欠勤中の人	9月に月額変更届（産前産後月変・育休月変を含む）を提出する予定の人

算定基礎届で届出する報酬月額は、給与計算の対象となる日数（これを「支払基礎日数」といいます）が17日以上あるものに限られます。17日未満の月は、報酬が通常の月とかけ離れる場合があるため、算定の対象外とされています。

欠勤などで出勤日数の少ない人は17日以上の月で平均します。例えば、5月の支払基礎日数が17日未満※であった場合は、4月と6月の2か月で算定されることとなります。尚、4月、5月、6月の3か月とも支払基礎日数が17日未満※であったり、無給（または休職等で極めて低額）であったりするような場合には、保険者のほうで算定（これを「保険者算定」といいます）します。この場合、標準報酬月額は従前の標準報酬月額が引き継がれます。

※パートタイム労働者は、ひと月も17日以上ない場合は、15日以上の月の平均になります。

▶ パートタイム労働者の定時決定

<table>
<tr><td rowspan="3">4 月、5 月、6月の3か月間のうち</td><td>支払基礎日数が 17 日以上の月が 1 か月以上ある場合</td><td>該当月の報酬総額の平均を報酬月額として標準報酬月額が決定する。</td></tr>
<tr><td>支払基礎日数がいずれも 17 日未満の場合</td><td>3 か月のうち支払基礎日数が 15 日以上 17 日未満の月の報酬総額の平均を報酬月額として標準報酬月額が決定する。</td></tr>
<tr><td>支払基礎日数がいずれも 15 日未満の場合</td><td>従前の標準報酬月額にて引き続き定時決定する。</td></tr>
</table>

特定適用事業所に勤務するパートタイム労働者の定時決定は、4 月・5 月・6 月のいずれも支払基礎日数が 11 日以上で算定することとなります。

尚、給与計算期間の途中（途中入社月）で資格取得したことにより、4 月、5 月、6 月のいずれかに 1 か月分の報酬が支給されなかった月がある場合は、その月を除いて報酬月額を算定します。

この算定基礎届の提出により決定された標準報酬月額は 9 月分の保険料（10 月末納付）から改定されます。

社会保険料を当月徴収で給与計算している場合は、9 月に支給する給与から、翌月徴収している場合（次頁の図）は 10 月に支給する給与から、新しい標準報酬月額の社会保険料を控除します。

▶ 翌月徴収：東京都の場合

末日締め翌月 25 日払 （支給日 4 月 25 日）	
4 月度	
支給	
基本給	180,000 円
職能給	40,000 円
業務手当	20,000 円
住宅手当	10,000 円
通勤費（定期代）	5,000 円
残業手当	820 円
遅早欠勤控除	0 円
支給計	255,820 円

末日締め翌月 25 日払 （支給日 10 月 25 日）	
10 月度	
控除	
健康保険料	12,974 円
介護保険料	0 円
厚生年金保険料	23,790 円
雇用保険料	1,740 円
所得税	6,420 円
住民税	0 円
控除計	44,924 円

	4 月①	5 月①	6 月①	合計②	平均額③	標準報酬④
文京一郎	255,820	256,382	255,102	767,304	255,768	260 千円
港千代子	235,657	239,556	231,419	706,632	235,544	240 千円
新宿はじめ	217,300	217,252	217,000	651,552	217,184	220 千円

※算定基礎届に記入する数字は、社会保険の対象となる 4 月、5 月、6 月に支払った賃金額①とその3か月合計額②、そして3か月の平均額③です。3か月平均額から保険料額表に当てはめ、9 月以降（9 月分）の標準報酬月額④を求めます。

▶ 令和6年3月分(4月納付分)からの健康保険・厚生年金保険の保険料額表(東京都)(単位:円)

▶ **健康保険・厚生年金保険被保険者報酬月額算定基礎届**(下段参照)

標準報酬		報酬月額			全国健康保険協会管掌健康保険料				厚生年金保険料	
					介護保険第2号被保険者に該当しない場合		介護保険第2号被保険者に該当する場合		一般	
等級	月額	円以上	～	円未満	9.98%		11.58%		18.30%	
					全額	折半額	全額	折半額	全額	折半額
1	58,000		～	63,000	5,788.4	2,894.2	6,716.4	3,358.2	16,104.00	8,052.00
2	68,000	63,000	～	73,000	6,786.4	3,393.2	7,874.4	3,937.2	16,104.00	8,052.00
⋮	⋮	⋮		⋮	⋮	⋮	⋮	⋮	⋮	⋮
17 (14)	200,000	195,000	～	210,000	19,960.00	9,980.00	23,160.00	11,580.00	36,600.00	18,300.00
18 (15)	220,000	210,000	～	230,000	21,956.00	10,978.00	25,476.00	12,738.00	40,260.00	20,130.00
19 (16)	240,000	230,000	～	250,000	23,952.00	11,976.00	27,792.00	13,896.00	43,920.00	21,960.00
20 (17)	260,000	250,000	～	270,000	25,948.00	12,974.00	30,108.00	15,054.00	47,580.00	23,790.00
21 (18)	280,000	270,000	～	290,000	27,944.00	13,972.00	32,424.00	16,212.00	51,240.00	25,620.00
22 (19)	300,000	290,000	～	310,000	29,940.00	14,970.00	34,740.00	17,370.00	54,900.00	27,450.00
23 (20)	320,000	310,000	～	330,000	31,936.00	15,968.00	37,056.00	18,528.00	58,560.00	29,280.00

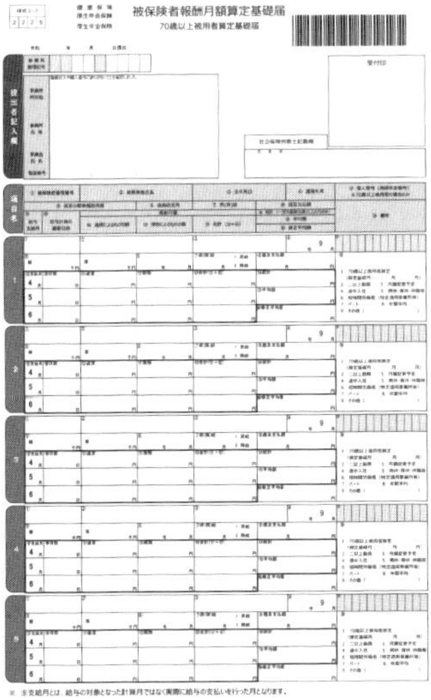
被保険者報酬月額算定基礎届
70歳以上被用者算定基礎届

➡詳細は巻末付録 P277 参照

（4）給与額が大幅に改定されたとき（随時改定）

被保険者及び 70 歳以上の被用者の受ける給与（固定的賃金）に変更があり、給与額が大幅に改定された場合には、事業主は保険料（標準報酬月額）を改定する手続が必要となります。給与額に大幅な変更があったにもかかわらず、これまでと同じ社会保険料のままだとすると、給与額に見合わない保険料の徴収を続けることになります。

そのようなことから、昇給や降給、時給から月給、時給や日給単価の変更等により、大幅に給与額が変わった場合には、「月額変更届」を提出することになっています。尚、残業代や遅刻早退により、給与額が増減しても届け出る必要はありません。月額変更届は３か月平均で給与額を見ていきますので、基本、社会保険料が毎月変わるということはありません。

▶ 令和６年３月分（４月納付分）からの健康保険・厚生年金保険の保険料額表≫（東京都）（単位：円）

標準報酬		報酬月額			全国健康保険協会管掌健康保険料				厚生年金保険料	
					介護保険第２号被保険者に該当しない場合		介護保険第２号被保険者に該当する場合		一般	
等級	月額	円以上	～	円未満	9.98%		11.58%		18.30%	
					全額	折半額	全額	折半額	全額	折半額
1	58,000		～	63,000	5,788.4	2,894.2	6,716.4	3,358.2	16,104.00	8,052.00
2	68,000	63,000	～	73,000	6,786.4	3,393.2	7,874.4	3,937.2	16,104.00	8,052.00
⋮	⋮	⋮		⋮	⋮	⋮	⋮	⋮	⋮	⋮
17（14）	200,000	195,000	～	210,000	19,960.00	9,980.00	23,160.00	11,580.00	36,600.00	18,300.00
18（15）	220,000	210,000	～	230,000	21,956.00	10,978.00	25,476.00	12,738.00	40,260.00	20,130.00
19（16）	240,000	230,000	～	250,000	23,952.00	11,976.00	27,792.00	13,896.00	43,920.00	21,960.00
20（17）	260,000	250,000	～	270,000	25,948.00	12,974.00	30,108.00	15,054.00	47,580.00	23,790.00
21（18）	280,000	270,000	～	290,000	27,944.00	13,972.00	32,424.00	16,212.00	51,240.00	25,620.00
22（19）	300,000	290,000	～	310,000	29,940.00	14,970.00	34,740.00	17,370.00	54,900.00	27,450.00
23（20）	320,000	310,000	～	330,000	31,936.00	15,968.00	37,056.00	18,528.00	58,560.00	29,280.00

▶ 7月度昇給：翌月徴収：東京都の場合

支給日	4月25日	5月25日	6月25日	7月25日	8月25日	9月25日	10月25日
支給月	4月度	5月度	6月度	7月度	8月度	9月度	10月度
基本給	180,000円	180,000円	180,000円	185,000円	185,000円	185,000円	185,000円
職能給	40,000円	40,000円	40,000円	50,000円	50,000円	50,000円	50,000円
業務手当	20,000円	20,000円	20,000円	40,000円	40,000円	40,000円	40,000円
住宅手当	10,000円	10,000円	10,000円	10,000円	10,000円	10,000円	10,000円
通勤費（定期代）	5,000円	5,000円	5,000円	5,000円	5,000円	5,000円	5,000円
残業手当	820円	1,382円	102円	0円	0円	0円	0円
遅早欠勤控除	0円	0円	0円	0円	0円	0円	0円
支給計	255,820円	256,382円	255,102円	290,000円	290,000円	290,000円	290,000円

標準報酬	
健康保険	260千円
厚生年金	260千円

10月分（11/25払い）	
健康保険	300千円
厚生年金	300千円

末日締め翌月25日払（支給日11月25日）	
11月度	
控除	
健康保険料	14,970円
介護保険料	0円
厚生年金保険料	27,450円
雇用保険料	1,740円
所得税	6,210円
住民税	0円
控除計	50,370円

	7月①	8月①	9月①	合計額②	平均額③	標準報酬④
文京一郎	290,000	290,000	290,000	870,000	290,000	300千円

※月額変更届は、固定的賃金が昇（降）給したことにより、標準報酬が２等級以上変動した場合に提出します。記入する数字は、昇（降）給後の賃金額①とその３か月合計額②、そして３か月平均額③です。３か月平均額から保険料額表に当てはめ標準報酬月額が改訂されます。保険料は、著しく変動があった月の翌々翌月分（４か月目）の保険料から変更となります。

固定的賃金とは、毎月支給する「基本給（月給・週給・日給・時給）、家族手当、通勤手当、住宅手当、役付手当などの定額で支給する賃金」のことです。尚、非固定的賃金には、残業手当、能率手当、日直手当、休日勤務手当、精勤手当など」があります。

▷ 月額変更届を提出する基本的なパターン

昇給	固定的賃金が上がり、結果、支給総額が上がり、３か月平均で標準報酬月額が２等級以上、上がった。
降給	固定的賃金が下がり、結果、支給総額が下がり、３か月平均で標準報酬月額が２等級以上、下がった。

月額変更届は、昇給や降給（時給や日給の単価の変更も含む）により固定的賃金に変動があった場合で、次の要件に該当する場合に「健康保険・厚生年金保険被保険者報酬月額変更届」を提出します。改定は、次の①～③すべての要件を満たした場合に、変更後の報酬を初めて受けた月から起算して４か月目の標準報酬月額から改定されます。

①固定的賃金に変動があったとき

②従前の標準報酬月額と改定後の標準報酬月額※に２等級以上の差が生じるとき

③固定的賃金が変動した日以後、引き続いた３か月におけるすべての月の「報酬の支払いの基礎となる日数」がそれぞれ17日以上であること

（例）４月に支払われる給与に変動があった場合、７月分から改定

４～６月の３か月の平均※

※標準報酬月額は、変動後の固定的賃金が支払われた月から引き続く３か月分の報酬の平均額に基づき算出します。

尚、固定的賃金は上がったが、変動後の引き続いた３か月分の報酬の平均額による標準報酬月額が従前より下がった場合（※１）や、固定的賃金は下がったが、変動後の引き続いた３か月分の報酬の平均額による標準報酬月額が従前より上がった場合（※２）は、月額改定の要件に当てはまらないため、月額変更届の提出は不要です。

固定的賃金（基本給や固定的に支払われる手当など）	非固定的賃金（残業代などの変動する賃金）	固定的賃金変更後３か月の平均が…	保険料の変更
↑あがった	↓さがった・変更なし	↓さがった・２等級以上さがった	なし（※１）
↑あがった	↓さがった・変更なし	↑２等級以上あがった	あり
↑あがった	↑あがった	↑２等級以上あがった	あり
↓さがった	↑あがった	↑あがった・２等級以上あがった	なし（※２）
↓さがった	↑あがった・変更なし	↓２等級以上さがった	あり
↓さがった	↓さがった・変更なし	↓２等級以上さがった	あり

▶ 健康保険・厚生年金保険被保険者報酬月額変更届

➡詳細は巻末付録 P278 参照

※ ⑨支給月とは、給与の対象となった計算月ではなく実際に給与の支払いを行った月となります。

出典：日本年金機構

Point ▶ 日割計算には 3 つの計算方法がある

4-6 ▷ 日割計算の方法（月給者）

（1）日割計算する場面

日割計算は、次のような場面で行います。日割計算の対象となる人は、主に月給者です。

賃金計算期間の途中で入・退職、休・復職する場合に日割計算の対象になることが多いです。

日割計算の方法は、就業規則や賃金規程で確認します。

（規定が無い場合は、会社でルールを決め、場当たり的な対応にならないようにしておきます。）

日割計算を用いる場面（例）	
賃金計算期間の途中での ……→	入社
	退職（期間満了退職や解雇を含む）
	私傷病による休職・復職
	業務上の疾病に伴う休職・復職
	産前産後休の取得・終了
	育児休業の取得・終了
	介護休業の取得・終了
	給与額の改訂

給与計算では、勤怠集計の際に日割計算を行います。

対象者確認 ➡ 日割・勤怠集計 ➡ 支給項目の計算 ➡ 控除項目の計算 ➡ 振込

(2) 入退職月の給与

日割計算の方法には、①暦日から計算する方法、②所定労働日数から計算する方法、③月平均の所定労働日から計算する方法の３つの方法があります。

以下は、入社月のカレンダーを表したものです（上段：日付、中段：勤務予定、下段：勤務実績）。

▶ 入社の場合（10日入社・末日締めの例）

記号：勤務予定日：○、出勤：☑、公休日：公、有休：有、特別休暇：特、欠勤：欠

	9月						
曜日	月	火	水	木	金	土	日
日付	27	28	29	30	31	1	2
予定	－	－	－	－	－	－	－
実績	－	－	－	－	－	－	－
日付	3	4	5	6	7	8	9
予定	－	－	－	－	－	－	－
実績	－	－	－	－	－	－	－
日付	10	11	12	13	14	15	16
予定	○	○	○	○	○	公	公
実績	☑	☑	☑	☑	☑	公	公
日付	17	18	19	20	21	22	23
予定	○	○	○	○	○	公	公
実績	☑	☑	☑	☑	☑	公	公
日付	24	25	26	27	28	29	30
予定	○	○	○	○	○	公	公
実績	☑	☑	☑	☑	☑	公	公

以下は、退職月のカレンダーを表したものです（上段：日付、中段：勤務予定、下段：勤務実績）。

▶ 退職の場合（21 日退職・末日締めの例）

記号：勤務予定日：○、出勤：☑、公休日：公、有休：有、特別休暇：特、欠勤：欠

	9月						
曜日	月	火	水	木	金	土	日
日付	27	28	29	30	31	1	2
予定	○	○	○	○	○	公	公
実績	☑	☑	☑	☑	☑	公	公
日付	3	4	5	6	7	8	9
予定	○	○	○	○	○	公	公
実績	☑	☑	☑	☑	☑	公	公
日付	10	11	12	13	14	15	16
予定	○	○	○	○	○	公	公
実績	☑	☑	☑	☑	☑	公	公
日付	17	18	19	20	21	22	23
予定	○	○	○	○	○	–	–
実績	☑	☑	☑	☑	☑	–	–
日付	24	25	26	27	28	29	30
予定	–	–	–	–	–	–	–
実績	–	–	–	–	–	–	–

(3) 計算方法

①暦日から計算する方法

暦日による方法は、給与計算期間の全暦日数を分母とし、そのうち在籍した期間の暦日数を分子として計算する方法です。全暦日数は、入社・退職した月によって30日となったり、31日、28日、29日となったりします。例えば、入社時は、入社日から入社日の属する給与計算期間の締切日までの暦日数、退職時は退職日の属する給与計算期間の初日から退職日までの暦日数となります。前頁(退職の場合)例ですと30分の21となります。

②所定労働日数から計算する方法

所定労働日数による方法は、給与計算期間の所定労働日数を分母とし、そのうち勤務した所定労働日数を分子として計算する方法です。勤務が予定されている日をカウントし、実際の勤務した日数で割る方法です。前頁の例ですと20分の15となります。

③月平均の所定労働日から計算する方法

月平均の所定労働日による方法は、②の方法に近い考え方になるのですが、月ごとの所定労働日数を使うのではなく、1年間の月平均所定労働日数を用いるものです。つまり、給与計算期間ごとの実所定労働日数を分母とするのではなく、1年間の月平均所定労働日数を用います。尚、1日8時間労働の事業所では、年間休日が105日必要となることから、21.66日を下回る日数である必要があります。

前頁の例で、例えば月平均所定労働日数を21.5日としている場合は、21.5分の15となります。

以上の方法のうち、いずれの方法を採用するかは会社の自由ですが、どの方法にするのかは、就業規則や賃金規程に定めておくことが大切です。(規定が無い場合は、会社でルールを決め、場当たり的な対応にならないようにしておきます。）

　また、日割計算をする場合には、手当も日割計算するのか、決めておく必要があります。給与計算期間の一部しか勤務しない場合に、精・皆勤手当や家族手当などを支給するのか、あるいは日割計算をするのか取り扱い方については定めておきます。

　尚、完全月給制の場合には、日割計算でなく、全額支払うことになります。但し、その場合でも規定で基本給を除く諸手当のみ日割計算する旨、定めることも可能です。

▷月 20 万円の場合

① 200,000 ÷歴日数×在籍期間日数＝ 139,999.99 円（30 分の 21）

② 200,000 ÷当月の所定労働日数×実勤務日数＝ 150,000 円（20 分の 15）

③ 200,000 ÷平均所定労働日数×実勤務日数＝ 139,534.88 円（月平均所定労働日数 21. 5 日の場合）

　尚、①と②を混在させて、30 分の 15 を用いるのは誤った計算方法となります。

Point ▶休業日、復帰日を明確にする

4-7 ▷ 休業と給与

給与計算には、ノーワーク・ノーペイの原則があります。休業もまた、この原則を前提に、会社のルールで計算することになります。休業には、大きく労災給付の対象となる休業、健康保険の給付対象となる休業、育児介護休業法の対象となる休業があります。

(1) 私傷病や業務上の疾病等による休業

労働者が「業務上や通勤上の負傷や疾病」により療養のため休業し、賃金の支払いが無かった場合には、労災保険から休業に関する給付が支給されます。この給付の請求にあたっては、平均賃金を使用します。

尚、「業務外の私傷病」により、健康保険の被保険者が、療養のため労務に服することができなくなった場合には、いくつかの要件（業務外の私傷病で療養のため労務に服することができない、その間、給与の支給がない（あるいは少ない）、初診日において被保険者である、待期期間を満了している等）がありますが、傷病手当金の申請が可能となります。

※私傷病や業務上の災害による休業期間中は、後述する産前産後休業や育児休業などと違い、社会保険料の免除はありません。休業期間中、給与を支給しない場合は本人負担分を振り込んでもらう等して対応します。尚、住民税を給与天引きしている場合は振り込んでもらうか、休業期間が長期になる場合は、普通徴収に切り替えるなどして対応します。

(2) 産前産後休業

健康保険の被保険者である産前 42 日、産後 56 日の従業員が休業する場合は、出産手当金が本人に支給されます。産前産後休業期間中は、健康保険料及び厚生年金保険料が労使ともに免除されます。保険料の負担が免除される期間は、産前産後休業開始月から終了日の翌日の属する月の前月（産前産後休業終了予定日が月の末日の場合は産前産後休業終了月）までです。尚、住民税を給与天引きしている場合は振り込んでもらうか、休業期間が長期になる場合は、普通徴収に切り替えるなどして対応します。

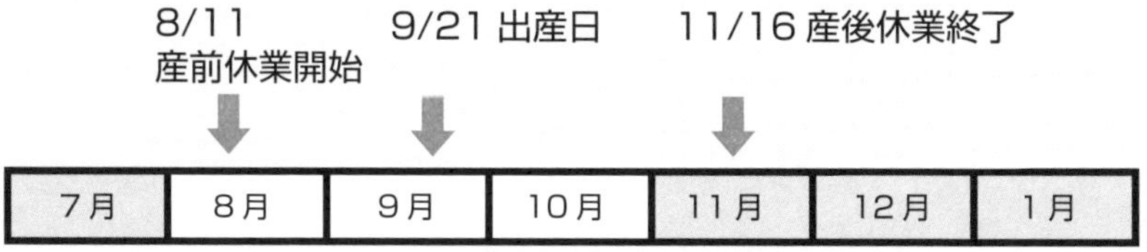

社会保険料は 8 月分から 10 月分まで免除（産後休業終了で職場復帰した場合）

産前休業期間…2021 年 8 月 11 日～ 2021 年 9 月 21 日
産後休業期間…2021 年 9 月 22 日～ 2021 年 11 月 16 日
※出産がずれた場合の産後は、実際の出産日の翌日から 56 日

早産の場合、例えば 9/21 予定日で 9/1 出産となった場合、産前 42 日が 7/22 となり、7/22 ～ 7/31 の間から既に産前休を取っていた時は、遡って 7 月分から免除となります。予定日を過ぎた場合は、産前 42 日は変わらず産後 56 日は実際の出産日の翌日から数えます。

（3）育児休業

入社 1 年以上の従業員は、同居し養育する子が 1 歳に達するまでの間、希望により事業所に育児休業を申し出ることができます。産後休業から連続して休業する育児休業は産後 57 日目以降の休業のことをいいます。尚、保育所等に入所を希望しているが入所できない場合で配偶者等が養育できない場合は子が 1 歳 6 か月（一定の場合、2 歳）に達するまでの間で必要な日数について育児休業を取得することができます。育児休業期間中は、雇用保険の被保険者である場合、雇用保険制度から育児休業給付金が本人に支給※され、その者が健康保険の被保険者である場合は、その間、健康保険料及び厚生年金保険料が労使ともに免除されます。育児休業給付金は、休業している間、かつ、賃金の支払いが無いことを証明した場合に給付金は本人に支給されます。尚、保険料の負担が免除される期間は、育児休業開始月から終了日の翌日の属する月の前月（育児休業終了日が月の末日の場合は育児休業終了月）までです。尚、住民税を給与天引きしている場合は振り込んでもらうか、休業期間が長期になる場合は、普通徴収に切り替えるなどして対応します。

※育児休業開始前 2 年間のうち、勤務した日が 11 日以上ある月が 12 か月以上必要

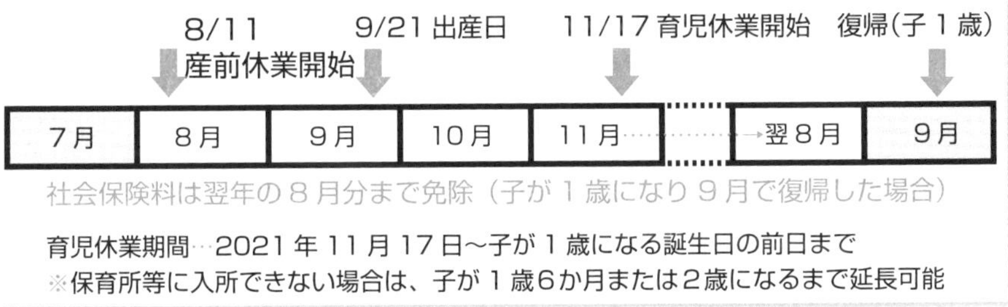

（4）その他の取り扱い

①育児時間

生後 1 年に達しない生児を育てる女性従業員が申し出た場合は、1 日について 2 回、それぞれ 30 分の育児時間を請求することができます（尚、育児時間の取得にあたり有給・無給かは就業規則等の定めるところによります）。

②保健指導及び健康診査における通院休暇

出産後 1 年を経過しない女性従業員が、母子保健法に基づく保健指導または健康診査を受けるために、通院休暇を希望する場合は、医師等の指示による必要な時間休暇が取得できます（尚、通院休暇の取得にあたり有給・無給かは就業規則等の定めるところによります）。

③保健指導及び健康診査における時間短縮について

出産後１年を経過しない女性従業員が、保健指導または健康診査に基づき勤務時間等について医師等の指導を受けた場合は、その指導事項を守ることができるようにするため作業の軽減、勤務時間の短縮、休業等ができます。

④時間外・深夜及び短時間勤務について

入社１年以上の３歳に満たない子を養育する従業員は、申し出ることにより、短時間勤務とすることができます（尚、短時間勤務の取得にあたり時短時間を有給・無給にするかは就業規則等の定めるところによります）。また、小学校就学の始期に達するまでの子を養育する従業員が申し出た場合には、事業の正常な運営に支障がある場合を除き、１か月について24時間、１年について150時間を超えるような時間外勤務や、深夜帯に及ぶような勤務がない勤務となります。

⑤子の看護休暇について

入社６か月以上の小学校就学の始期に達するまでの子がいる従業員が申し出た場合は、病気または怪我をした子の看護のために、看護休暇（原則、１年間月５日限度）を取得することができます（尚、子の看護休暇の取得にあたり有給・無給かは就業規則等の定めるところによります）。

⑥介護休業

対象家族を介護する入社１年以上の従業員は、対象家族１人につき、通算93日まで希望により介護休業を申し出ることができます。介護休業は、要介護状態（負傷、疾病または身体上もしくは精神上の障害により、２週間以上の期間にわたり常時介護を必要とする状態）にある対象家族を介護するための休業になります。介護休業期間中は、雇用保険の被保険者である場合、雇用保険制度から介護休業給付金が本人に支給されます。介護休業給付金は、休業している間、且つ、賃金の支払いが無いことを証明した場合に給付金は本人に支給されます。尚、介護休業は、育児休業とは異なり、保険料免除はありません。

Point ▶ 社会保険料は「月単位」

4-8 ▷ 締め日と支払日、徴収月と納付の関係

対象者確認 ➡ 日割・勤怠集計 ➡ 支給項目の計算 ➡ 控除項目の計算 ➡ 振込

給与計算で最もわかりづらいのが、社会保険料の控除です。ここでいう社会保険料とは、健康保険料・介護保険料、厚生年金保険料のことです。賃金の締切日と支払日が関係する部分ですので、この部分はしっかりと押さえておきましょう。

（1）入・退職月などの社会保険資格の得喪月と社会保険料の関係

社会保険料（健康保険料・介護保険料、厚生年金保険料）は、「月単位」で納付するため、給与からの徴収も日割せずに月単位で行います。

保険料は「社会保険の資格を取得した日の属する月の分の保険料から資格を喪失した日の属する月の前月分まで※」発生します。

※同月内に取得と喪失があった場合、例えば 4/1 入社（取得）した者が 4/20 退職（4/21 喪失）した場合は、1 か月分（4 月分）の保険料が労使ともにかかります。

「社会保険の資格を取得した日の属する月の分の保険料から」ということは、8 月入社等で資格取得月が 8 月であれば、8 月 1 日でも 8 月 31 日でも、8 月分の保険料は日割されることなく、満額発生することになります。

社会保険料は月単位であるため、資格取得日が８月１日でも8月31日であっても日割計算されずに１か月分発生します（８月分より発生）

退職（資格喪失）についても入社時と同様､「月単位」となります。ただ、社会保険は翌日喪失（※）の原則がありますので、月末退職とそれ以外とでは保険料がかかってくる月数は変わってくることになります。

よって、12/30 退職であれば喪失日は 12/31 となり、12/31 退職なら 1/1 喪失となります。社会保険は「資格を喪失した日の属する月の前月分まで」ですから、12/30 退職の場合は、保険料は 11 月分まで、12/31 退職なら 12 月分までとなります。

※翌日喪失とは、退職日の翌日に社会保険の資格を喪失することをいいます。喪失した日とは退職日の翌日です。この翌日喪失により、転職などによる次の取得が同じ日にできるようになり、空白期間が無くなります。これを「同日得喪」といいます。

◆ 12/31 退職の場合

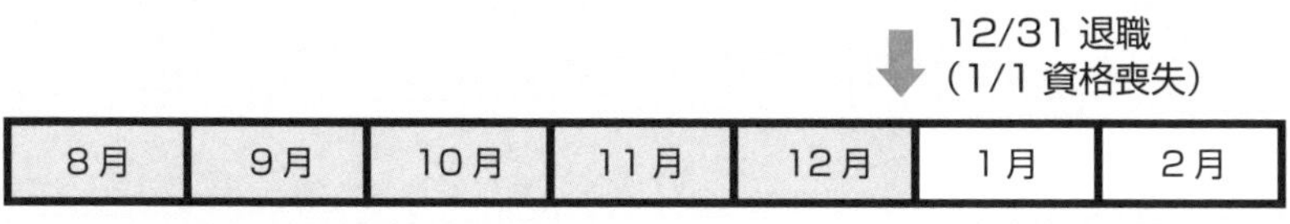

社会保険料は 12 月分まで

◆ 12/30 退職の場合

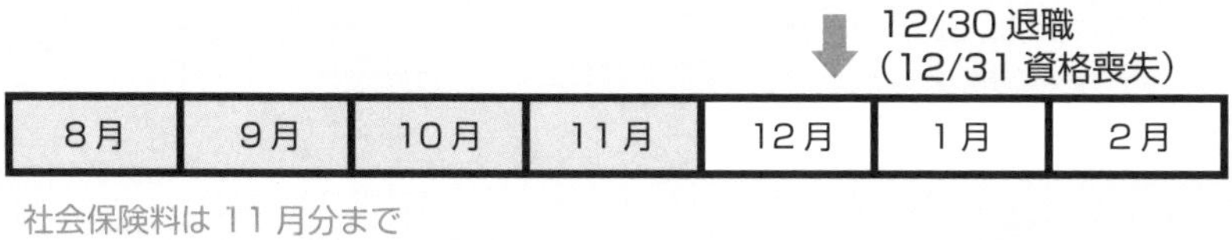

社会保険料は 11 月分まで

（2）給与からの徴収

前（1）のルールを踏まえ、給与の支給項目の額から社会保険料額を控除していきます。

給与には大きく、1）当月締め翌月払い、2）当月締め当月払いで後払いするパターン、3）当月締め当月払いで前払いするパターンの３つがあります。

社会保険料の給与からの控除は、会社として、はじめに当月徴収にするのか、翌月徴収にするのか、決めておきます。

給与の締めと支払い

◆**当月締め・翌月払い**：末日締め翌月 10 日払い、末日締め翌月末日払い、……などの会社は、すべてこのパターンとなります。この会社の社会保険料の給与からの控除は、翌月徴収が基本となります。

◆**当月締め・当月払い（後払）**：15 日締め当月 25 日払い、20 日締め当月 25 日払い、……などの会社は、すべてこのパターンです。この会社の社会保険料の給与からの控除は、当月徴収と翌月徴収があります。

◆**当月締め・当月払い（前払）**：末締め当月 25 日払い、……などの会社がこのパターンです。この会社の社会保険料の給与からの控除は、当月徴収と翌月徴収があります。

当月締め当月払いには、締め日の「後」に支払日が来るパターン（後払い）と、締め日の「前」に支払日が来るパターン（前払い）の２つがあります。締め日の「前」に支払日が来るパターンは、末締め当月 25 日払いなど、完全月給制の会社です。

入社月、退職月の給与において給与を日割計算する場合は、締め日によって支給する額は変わってきます。また、日割で計算されることによって、保険料が控除できない場合（支給額より社会保険料が多くなる）もでてきます。実際に給与額を算出して、控除できる月で控除する（控除できない場合は本人に振り込んでもらう、あるいは次月に合わせて徴収する）等して対応します。

給与の締め日と支払日、保険料の徴収・納付の関係（入社 8/1 ～退職 12/31 の場合）を次頁にまとめましたので確認してみましょう。

◆「当月締め・翌月払い」の保険料徴収と納付　例）末日締め翌月 25 日払い

8月	9月	10月	11月	12月	1月	2月
—	9月25日	10月25日	11月25日	12月25日	1月25日	支給日
—	9月度	10月度	11月度	12月度	1月度	給与
—	8/1～8/31	9/1～9/30	10/1～10/31	11/1～11/30	12/1～12/31	勤務
—	8月分徴収	9月分徴収	10月分徴収	11月分徴収	12月分徴収	翌月徴収の会社

社会保険料

納付期限	9月30日	10月31日	11月30日	12月31日	1月31日
納付する社会保険料	8月分	9月分	10月分	11月分	12月分

◆「当月締め・当月払い（後払）」の保険料徴収と納付

例）15 日締め当月 25 日払い

8月	9月	10月	11月	12月	1月	2月
8月25日	9月25日	10月25日	11月25日	12月25日	1月25日	支給日
8月度	9月度	10月度	11月度	12月度	1月度	給与
8/1～8/15	8/16～9/15	9/16～10/15	10/16～11/15	11/16～12/15	12/16～12/31	勤務
社保控除無	8月分徴収	9月分徴収	10月分徴収	11月分徴収	12月分徴収	翌月徴収の会社
8月分徴収	9月分徴収	10月分徴収	11月分徴収	12月分徴収	社保控除無	当月徴収の会社

社会保険料

納付期限	9月30日	10月31日	11月30日	12月31日	1月31日
納付する社会保険料	8月分	9月分	10月分	11月分	12月分

◆「当月末日締め・当月払い（前払）」の保険料徴収と納付

例）末日締め当月 25 日払い

8月	9月	10月	11月	12月	1月	2月

8月25日	9月25日	10月25日	11月25日	12月25日	—	支給日
8月度	9月度	10月度	11月度	12月度	—	給与
8/1～8/31	9/1～9/30	10/1～10/31	11/1～11/30	12/1～12/31	—	勤務

社保控除無	8月分徴収	9月分徴収	10月分徴収	11,12月分徴収	—	翌月徴収の会社
8月分徴収	9月分徴収	10月分徴収	11月分徴収	12月分徴収	—	当月徴収の会社

社会保険料

納付期限	9月30日	10月31日	11月30日	12月31日	1月31日
納付する社会保険料	8月分	9月分	10月分	11月分	12月分

覚えておこう！
「給与計算」という業務の深さを理解する

「給与計算」というと事務作業がメイン業務で、正確さと速さが求められますが、それで満足していてはまだまだ“半人前”です。つまり給与明細書を作ることが最終目的ではないからです。

給与計算の担当者は社会保険料や税金の計算、勤怠記録の把握と処理、各手当の確認や処理など通じて、給与明細や賞与明細を作成しますが、ここでわかるのが従業員全員の勤務状況や会社全体の経営状態でもあるのです。

勤怠情報からは遅刻早退、欠勤、残業の時間等が具体的にわかり、働き方についてどこよりも早く現状を把握できます。残業が特定の人に偏っていれば確認する必要もありますし、病欠が続いている人がいれば傷病手当の申請案内をし、従業員のフォローをする必要もあるでしょう。

本書の最初でも触れましたが、給与計算実務に必要なのは、「知識とスキル」ですが、給与計算の担当者に求められるものは、総務や人事に必要な「経営マインド」だということです。

給与は、人を雇ったら支払う必要のでてくるお金ですが、そもそも給与は事業が存続しなければ支払うことができません。給与計算業務は一見“裏方”のように見えますが、実はとても重要で大切な業務だといえます。

さらに健康管理の面からも、勤怠項目の管理をしながら、従業員が働き過ぎにならないように注視していくことです。長時間労働は心疾患など循環器系の病気につながりやすいですし、メンタル系の精神疾患の原因になることが指摘されています。

最近では“ブラック企業”と噂されただけで株価が下落し、新規採用に悪影響を及ぼしたりします。そういう意味で会社の命運を握るコアな業務でもあります。

業務歴の浅い若手の社員はそこまで深く理解せずに、日ごろの業務を間違いなく淡々とこなせばよいと考えがちですが、部内でもう一度自分たちの責任の重さを確認し共有したいものです。

給与計算の担当者は「経営マインド」を心に、業務に邁進する必要があるでしょう。また専門家（社労士）に助言・アドバイスを求めながら、会社と社員のレベルを一段と上げ、10年、20年、50年と会社が存続していくよう、またその中核的役割を担っていけるように学び続けることが大事でしょう。

第5章

賞与計算実務

Point ▶ 賞与の支給要件を明確にする

5-1 ▷ 賞与額決定のプロセス

（1）賞与を支給する目的

賞与は、毎月支払われる給与とは異なり、月の労働に対して支払われるものではありません。一部の学説では、「賞与は賃金の後払い的性質がある」と論じられていますが、実務上は、会社の業績や個人の貢献、成績に応じて支払われるのが一般的で、賞与を支給するか否かは、各事業所の判断で行われます。

いずれであっても、賞与の支給にあたっては、その原資の確保と、労働者のモチベーションにどの程度影響し、どれぐらい持続するものなのか、支給の目的を明確にすることが大切になります。尚、賞与を支給する場合は、就業規則や賃金規程で定めます。

（2）賞与を支給するまでの流れ

賞与を支給するまでの流れは次の通りです。→次頁・下参照

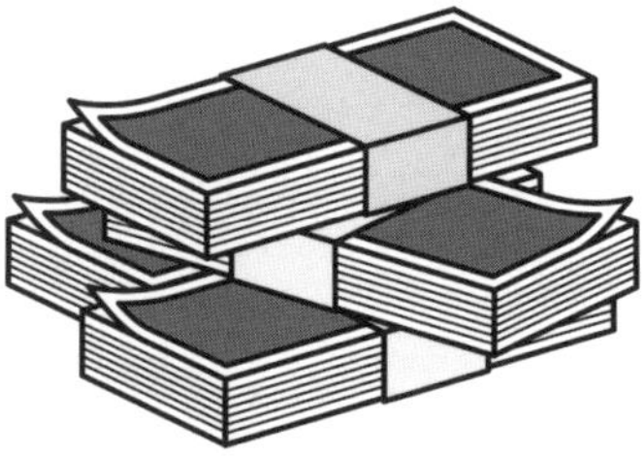

賞与規定(例)

第○条　(賞与の支給)

会社は、原則として毎年２回賞与を支給する。但し、会社の業績が、著しく不良な場合には、支給しないことがある。

第○条　(賞与額の決定)

賞与の従業員個々への配分額は、業績、個人・部署成績、勤務態度及び勤務期間を審査し決定する。上期及び下期賞与の支給総額は上期、下期の会社の当期利益の10%を上回らない範囲で決定するものとする。

第○条　(賞与支給の対象期間)

1　賞与は、次に定める支給対象期間に勤務し、且つ、上期にあっては○月○日、下期にあっては○月○日に在籍する者に対して支給する。

上期：○月○日から○月○日までの６か月間

下期：○月○日から翌年○月○日までの６か月間

2　定年退職者、または、会社が特に必要と認めた者で、第１項に定める支給対象期間を勤務した者に対しては、○月○日または○月○日に在籍しなくとも賞与を支給することがある。尚、勤務期間が３か月未満の従業員には原則として支給しない。

第○条　(賞与支給月)

賞与支給月は、原則として、上期賞与は○月、下期賞与は○月とする。

1. **賞与の支給はどういうときにするのか(経営状況)**
   - 賞与支給原資の確保
   - 賞与支給額のシミュレーション(賞与支給月数・賞与支給率・前年比較)
   - 会社業績で支給の有無を決定
   - 賞与支給対象者の洗い出し
2. **賞与支給の時期(支給回数・査定期間・支給日)**
   - 賞与支給回数
   - 査定期間
   - 賞与支給日
3. **賞与支給の条件をどうするか(対象者・額)**
   - 査定の方法
   - 会社の業績
   - 個人の業績・貢献
   - 在籍要件(賞与算定期間・賞与支給日)
4. **賞与支給額の決定**
5. **賞与計算**

Point ▶ 賞与にかかる社会保険は料率を乗じる

5-2 ▷ 賞与計算の流れ

賞与計算では、まず支給する対象者の洗い出しから始めます。賞与計算で発行する書類は「賞与明細書」になります。

また、賞与計算で必要な情報は、前月の給与情報です。必要となる資料は、賞与に対する源泉徴収税額表です。

尚、賞与を支給した後に、届け出る必要な書類は次の通りです。賞与支払届は支給日より５日以内に管轄年金事務所等へ提出します。

健康保険・厚生年金保険 賞与支払届

◆賞与計算の流れ

対象者の洗い出し ➡ 賞与総額の決定 ➡ 各人の賞与決定 ➡ 控除項目の計算 ➡ 振込

賞与計算は、支給と控除から成ります。賞与明細書は、一般に「支給」、「控除」、「差引」の３つの欄（項目）に分かれています。

支給項目は夏季賞与、冬季賞与、業績賞与など、控除項目は、社会保険料や雇用保険料、所得税など、賞与から控除する税や社会保険料の額が記載されます。

尚、賞与では住民税の徴収は基本ありません。差引支給項目は、支給項目の合計から控除項目の合計を差引した額が記載されます。この額が、いわゆる本人手取りの額となります。

▶ 賞与明細書（イメージA）

７月賞与明細書　（支給日７月25日）		名前：文京一郎（25歳）	
勤怠（査定期間：１月～６月）			勤怠項目（使用せず）
	出勤日数	日	
	欠勤日数	日	
	有休日数	日	
	遅刻早退時間	時間	
	残業時間	時間	
支給項目			支給項目①
	賞与	150,000円	
		0円	
		0円	
	支給計A	150,000円	
			控除項目②
	健康保険料	7,485円	
	介護保険料	0円	
	厚生年金保険料	13,725円	
	雇用保険料	900円	
	所得税	5,223円	
	控除計B	27,333円	
	年末調整還付		差引支給項目③
	年末調整徴収		
差引支給合計額			
	振込額（A－B）	122,667円	

賞与計算では、支給項目、控除項目の順に数字を作っていきます。①支給する賞与額を決める②その支給項目から控除すべき額を計算していきます。控除額は、本人が負担すべき保険料や、国に納付すべき税金です。尚、賞与では住民税の徴収は基本ありません。③本人に支給する額は、①支給計から②控除計を差し引いた額です。

▶ 賞与明細書（イメージB）

7月賞与明細書		支給日(7月25日)		名前：文京一郎（25歳）			
査定（1/1～6/30）		支給		控除		差引支給額（本人手取）	
出勤日数		賞与	150,000円	健康保険料	7,485円	年調還付	
欠勤日数				介護保険料	0円	年調徴収	
有休日数				厚生年金保険料	13,725円		
遅早時間				雇用保険料	900円		
残業時間				所得税	5,223円		
		支給計	150,000円	控除計	27,333円	支給額	122,667円

使用せず	①	②	③
勤怠項目	支給項目	控除項目	差引支給項目

Point ▶ 退職者に賞与を支給する場合は社会保険料に注意する

5-3 ▷ 賞与計算 5 つのステップ

賞与計算は、支給対象者の洗い出し、賞与額決定、控除項目計算（社保料・雇用保険料・所得税計算）、振込、賞与支払届の作成・提出の順で、進めていきます。

◆賞与計算の流れ

対象者の洗い出し ➡ 賞与総額の決定 ➡ 各人の賞与決定 ➡ 控除項目の計算 ➡ 振込

賞与の支給は、「いつ・誰に・いくら支給するのか」、賞与支給の対象者と支給額を決定します。賞与の支給日や査定の方法、支給要件は賃金規程等で確認します。

賞与計算は、賞与支給対象者の確認（洗い出し）、賞与額の決定、社保料計算、雇用保険料計算、所得税計算の「5 つのステップ」で完了します。

5 ステップで賞与の計算をする

STEP 1（対象者の確認）：賞与支給の対象者を確認する！

対象者の洗い出し ➡ 賞与総額の決定 ➡ 各人の賞与決定 ➡ 控除項目の計算 ➡ 振込

賞与支給対象者の確認（洗い出し）では、賞与を支給する要件を確認します。

賞与を支給する要件の多くには、「在籍要件」があります。在籍要件は、会社が独自に定めるものになります。

賞与を支給するにあたっては、査定期間（評価期間）の在籍や、賞与支給日での在籍（退職していないこと）などがあり、在籍の有無で賞与支給の対象とするか否かを決めることが多いです。

▶ 支給要件（例）

賞与支給対象者	在籍要件	①査定期間すべてに在籍していること （あるいは期間に応じ 90%～ 10%など） ②賞与支給日に在籍していること

STEP2（賞与額決定）：賞与支給額を決定する！

対象者の洗い出し ➡ 賞与総額の決定 ➡ 各人の賞与決定 ➡ 控除項目の計算 ➡ 振込

賞与額の決定では、賞与の支給原資から賞与支給対象者となった一人ひとりの賞与額を決定していきます。賞与額の決定方法（査定方法）は、個人の業績や貢献に応じ、会社が決定します。

賞与総額の決定	会社業績
各人の賞与額決定	個人の業績・貢献

STEP3（社保料計算）：保険料率から社会保険料の額を求める！

対象者の洗い出し ➡ 賞与総額の決定 ➡ 各人の賞与決定 ➡ 控除項目の計算 ➡ 振込

賞与額を決定した後は、控除項目を計算していきます。

※社会保険料を控除する人は、社会保険の被保険者として資格を取得している人です。（したがって、社会保険に加入していない人は、社会保険料は当然かかりませんので、その場合は、ステップ４に進んでください。）

年３回以下の賞与は、社会保険料控除の対象となります（年４回以上支給されるものは標準報酬月額の対象となります）。社会保険料は、賞与支給額（税引き前の総支給額）から計算します。賞与の社会保険料の控除のポイントは、賞与額に応ずる保険料を計算して、これを控除すること。給与計算では、標準報酬（標準報酬月額表）を用いるのに対し、賞与計算では「保険料率」から計算します。また、給与は翌月徴収がありますが、賞与は賞与支給月での徴収という違いがあります。賞与額にかかる社会保険料の計算は、賞与額を1,000円未満切り捨て、その切り捨てた額（これを「標準賞与額」といいます）に健康保険料率、介護保険料率、厚生年金保険料率を乗じます。

標準賞与総額 ※× 料率 = 保険料 ※ 賞与額を 1,000 円未満で切り捨てた額

社会保険料は「月単位」の徴収です。退職する人に賞与を支払う場合は、資格を喪失した日（退職日の翌日）の属する月の前月分までが社会保険料を徴収する対象月となります。

よって、退職者については賞与支給月が徴収対象月であるかの確認をします。徴収対象月でない場合は、社会保険料の徴収は不要です。

尚、標準賞与額の上限は、健康保険では年度の累計額 573 万円（年度は毎年 4 月 1 日から翌年 3 月 31 日まで）、厚生年金保険は 1 か月あたり 150 万円とされていますが、同月内に 2 回以上支給されるときは合算した額で上限額が適用されます。

令和 6 年 3 月分（東京都）

料率	全体	折半
健康保険料率	9.98%（99.8/1000）	4.99%（49.9/1000）
介護保険料率	1.60%（16.0/1000）	0.80%　（8.0/1000）
厚生年金保険料率	18.3%（183/1000）	9.15%（91.5/1000）

※賞与計算では、適用事業所となっている都道府県の保険料率から求めます。

保険料がかかる人は、健康保険料は 75 歳未満の人、介護保険料は 40 歳以上 65 歳未満の人、厚生年金保険料は 70 歳未満の人です。尚、保険料は会社と従業員がそれぞれ半分ずつ負担（折半）することになっています。

賞与明細書で見るとイメージしやすいので、賞与明細書を作りながら「?円」の箇所を埋めていきましょう。この場合、社会保険料の本人負担額（?円の箇所）はいくらになるでしょうか？

▶ 賞与明細書

7月賞与明細書		支給日（7月25日）		名前：文京一郎（25歳）			
査定（1/1～6/30）		支給		控除		差引支給額（本人手取）	
出勤日数		賞与	150,000円	健康保険料	?円		
欠勤日数				介護保険料	?円		
有休日数				厚生年金保険料	?円		
遅早時間				雇用保険料	円		
残業時間				所得税	円		
		支給計	150,000円	控除計		支給額	

東京都の保険料率を確認すると、健康保険料率は労使合わせて9.98％（99.8/1000）、介護保険料率は1.60％（16.0/1000）、厚生年金保険料率は18.3％（183/1000）となります。

この場合、健康保険料は150,000円に9.98％を乗じた14,970円。本人負担額は半分の7,485円です。厚生年金保険料は150,000円に18.3％を乗じた27,450円。こちらも本人負担額は半分の13,725円です。

尚、介護保険は40歳未満の場合はかかりません。よって、文京一郎さんの場合、社会保険料は健康保険料と厚生年金保険料だけになります。

（40歳以上の人だと介護保険料の本人負担額は1,200円となります。）

▷ **社会保険料**

・健康保険料…150 千円÷ 1000 × 49.9 ＝ 7,485 円（75 歳未満の場合）

・介護保険料…150 千円÷ 1000 × 8.00 ＝ 1,200 円（40 歳以上 65 歳未満の場合）

・厚生年金保険料…150 千円÷ 1000 × 91.5 ＝ 13,725 円（70 歳未満の場合）

∴文京一郎さんの健康保険料は 7,485 円、厚生年金保険料は 13,725 円となります。

これで社会保険料の計算は終わりです。徴収した社会保険料は、会社負担分と合わせて翌月末日までに納付します。賞与にかかる保険料は、毎月の保険料と合算されて賞与支払月の翌月の納入告知書（口座振替の場合は、納入告知額通知書）で通知されます。

STEP4（雇用保険料計算）：雇用保険料の額を求める！

対象者の洗い出し ➡ 賞与総額の決定 ➡ 各人の賞与決定 ➡ 控除項目の計算 ➡ 振込

次は雇用保険料の本人負担額（？円の箇所）がいくらになるのか見ていきましょう。

※雇用保険料を控除する人は、雇用保険の被保険者として資格を取得している人です。（したがって、雇用保険に加入していない人は、雇用保険料は当然かかりませんので、その場合は、ステップ 5 に進んでください。）

健康保険料・介護保険料、厚生年金保険料は STEP3 で計算してあるので埋めてあります。

7月賞与明細書		支給日（7月25日）		名前：文京一郎（25歳）			
査定 （1/1～6/30）		支給		控除		差引支給額 （本人手取）	
出勤日数		賞与	150,000円	健康保険料	7,485円		
欠勤日数				介護保険料	0円		
有休日数				厚生年金保険料	13,725円		
遅早時間				雇用保険料	?円		
残業時間				所得税	円		
		支給計	150,000円	控除計		支給額	

雇用保険料の計算では原則、支給計に業種別の料率を乗じて求めます。

令和６年度

事業の種類	雇用保険料率		
	被保険者負担率（①）	事業主負担率（②）	保険率（①＋②）
一般の事業	6/1,000	9.5/1,000	15.5/1,000
農林水産※・清酒製造の事業	7/1,000	10.5/1,000	17.5/1,000
建設の事業	7/1,000	11.5/1,000	18.5/1,000

※園芸サービス、牛馬の育成、酪農、養鶏、養豚、内水面養殖の事業は除かれ、一般の事業の率が適用される。

文京一郎さんの会社の業種は「ＩＴ」ですので、一般の事業となり1,000分の６となります。

例）賞与額150,000円の場合（ＩＴ企業）150,000 ÷ 1,000 × 6 ＝ 900円

尚、計算後 1 円未満の端数が出た場合は、50 銭以下を切り捨て、50 銭 1 厘以上は切り上げます。
∴文京一郎さんの雇用保険料は 900 円となります。

これで雇用保険料の計算は終わりです。尚、徴収した雇用保険料は、会社負担分の雇用保険料、労災保険料と合わせて年度単位で 1 年分まとめて納付書等で納付します。

STEP5（所得税計算）：所得税の額を求める！

対象者の洗い出し ➡ 賞与総額の決定 ➡ 各人の賞与決定 ➡ 控除項目の計算 ➡ 振込

最後に所得税（？円の箇所）を求めましょう。健康保険料・介護保険料、厚生年金保険料は STEP3 で、雇用保険料は STEP4 で計算してあるので埋めてあります。

会社所在地：東京都　扶養なし

7月賞与明細書		支給日(7月25日)		名前:文京一郎（25歳）			
査定 (1/1～6/30)		支給		控除		差引支給額 (本人手取)	
出勤日数		賞与	150,000円①	健康保険料	7,485円②		
欠勤日数				介護保険料	0円③		
有休日数				厚生年金保険料	13,725円④		
遅早時間				雇用保険料	900円⑤		
残業時間				所得税	?円		
		支給計	150,000円	控除計		支給額	

所得税は、前月の社会保険料控除後計の額を用います。前月の「課税支給合計」から社会保険料と雇用保険料を合計した「社会保険料計」を控除した「社会保険料控除後計」から税率を求めます。社会保険料控除後の額を「賞与に対する源泉徴収税額の算出率の表」※にあてはめれば、扶養する人数毎に所得税の額がわかります。尚、月額表の「甲欄」が適用される人は、「給与所得者の扶養控除等申告書」を提出している人です。

※賞与の所得税は「月額表」ではなく、「賞与に対する源泉徴収税額の算出率の表」を使います。（但し、前月中に給与の支払いがない場合または賞与の金額が前月中の給与の金額の10倍を超える場合には、「月額表」を使います。）

よって、STEP3とSTEP4を計算していないと所得税の計算はできません。

社会保険料控除後計とは、課税支給の合計から社会保険料の合計額を控除した額のことです。

→次頁▷ 賞与に対する源泉徴収税額の算出率の表を参照

賞与に対する源泉徴収税額の算出率の表（令和６年分）

（平成24年３月31日財務省告示第115号別表第三（令和２年３月31日財務省告示第81号改正））

賞与の金額に乗ずべき率	甲																乙	
	扶養親族等の数																前月の社会保険料等控除後の給与等の金額	
	０人		１人		２人		３人		４人		５人		６人		７人以上			
	前月の社会保険料等控除後の給与等の金額																	
	以上	未満	以上	未満	以上	未満	以上	未満	以上	未満	以上	未満	以上	未満	以上	未満	以上	未満
%	千円	千円	千円	千円	千円	千円	千円	千円	千円	千円	千円	千円	千円	千円	千円	千円	千円	千円
0	68千円未満		94千円未満		133千円未満		171千円未満		210千円未満		243千円未満		275千円未満		308千円未満			
2.042	68	79	94	243	133	269	171	295	210	300	243	300	275	333	308	372		
4.084	79	252	243	282	269	312	295	345	300	378	300	406	333	431	372	456		
6.126	252	300	282	338	312	369	345	398	378	424	406	450	431	476	456	502		
8.168	300	334	338	365	369	393	398	417	424	444	450	472	476	499	502	523		
10.210	334	363	365	394	393	420	417	445	444	470	472	496	499	521	523	545		222
12.252	363	395	394	422	420	450	445	477	470	503	496	525	521	547	545	571		
14.294	395	426	422	455	450	484	477	510	503	534	525	557	547	582	571	607		
16.336	426	520	455	520	484	520	510	544	534	570	557	597	582	623	607	650		
18.378	520	601	520	617	520	632	544	647	570	662	597	677	623	693	650	708		
20.420	601	678	617	699	632	721	647	745	662	768	677	792	693	815	708	838	222	293
22.462	678	708	699	733	721	757	745	782	768	806	792	831	815	856	838	880		
24.504	708	745	733	771	757	797	782	823	806	849	831	875	856	900	880	926		
26.546	745	788	771	814	797	841	823	868	849	896	875	923	900	950	926	978		
28.588	788	846	814	874	841	902	868	931	896	959	923	987	950	1,015	978	1,043		
30.630	846	914	874	944	902	975	931	1,005	959	1,036	987	1,066	1,015	1,096	1,043	1,127	293	524
32.672	914	1,312	944	1,336	975	1,360	1,005	1,385	1,036	1,409	1,066	1,434	1,096	1,458	1,127	1,482		
35.735	1,312	1,521	1,336	1,526	1,360	1,526	1,385	1,538	1,409	1,555	1,434	1,555	1,458	1,555	1,482	1,583		
38.798	1,521	2,621	1,526	2,645	1,526	2,669	1,538	2,693	1,555	2,716	1,555	2,740	1,555	2,764	1,583	2,788	524	1,118
41.861	2,621	3,495	2,645	3,527	2,669	3,559	2,693	3,590	2,716	3,622	2,740	3,654	2,764	3,685	2,788	3,717		
45.945	3,495千円以上		3,527千円以上		3,559千円以上		3,590千円以上		3,622千円以上		3,654千円以上		3,685千円以上		3,717千円以上		1,118千円以上	

文京一郎さんは独身のため「扶養なし」です。ここでいう扶養とは税法上の扶養となります（扶養の要件 P129）。

前月の課税支給合計は、定期代を除きますので 250,000 円です。社会保険料の合計は 38,294 円です。よって、社会保険料控除後計は 211,706 円です。これを「賞与に対する源泉徴収税額の算出率の表」の「甲」欄の「扶養親族等の数 0 人」の列より求め「賞与の金額に乗ずべき率」欄に記載されている 4.084％が賞与に係る所得税率となり、この額が賞与から源泉徴収する税額です。

課税支給合計：150,000 円（①）
社会保険料合計：22,110 円（② + ③ + ④ + ⑤）
150,000 − 22,110 ＝ 127,890
所得税 127,890 × 4.084％＝ 5,223 円

∴文京一郎さんの所得税は 5,223 円となります。

所得税の計算も終わり。徴収した所得税は、毎月の給与で使用する源泉所得税の納付書で、一緒に納付します（P118）。

尚、賞与から住民税を控除することは基本ありません。これで社会保険料、雇用保険料、所得税、すべて額がわかりました。

対象者の洗い出し ➡ 賞与総額の決定 ➡ 各人の賞与決定 ➡ 控除項目の計算 ➡ 振込

出来上がった賞与明細書はこちら（次頁）です。

▶ 賞与明細書

7月賞与明細書		支給日(7月25日)		名前：文京一郎（25歳）			
査定（1/1～6/30）		支給		控除		差引支給額（本人手取）	
出勤日数		賞与	150,000円	健康保険料	7,485円		
欠勤日数				介護保険料	0円		
有休日数				厚生年金保険料	13,725円		
遅早時間				雇用保険料	900円		
残業時間				所得税	5,223円		
		支給計	150,000円	控除計	27,333円	支給額	122,667円

ということで、文京一郎さんに最終的に支給する額は122,667円となりました。

賞与計算における社会保険と所得税のルールをまとめると次のようになります。

▶ 賞与のルール（社会保険・所得税）

賞与計算における保険と税のルール

①支給月に40歳、65歳になる人はいないか（介護保険料）
②社会保険料免除の人はいないか（産前産後休業、育児休業）
③ひと月の賞与支給額が150万円を超えている人はいないか➡超えた部分の厚生年金保険料はかからない
④年間賞与額が573万円を超えている人はいないか➡超えた部分の健康保険料はかからない
⑤支給月に退職した人はいないか➡社会保険料はかからない(月末退職者を除く)
⑥前月の社会保険料控除後の給与額、扶養人数より賞与にかかる所得税額率を確認する

賞与を支給したら、日本年金機構（健保組合に加入している事業所は健保組合にも提出）へ支給日より５日以内に「被保険者賞与支払届」を提出します。

▶ 被保険者賞与支払届

➡詳細は巻末付録 P279 参照

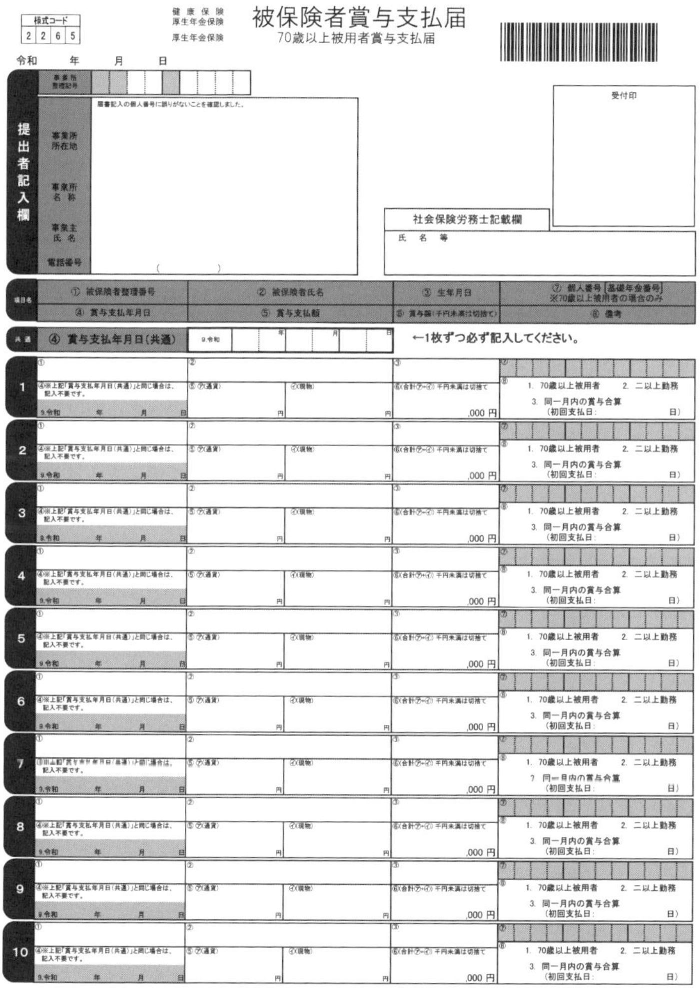

様式コード 2265

健康保険
厚生年金保険
被保険者賞与支払届

厚生年金保険
70歳以上被用者賞与支払届

令和　年　月　日

提出者記入欄

事業所整理記号	
事業所所在地	届書記入の個人番号に誤りがないことを確認しました。
事業所名称	
事業主氏名	
電話番号	（　　）

受付印

社会保険労務士記載欄
氏名等

項目名	① 被保険者整理番号	② 被保険者氏名	③ 生年月日	⑦ 個人番号［基礎年金番号］※70歳以上被用者の場合のみ
	④ 賞与支払年月日	⑤ 賞与支払額	⑥ 賞与額（千円未満は切捨て）	⑧ 備考

共通　④ 賞与支払年月日（共通）　9.令和　年　月　日　←1枚ずつ必ず記入してください。

	①／④	②／⑤		③／⑥	⑦／⑧
1	① ／ ④※上記「賞与支払年月日（共通）」と同じ場合は、記入不要です。 9.令和　年　月　日	② ／ ⑤ ㋐（通貨）　円	㋑（現物）　円	③ ／ ⑥（合計㋐+㋑）千円未満は切捨て ,000 円	⑦ ／ ⑧ 1. 70歳以上被用者　2. 二以上勤務　3. 同一月内の賞与合算（初回支払日：　日）
2	① ／ ④※上記「賞与支払年月日（共通）」と同じ場合は、記入不要です。 9.令和　年　月　日	② ／ ⑤ ㋐（通貨）　円	㋑（現物）　円	③ ／ ⑥（合計㋐+㋑）千円未満は切捨て ,000 円	⑦ ／ ⑧ 1. 70歳以上被用者　2. 二以上勤務　3. 同一月内の賞与合算（初回支払日：　日）
3	① ／ ④※上記「賞与支払年月日（共通）」と同じ場合は、記入不要です。 9.令和　年　月　日	② ／ ⑤ ㋐（通貨）　円	㋑（現物）　円	③ ／ ⑥（合計㋐+㋑）千円未満は切捨て ,000 円	⑦ ／ ⑧ 1. 70歳以上被用者　2. 二以上勤務　3. 同一月内の賞与合算（初回支払日：　日）
4	① ／ ④※上記「賞与支払年月日（共通）」と同じ場合は、記入不要です。 9.令和　年　月　日	② ／ ⑤ ㋐（通貨）　円	㋑（現物）　円	③ ／ ⑥（合計㋐+㋑）千円未満は切捨て ,000 円	⑦ ／ ⑧ 1. 70歳以上被用者　2. 二以上勤務　3. 同一月内の賞与合算（初回支払日：　日）
5	① ／ ④※上記「賞与支払年月日（共通）」と同じ場合は、記入不要です。 9.令和　年　月　日	② ／ ⑤ ㋐（通貨）　円	㋑（現物）　円	③ ／ ⑥（合計㋐+㋑）千円未満は切捨て ,000 円	⑦ ／ ⑧ 1. 70歳以上被用者　2. 二以上勤務　3. 同一月内の賞与合算（初回支払日：　日）
6	① ／ ④※上記「賞与支払年月日（共通）」と同じ場合は、記入不要です。 9.令和　年　月　日	② ／ ⑤ ㋐（通貨）　円	㋑（現物）　円	③ ／ ⑥（合計㋐+㋑）千円未満は切捨て ,000 円	⑦ ／ ⑧ 1. 70歳以上被用者　2. 二以上勤務　3. 同一月内の賞与合算（初回支払日：　日）
7	① ／ ④※上記「賞与支払年月日（共通）」と同じ場合は、記入不要です。 9.令和　年　月　日	② ／ ⑤ ㋐（通貨）　円	㋑（現物）　円	③ ／ ⑥（合計㋐+㋑）千円未満は切捨て ,000 円	⑦ ／ ⑧ 1. 70歳以上被用者　2. 二以上勤務　3. 同一月内の賞与合算（初回支払日：　日）
8	① ／ ④※上記「賞与支払年月日（共通）」と同じ場合は、記入不要です。 9.令和　年　月　日	② ／ ⑤ ㋐（通貨）　円	㋑（現物）　円	③ ／ ⑥（合計㋐+㋑）千円未満は切捨て ,000 円	⑦ ／ ⑧ 1. 70歳以上被用者　2. 二以上勤務　3. 同一月内の賞与合算（初回支払日：　日）
9	① ／ ④※上記「賞与支払年月日（共通）」と同じ場合は、記入不要です。 9.令和　年　月　日	② ／ ⑤ ㋐（通貨）　円	㋑（現物）　円	③ ／ ⑥（合計㋐+㋑）千円未満は切捨て ,000 円	⑦ ／ ⑧ 1. 70歳以上被用者　2. 二以上勤務　3. 同一月内の賞与合算（初回支払日：　日）
10	① ／ ④※上記「賞与支払年月日（共通）」と同じ場合は、記入不要です。 9.令和　年　月　日	② ／ ⑤ ㋐（通貨）　円	㋑（現物）　円	③ ／ ⑥（合計㋐+㋑）千円未満は切捨て ,000 円	⑦ ／ ⑧ 1. 70歳以上被用者　2. 二以上勤務　3. 同一月内の賞与合算（初回支払日：　日）

覚えておこう！
給与担当者は「マイナンバー」を理解しておく

マイナンバーとは、日本に住民票を有するすべての人（外国人も含まれます。）が持つ12桁の数字で、原則として生涯同じ番号を使います。

マイナンバーは漏えいして不正に用いられるおそれがあると認められる場合を除いて、自由に変更することはできません。

マイナンバーは、社会保障、税、災害対策の三分野で、複数の機関に存在する個人の情報が同一人であることを照合するために活用されています。

給与計算業務にも深くかかわっているため、その取扱いにあたっては会社としても細心の注意を払う必要があります。

例えば、給与所得の源泉徴収票・給与支払報告書、源泉徴収票等の法定調書合計表、退職所得の源泉徴収票などの税務署提出用書面に、社会保険関係では、被保険者資格取得（喪失）届、育児休業給付受給資格確認票、介護休業給付金支給申請書、高齢者雇用継続給付受給資格確認票などに記載が必要になります。

従業員からマイナンバーを収集する際には、なりすましによる悪用の防止のために、免許証やパスポートなどで本人確認をします。

さらに、マイナンバーを社会保険や税などに利用する際には、流出や流用に細心の注意を払う必要があります。個人の税情報や社会保険情報は個人情報の根幹にかかわるデータですので、厳格で安全な管理が求められます。

マイナンバーの管理責任者を選定して、取り扱いに関するマニュアルを作成する必要があります。

紙の資料については鍵のついたロッカーに保管し、管理に使うパソコンはアクセス制限やログ管理をし、コンピューターウィルスにも対処するようにします。

また、雇用契約が終了した場合などは速やかに廃棄・削除しなければなりません。少量ならシュレッダー、大量であれば専門業者に委託し焼却や溶融をして証明書を発行してもらいます。

マイナンバー管理のポイントは、
①管理担当者以外はデータにアクセスさせない、
②簡単にデータをのぞき見させない
③必要な場合は確実にデータを削除する
ということです。

尚、マイナンバー漏洩などの法律違反には、懲役4年や罰金200万円など厳しい刑罰が科せられ、漏洩した企業も罰せられますので、十分な注意を払うことが求められます。

第6章

年末調整

Point ▶年末調整する人を明確にする

6-1 ▷ 年末調整とは

年末調整は所得税の精算手続のことになります。毎月の給与計算や賞与計算では、所得税（所得税及び復興特別所得税額）を控除し、当月分を翌月 10 日まで（※）に納付することになっていますが、各人の税額は年で確定させる必要があることから、最終的な年税額は年末に計算し、精算することになります。この精算手続を「年末調整」といいます。

※納期の特例は半年毎。

(1) 源泉徴収制度

所得税は、その年の所得のある人が、所得金額に対する税額を計算し、申告納付する「申告納税制度」となっていますが、給与等の所得については、その給与支払いの際に、支払者である会社がその支払金額から所得税を徴収して、国に納付する「源泉徴収制度」が採用されています。源泉徴収制度は、会社が、給与から所得税を徴収し、国に納付し、徴収された所得税は、その年の年末調整によって精算され、これにより各人の納税が完了します。所得税の精算（年末調整）が済んだ人は、確定申告は必要なくなります。

(2) 年末調整を行う理由

会社は、毎月の給与を支払う際、源泉徴収税額表に記載されている月の所得税額を源泉徴収しますが、年税額は、1 年間の給与総額から計算することから、徴収した税額と年税額は一致しません。最終的な年税額は、扶養する親族の数、社会保険料の総額、所得控除の額から算出します。よって、給与の変動や年の途中で扶養する家族の異動等があれば、徴収した税額と年税額に差が生ずることになります。そこで、1年間の給与総額が確定する年末に、その年に納めるべき税額を正しく計算し直し、これまでに徴収した税額との過不足額を求め、その差額を徴収または還付し、精算します。この精算の手続が年末調整です。

(3) 年末調整の対象となる人、ならない人

年末調整の対象となる人は、「給与所得者の扶養控除等申告書」を、年末調整を行う日までに提出している人、そして1年を通じて勤務している人や、年の中途で就職し年末まで勤務している人です。外国人労働者も同様です。

中途就職者の年末調整は、前職から支払いを受けた給与を含めて年末調整を行う必要があります。そのため、その人が別の会社から交付を受けた「給与所得の源泉徴収票」を確認します。この確認ができないときは、年末調整を行うことはできません。

尚、年の途中で海外転勤等により非居住者となった人、死亡により退職した人などは年の途中で年末調整します。

一方、年末調整の対象とならない人は、給与収入2,000万円を超える人、災害により被害を受け所得税の徴収猶予や還付を受けた人、乙欄適用の人、非居住者などです。詳細は、次頁の表の通りです。

(4) 年末調整を行う時期

年末調整は、その年の「最後に支給する給与等」で行います(※)。よって、12月に支給する最後の給与等の支給の際に年末調整を行うことになります。但し、次の人は、年末調整を行う時期が異なります。→次頁表参照

※年末調整した後に、賞与等を支給することになった場合は、再度、年末調整のやり直しが必要になります。

年末調整の対象となる人	年末調整の対象とならない人
▷次のいずれかに該当する人	▷次のいずれかに該当する人
(1)１年を通じて勤務している人	(1)左欄に掲げる人のうち、本年中の主たる給与の収入金額が２,０００万円を超える人
(2)年の中途で就職し、年末まで勤務している人	(2)左欄に掲げる人のうち、災害により被害を受けて、「災害被害者に対する租税の減免、徴収猶予等に関する法律」の規定により、本年分の給与に対する源泉所得税及び復興特別所得税の徴収猶予または還付を受けた人
(3)年の中途で退職した人のうち、次の人 ①死亡により退職した人 ②著しい心身の障害のため退職した人で、その退職の時期からみて、本年中に再就職ができないと見込まれる人 ③１２月中に支給期の到来する給与の支払を受けた後に退職した人 ④いわゆるパートタイマーとして働いている人などが退職した場合で、本年中に支払を受ける給与の総額が１０３万円以下である人（退職後本年中に他の勤務先等から給与の支払を受けると見込まれる場合を除く）	(3)２か所以上から給与の支払を受けている人で、他の給与の支払者に扶養控除等（異動）申告書を提出している人や、年末調整を行うときまでに扶養控除等（異動）申告書を提出していない人（月額表または日額表の乙欄適用者）
(4)年の中途で、海外の支店へ転勤したことなどの理由により、非居住者となった人（非居住者：国内に住所も１年以上の居所も有しない人）	(4)年の中途で退職した人で、左欄の(3)に該当しない人
	(5)非居住者
	(6)継続して同一の雇用主に雇用されないいわゆる日雇労働者など（日額表の丙欄適用者）

年末調整の対象となる人	年末調整を行う時期
(1)年の中途で死亡により退職した人	退職の時
(2)著しい心身の障害のため年の中途で退職した人で、その退職の時期からみて本年中に再就職ができないと見込まれる人	退職の時
(3) 12月中に支給期の到来する給与の支払を受けた後に退職した人	退職の時
(4)いわゆるパートタイマーとして働いている人などが退職した場合で、本年中に支払を受ける給与の総額が１０３万円以下である人（退職後本年中に他の勤務先等から給与の支払を受けると見込まれる人を除きます。）	退職の時
(5)年の中途で、海外の支店へ転勤したことなどの理由により、非居住者となった人	非居住者となった時

Point ▶ 年末調整はすべての給与・賞与計算が終わった後に行う

6-2 ▷ 年末調整の手順

年末調整は、その年最後に支払う給与等で行います。

（1）年末調整業務の流れ

年末調整業務は次の流れで行います。年末調整業務は、準備と計算、納税・提出の大きく３つに分けられます。

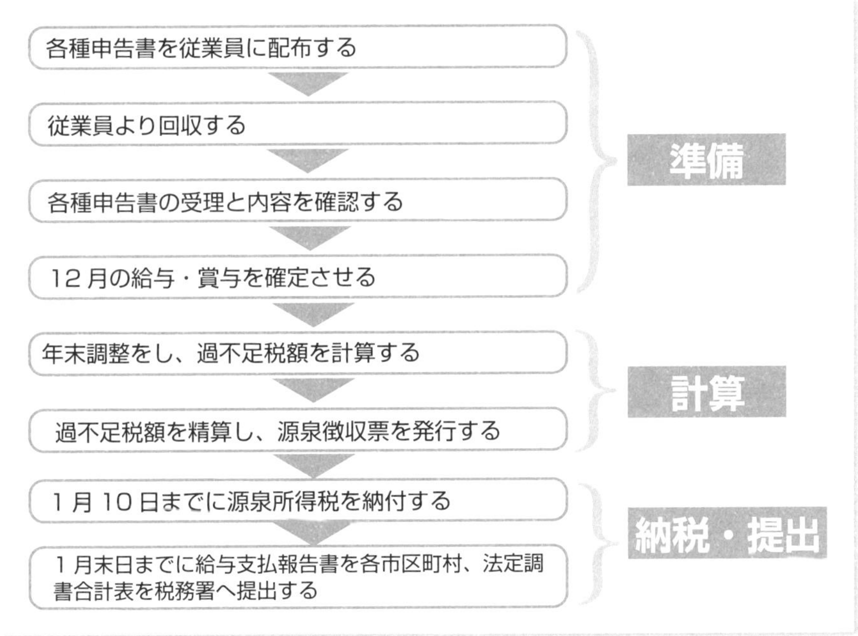

（2）年末調整の準備

年末調整の対象となる従業員から「提出してもらう書類」には次の書類

があります。

人数が多い事業所では、毎月の給与計算がありますので、給与計算の際に、申告書の内容確認を行うとなると、時間的余裕がありません。そこで、申告書の配布はなるべく早い時期に行い、給与計算の前に回収し記載内容の確認をしておきます。

▶ 提出してもらう書類

<table>
<tr><th></th><th colspan="2">給与支払者に提出する書類（申告する内容）</th><th>書類の名称</th><th>対象</th></tr>
<tr><td rowspan="7">給与所得者</td><td>扶養控除を受けようとする場合</td><td>扶養控除に関する申告</td><td>給与所得の扶養控除等（異動）申告書</td><td rowspan="4">甲欄が適用される人</td></tr>
<tr><td>基礎控除を受けようとする場合</td><td>基礎控除に関する申告</td><td rowspan="3">給与所得の基礎控除申告書（基礎控除）兼配偶者控除等申告書（配偶者控除、配偶者特別控除）兼所得金額調整控除申告書（所得金額調整控除）</td></tr>
<tr><td>配偶者控除を受けようとする場合</td><td>配偶者控除に関する申告</td></tr>
<tr><td>所得金額調整控除を受けようとする場合</td><td>所得金額調整控除に関する申告</td></tr>
<tr><td>保険料控除を受けようとする場合</td><td>保険料控除に関する申告</td><td>給与所得者の保険料控除申告書</td><td>民間の保険等（生命保険料や個人年金、地震保険、共済）等に加入している人や会社で加入する社会保険とは別に、社会保険料を払っている人</td></tr>
<tr><td>住宅ローン控除を受けようとする場合</td><td>住宅借入金等控除に関する申告</td><td>給与所得者の（特定増改築等）住宅借入金等特別控除申告書</td><td>自分で住む住宅を新たに購入したり、増改築等をした人</td></tr>
<tr><td>中途入社で年末調整の対象となる場合</td><td>前職の給与所得に関する申告</td><td>給与所得の源泉徴収票（前職分）</td><td>年の途中で入社した人で、前職がある人</td></tr>
</table>

実務上は「提出してもらう書類」となっていますが、本来、税金は所得者本人が支払うお金ですので、源泉徴収義務者たる会社としては、所得者本人が申告すべきものがあれば、かかる書類を提出する、というのが基本的な考え方になります。

尚、会社から支払う給与が、本人にとって主たる給与となる場合は、「給与所得者の扶養控除等（異動）申告書」を提出することで、甲欄が適用され(甲区分で税徴収している人は、「給与所得者の扶養控除等(異動)申告書」を提出していることが前提となります）年末調整対象者となります。

(3) 基礎控除、配偶者控除、配偶者特別控除

① 基礎控除

年末調整において所得税額の計算をする場合に、総所得金額などから差し引くことができる控除のひとつに基礎控除があります。基礎控除は、納税者本人の合計所得金額に応じて、控除額が決まっています。控除額は、それぞれ次の通りです。

▶ 令和6年基礎控除額の表

納税者本人の合計所得金額	控除額
2,400 万円以下	48 万円
2,400 万円超 2,450 万円以下	32 万円
2,450 万円超 2,500 万円以下	16 万円
2,500 万円超	0円

② 扶養控除・配偶者控除・配偶者特別控除

控除対象配偶者は、その年の 12 月 31 日の現況で、次の 4 つの要件のすべてに当てはまる人になります。

尚、控除を受ける納税者本人の合計所得金額が 1,000 万円を超える場合は、配偶者控除は受けられません。

(ア) 民法の規定による配偶者であること（内縁関係の人は該当しない)。
(イ) 納税者と生計を一にしていること。
(ウ) 年間の合計所得金額が 48 万円以下であること。(給与のみの場合は給与収入が 103 万円以下)

（エ）青色申告者の事業専従者としてその年給与の支払いを受けていないことまたは白色申告者の事業専従者でないこと。

所得者（合計所得金額が 1,000 万円以下の人に限ります。）が控除対象配偶者を有する場合や、生計を一にする配偶者（合計所得金額が 133 万円以下の人に限る）で控除対象配偶者に該当しない人を有する場合には、それぞれ区分に応じた金額が所得から控除されます。配偶者控除・配偶者特別控除における控除額は、その控除を受ける納税者本人の合計所得金額、及び控除対象配偶者の年齢により次の表のとおりになります。

▶ 配偶者控除・配偶者特別控除の控除額

	配偶者の合計所得金額	控除を受ける納税者本人の合計所得金額		
		900 万円以下	900 万円超 950 万円以下	950 万円超 1,000 万円以下
配偶者控除	48 万円以下 一般の控除対象配偶者	38 万円	26 万円	13 万円
	48 万円以下 老人控除対象配偶者※	48 万円	32 万円	16 万円
配偶者特別控除	48 万円超 95 万円以下	38 万円	26 万円	13 万円
	95 万円超 100 万円以下	36 万円	24 万円	12 万円
	100 万円超 105 万円以下	31 万円	21 万円	11 万円
	105 万円超 110 万円以下	26 万円	18 万円	9 万円
	110 万円超 115 万円以下	21 万円	14 万円	7 万円
	115 万円超 120 万円以下	16 万円	11 万円	6 万円
	120 万円超 125 万円以下	11 万円	8 万円	4 万円
	125 万円超 130 万円以下	6 万円	4 万円	2 万円
	130 万円超 133 万円以下	3 万円	2 万円	1 万円

※老人控除対象配偶者とは、控除対象配偶者のうち、その年 12 月 31 日現在の年齢が 70 歳以上の人をいいます。

▶ 配偶者の範囲

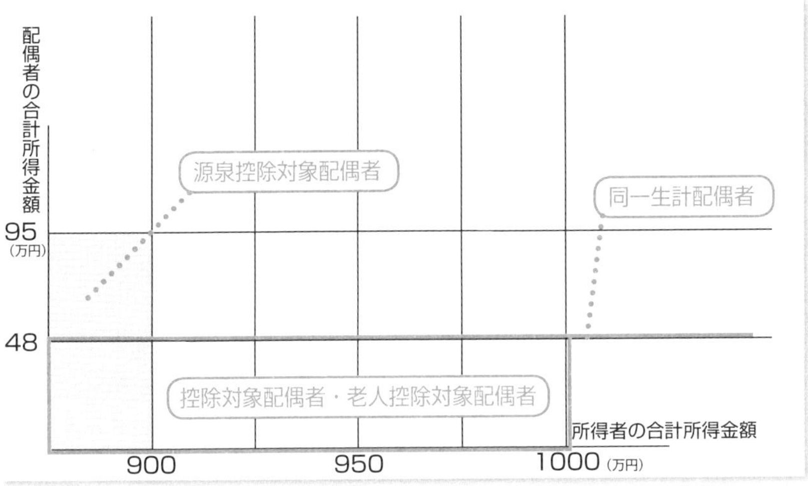

配偶者控除の適用がない人で、納税者本人の合計所得金額が 1,000 万円以下であり、且つ、配偶者の合計所得金額が 48 万円超 133 万円以下である人については、配偶者特別控除の適用を受けることができます。

配偶者特別控除額は、配偶者特別控除の適用を受ける納税者本人の合計所得金額及び配偶者の合計所得金額に応じて異なります（最高 38 万円）。

尚、配偶者が障害者の場合には、配偶者控除の他に障害者控除 27 万円（特別障害者の場合は 40 万円、同居特別障害者の場合は 75 万円）が控除できます。

(4) 各種申告書

＜扶養控除等（異動）申告書＞

扶養控除等申告書は、扶養の有る無いにかかわらず、給与所得者（本人）にとって主たる給与を受ける会社に提出する書類になります。扶養がある場合は扶養控除の欄に記入します。

会社は、給与所得者の住所、配偶者の有無、扶養者や扶養人数をこの書類で確認し、毎月の給与計算や賞与計算で扶養人数に応じた税額を給与や賞与から控除します。そのため､扶養者に変更（異動）があった場合には、給与所得者は、都度、会社に書類を提出する必要があります。

尚、税法上の扶養親族となる同一生計配偶者は、その年の所得の見積額が 48 万円以下（給与所得だけの場合は､給与の収入金額が 103 万円以下）の人です。

よって､年末調整における提出書類の確認では､「配偶者あり」の場合は、配偶者の所得金額に着目し、誤りがないか注意しておく必要があります。また、16 歳未満の扶養親族は、申告書では「住民税に関する事項」の箇所に記入する必要があります。16 歳以上は「控除対象扶養親族」欄です。よって、給与所得者に扶養する子などが居る場合には、申告書の記入欄と生年月日に注意する必要があります。

▶ 給与所得者の扶養控除等（異動）申告書

➡詳細は巻末付録 P263 参照

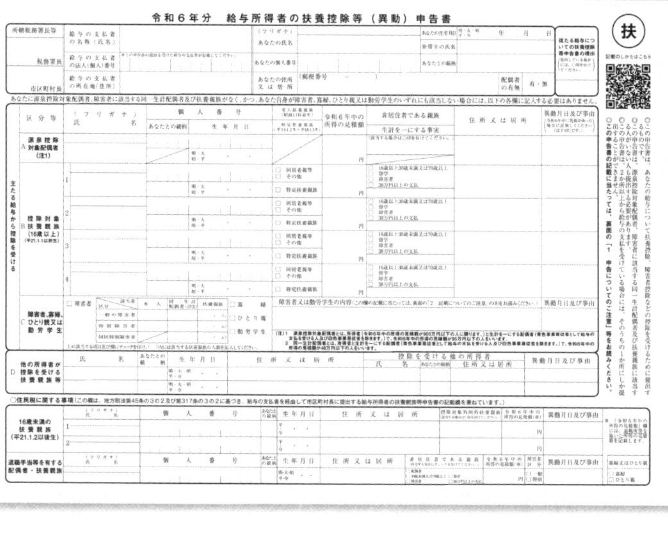
令和６年分　給与所得者の扶養控除等（異動）申告書

▷ 基礎控除申告書兼配偶者控除等申告書兼所得金額調整控除申告書

「基礎控除申告書兼配偶者控除等申告書兼所得金額調整控除申告書」は、基礎控除を受けるために、給与所得者（本人）にとって主たる給与を受ける会社に提出する書類になります。この申告書は、３つの申告が１枚になった申告書になります。給与所得者がその年の年末調整において基礎控除、配偶者（特別）控除、所得金額調整控除を受けるために記入します。給与所得者のその年の所得金額によって基礎控除額が変わり、それによって配偶者のその年の所得金額や年齢により配偶者特別控除額等が変わります。

▶ 基礎控除申告書兼配偶者控除等申告書兼所得金額調整控除申告書

➡詳細は巻末付録 P280 参照

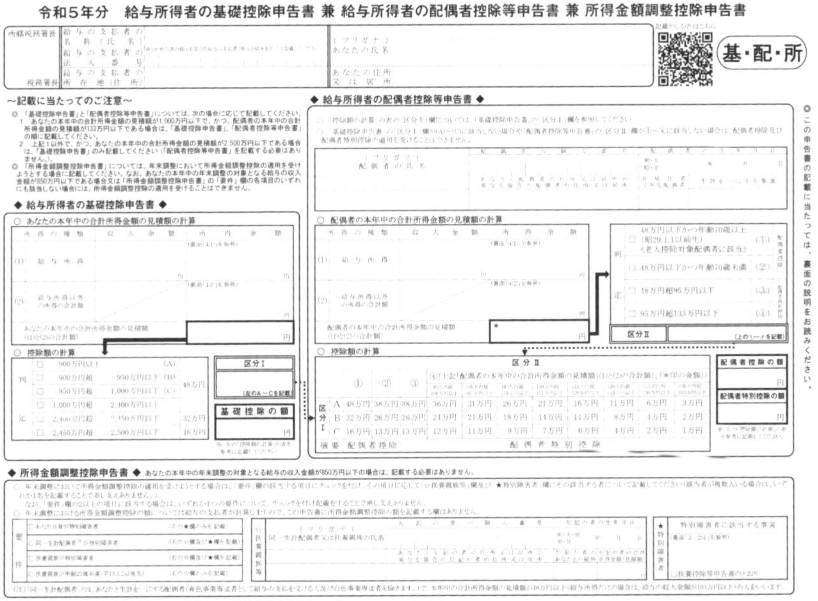

令和５年分　給与所得者の基礎控除申告書 兼 給与所得者の配偶者控除等申告書 兼 所得金額調整控除申告書

基・配・所

~記載に当たってのご注意~

◎「基礎控除申告書」と「配偶者控除等申告書」については、次の場合に応じて記載してください。
1　あなたの本年中の合計所得金額の見積額が1,000万円以下で、かつ、配偶者の本年中の合計所得金額の見積額が133万円以下である場合は、「基礎控除申告書」、「配偶者控除等申告書」の順に記載してください。
2　上記１以外で、かつ、あなたの本年中の合計所得金額の見積額が2,500万円以下である場合は、「基礎控除申告書」のみ記載してください（「配偶者控除等申告書」を記載する必要はありません。）。
◎「所得金額調整控除申告書」については、年末調整において所得金額調整控除の適用を受けようとする場合に記載してください。なお、あなたの本年中の年末調整の対象となる給与の収入金額が850万円以下である場合又は「所得金額調整控除申告書」の「要件」欄の各項目のいずれにも該当しない場合には、所得金額調整控除の適用を受けることはできません。

◆ 給与所得者の基礎控除申告書 ◆

○ あなたの本年中の合計所得金額の見積額の計算

所得の種類	収入金額	所得金額
(1) 給与所得	円	円
(2) 給与所得以外の所得の合計額		円
あなたの本年中の合計所得金額の見積額（(1)と(2)の合計額）		円

○ 控除額の計算

判定			
□	900万円以下	(A)	48万円
□	900万円超	950万円以下 (B)	
□	950万円超	1,000万円以下 (C)	
□	1,000万円超	2,400万円以下	
□	2,400万円超	2,450万円以下	32万円
□	2,450万円超	2,500万円以下	16万円

区分Ⅰ（左のA～Cを記載）

基礎控除の額　円

◆ 給与所得者の配偶者控除等申告書 ◆

○ 配偶者の本年中の合計所得金額の見積額の計算

所得の種類	収入金額	所得金額
(1) 給与所得	円	円
(2) 給与所得以外の所得の合計額		円
配偶者の本年中の合計所得金額の見積額（(1)と(2)の合計額）		* 円

判定
□ 48万円以下かつ年齢70歳以上（昭29.1.1以前生）《老人控除対象配偶者に該当》（①）
□ 48万円以下かつ年齢70歳未満（②）
□ 48万円超95万円以下（③）
□ 95万円超133万円以下（④）

区分Ⅱ（上の①～④を記載）

○ 控除額の計算

区分Ⅰ ＼ 区分Ⅱ	①	②	③	④							
A	48万円	38万円	38万円	36万円	31万円	26万円	21万円	16万円	11万円	6万円	3万円
B	32万円	26万円	26万円	24万円	21万円	18万円	14万円	11万円	8万円	4万円	2万円
C	16万円	13万円	13万円	12万円	11万円	9万円	7万円	6万円	4万円	2万円	1万円
摘要	配偶者控除			配偶者特別控除							

配偶者控除の額　円

配偶者特別控除の額　円

◆ 所得金額調整控除申告書 ◆ あなたの本年中の年末調整の対象となる給与の収入金額が850万円以下の場合は、記載する必要はありません。

要件

要件	
□ あなた自身が特別障害者	（右の★欄のみを記載）
□ 同一生計配偶者が特別障害者	（右の☆欄及び★欄を記載）
□ 扶養親族が特別障害者	（右の☆欄及び★欄を記載）
□ 扶養親族が年齢23歳未満（平13.1.2以後生）	（右の☆欄のみを記載）

☆扶養親族等

★特別障害者　特別障害者に該当する事実

□扶養控除等申告書のとおり

◎この申告書の記載に当たっては、裏面の説明をお読みください。

▷ 保険料控除申告書

「保険料控除申告書」は、給与所得者がその年の年末調整において生命保険料、地震保険料などの保険料控除を受けるために記入する申告書になります。個人で生命保険や個人年金、地震保険、個人型確定拠出年金などに加入している場合に、この申告書で申告します。各保険会社から毎年10月頃送られてくる証明書（生命保険料控除証明書など）を添付する必要があります。よって、年末調整における提出書類の確認では、証明書に記載されている額を確認し、記入内容や計算が合っているかを確認します。

支払った保険料等の区分	支払った保険料等の金額	控除額
新生命保険料、介護医療保険料または新個人年金保険料を支払った場合	20,000 円以下	支払った保険料等の金額の全額
	20,001 円から 40,000 円まで	支払った保険料等 の金額の合計額÷ 2 +10,000 円
	40,001 円から 80,000 円まで	支払った保険料等 の金額の合計額÷ 4 +20,000 円
	80,001 円以上	一律に 40,000 円
旧生命保険料または旧個人年金保険料を支払った場合	25,000 円以下	支払った保険料等の金額の全額
	25,001 円から 50,000 円まで	支払った保険料等 の金額の合計額÷ 2 +12,500 円
	50,001 円から 100,000 円まで	支払った保険料等 の金額の合計額÷ 4+25,000 円
	100,001 円以上	一律に 50,000 円

	支払った保険料等の区分	保険料等の金額		控除額
①	地震保険料等のすべてが地震保険料控除の対象となる損害保険契約等である場合	−	−	その年中に支払った地震保険料の金額の合計額（最高５万円）
②	地震保険料等に係る契約のすべてが旧長期損害保険契約等に該当するものである場合	旧長期損害保険料の金額の合計額	10,000 円以下	その合計額
			10,000 円超 20,000 円以下	支払った保険料等の金額の合計額÷ 2 +5,000 円
			20,000 円超	一律に 15,000 円
③	①と②がある場合	①、②それぞれ計算した金額の合計額	50,000 円以下	その合計額
			50,000 円超	一律に 50,000 円

▷ 保険料控除申告書

➡詳細は巻末付録 P281 参照

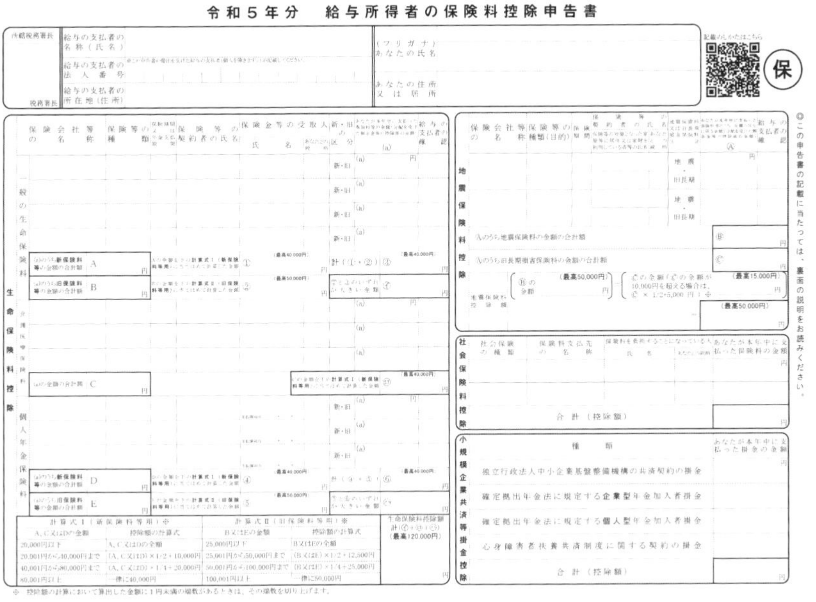

令和５年分　給与所得者の保険料控除申告書

所轄税務署長　税務署長

給与の支払者の名称（氏名）

給与の支払者の法人番号

給与の支払者の所在地（住所）

（フリガナ）あなたの氏名

あなたの住所又は居所

記載のしかたはこちら

保

生命保険料控除

保険会社等の名称／保険等の種類／保険期間又は年金支払期間／保険等の契約者の氏名／保険金等の受取人　氏名　あなたとの続柄／新・旧の区分／あなたが本年中に支払った保険料等の金額（分配を受けた剰余金等の控除後の金額）(a)／給与の支払者の確認

一般の生命保険料

新・旧　(a)　円

(a)のうち新保険料等の金額の合計額　A　円

Aの金額を下の計算式Ⅰ（新保険料等用）に当てはめて計算した金額　①（最高40,000円）円

(a)のうち旧保険料等の金額の合計額　B　円

Bの金額を下の計算式Ⅱ（旧保険料等用）に当てはめて計算した金額　②（最高50,000円）円

計（①＋②）③（最高40,000円）円

③と②のいずれか大きい金額　㋑　円

介護医療保険料

(a)の金額の合計額　C　円

Cの金額を下の計算式Ⅰ（新保険料等用）に当てはめて計算した金額　㋺（最高40,000円）円

個人年金保険料

(a)のうち新保険料等の金額の合計額　D　円

Dの金額を下の計算式Ⅰ（新保険料等用）に当てはめて計算した金額　④（最高40,000円）円

(a)のうち旧保険料等の金額の合計額　E　円

Eの金額を下の計算式Ⅱ（旧保険料等用）に当てはめて計算した金額　⑤（最高50,000円）円

計（④＋⑤）⑥（最高40,000円）円

⑥と⑤のいずれか大きい金額　㋩　円

計算式Ⅰ（新保険料等用）※		計算式Ⅱ（旧保険料等用）※	
A、C又はDの金額	控除額の計算式	B又はEの金額	控除額の計算式
20,000円以下	A、C又はDの全額	25,000円以下	B又はEの全額
20,001円から40,000円まで	(A、C又はD)×1/2＋10,000円	25,001円から50,000円まで	(B又はE)×1/2＋12,500円
40,001円から80,000円まで	(A、C又はD)×1/4＋20,000円	50,001円から100,000円まで	(B又はE)×1/4＋25,000円
80,001円以上	一律に40,000円	100,001円以上	一律に50,000円

生命保険料控除額　計(㋑＋㋺＋㋩)（最高120,000円）円

※　控除額の計算において算出した金額に１円未満の端数があるときは、その端数を切り上げます。

地震保険料控除

保険会社等の名称／保険等の種類（目的）／保険期間／保険等の契約者の氏名／保険等の対象となった家屋等に居住又は家財を利用している者等の氏名　あなたとの続柄／地震保険料又は旧長期損害保険料区分／あなたが本年中に支払った保険料等のうち、左欄の区分に係る金額（分配を受けた剰余金等の控除後の金額）Ⓐ／給与の支払者の確認

地震・旧長期　円

Ⓐのうち地震保険料の金額の合計額　Ⓑ　円

Ⓐのうち旧長期損害保険料の金額の合計額　Ⓒ　円

地震保険料控除額　Ⓑの金額（最高50,000円）円　＋　Ⓒの金額（Ⓒの金額が10,000円を超える場合は、Ⓒ×1/2＋5,000円）※（最高15,000円）円　＝（最高50,000円）円

社会保険料控除

社会保険の種類／保険料支払先の名称／保険料を負担することになっている人　氏名　あなたとの続柄／あなたが本年中に支払った保険料の金額　円

合計（控除額）円

小規模企業共済等掛金控除

種類／あなたが本年中に支払った掛金の金額

独立行政法人中小企業基盤整備機構の共済契約の掛金　円

確定拠出年金法に規定する企業型年金加入者掛金

確定拠出年金法に規定する個人型年金加入者掛金

心身障害者扶養共済制度に関する契約の掛金

合計（控除額）円

◎この申告書の記載に当たっては、裏面の説明をお読みください。

▷（特定増改築等）住宅借入金等特別控除申告書

「（特定増改築等）住宅借入金等特別控除申告書」は、住宅借入金等特別控除と特定増改築等住宅借入金等特別控除が１枚になった申告書です。この申告書は、給与所得者がその年の年末調整において住宅借入金等特別控除（一般に「住宅ローン控除」や「住宅ローン減税」といっています）を受けるために記入する申告書になります。住宅借入金等特別控除とは、個人が住宅ローン等を利用して、マイホームの新築、取得または増改築等をした場合に受けることができる控除です。この控除は、自己の居住の用に供した場合で一定の要件を満たす場合に、その取得等に係る住宅ローン等の年末残高の合計額等を基として計算した金額を、居住の用に供した年分以後の各年分の所得税額から控除するといった仕組みになります。

住宅借入金等特別控除は、その控除を受けるにあたっては、最初の年分は確定申告し、2年目以降、年末調整で申告することができるようになります。申告書は各人が税務署より受け取ります。年末調整では、金融機関より発行される「住宅取得資金に係る借入金の年末残高等証明書」の添付が必要となります。

ここに注目！
年末調整時のタイムスケジュール

10月	下旬	税務署から年末調整関連書類を取り寄せる
11月	上旬	
	中旬	各種控除を受けるために必要な書類を従業員に配布＆回収
	下旬	提出書類の内容確認・添付書類の確認
12月	上旬	
	中旬	賞与計算 賞与支給
	下旬	給与計算 給与支給 年末調整、「源泉徴収票（給与支払報告書)」の作成 従業員に源泉徴収票の交付
1月	上旬	源泉所得税納税資金準備 10日…源泉税納付期限
	中旬	
	下旬	31日…源泉徴収票・法定調書合計表は税務署、給与支払報告書（統括表）・給与支払報告書は市区町村へ提出

6-3 ▷ 年税額計算の流れ 10のステップ

年末調整では、各人の年税額を確定し、過納額の還付または不足額の徴収を行います。年税額の計算は次頁の流れで行います。

数字①～㉖は源泉徴収簿に記載されている番号になります。→次頁参照

（1）毎月の給与計算・賞与計算とその集計

毎月の給与計算や賞与計算では、本人負担分の社会保険料を控除し、課税支給計から社会保険料計を控除した後の額から所得税を求めています。そして、この所得税（所得税及び復興特別所得税額）を給与や賞与から控除し、当月分を翌月10日まで（※）に納付することになっています。そして、各人の最終的な年税額は年末調整で精算します。※納期の特例は半年毎。

給与の課税支給額	①	総支給金額（給与支給計－給与非課税計＝給与の課税総支給額）
給与の社会保険料計	②	給与の社会保険料控除額
給与の算出税額計	③	給与の税額計
賞与の課税支給額	④	総支給金額（賞与支給計－賞与非課税計＝賞与の課税総支給額）
賞与の社会保険料計	⑤	賞与の社会保険料控除額
賞与の算出税額計	⑥	賞与の税額計

税額計	⑧	1月～12月に給与・賞与より控除した所得税の合計額（③＋⑥）
給与等からの控除分	⑫	1月～12月に給与・賞与より控除した社会保険料の合計額（②＋⑤）

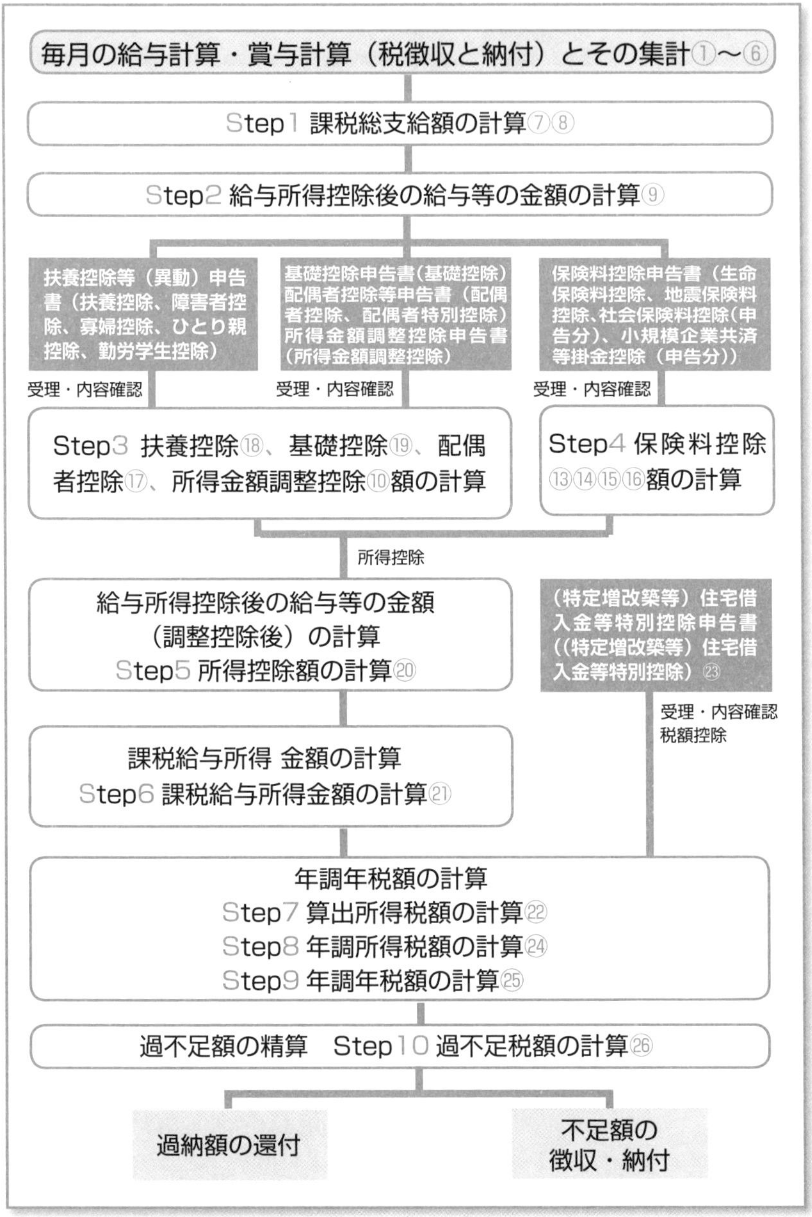
毎月の給与計算・賞与計算（税徴収と納付）とその集計①～⑥
Step1 課税総支給額の計算⑦⑧
Step2 給与所得控除後の給与等の金額の計算⑨
扶養控除等（異動）申告書（扶養控除、障害者控除、寡婦控除、ひとり親控除、勤労学生控除）
基礎控除申告書（基礎控除）配偶者控除等申告書（配偶者控除、配偶者特別控除）所得金額調整控除申告書（所得金額調整控除）
保険料控除申告書（生命保険料控除、地震保険料控除、社会保険料控除（申告分）、小規模企業共済等掛金控除（申告分））
受理・内容確認
受理・内容確認
受理・内容確認
Step3 扶養控除⑱、基礎控除⑲、配偶者控除⑰、所得金額調整控除⑩額の計算
Step4 保険料控除⑬⑭⑮⑯額の計算
所得控除
給与所得控除後の給与等の金額（調整控除後）の計算
Step5 所得控除額の計算⑳
（特定増改築等）住宅借入金等特別控除申告書（（特定増改築等）住宅借入金等特別控除）㉓
受理・内容確認
税額控除
課税給与所得 金額の計算
Step6 課税給与所得金額の計算㉑
年調年税額の計算
Step7 算出所得税額の計算㉒
Step8 年調所得税額の計算㉔
Step9 年調年税額の計算㉕
過不足額の精算 Step10 過不足税額の計算㉖
過納額の還付
不足額の徴収・納付

年末調整を行うにあたっては、1 月～ 12 月の間に給与・賞与で支給した課税支給額、給与・賞与より控除した所得税と社会保険料の合計額を計算しておきます。

(2) 年税額計算

年税額計算は次の 10 の Step で行います。

10 ステップで年税額の計算をする

Step 1 課税総支給額の計算

課税総支給額は、その年の 1 月～ 12 月に支払った給与・賞与の課税支給合計（給与所得の源泉徴収票の支払金額）です。

給与計算、賞与計算時の「支給計」より「非課税通勤費（定期代）」等を引いた額が課税支給額となり、その年間の合計になります。

税額計は 1 月～ 12 月に給与・賞与より控除した所得税の合計です。給与計算、賞与計算時の社会保険料を控除した後の額を税額表にあてはめ、そこに記載されている額が所得税額となり、その年間の合計になります。

課税総支給額（金額欄）	⑦	1月～ 12月に支払った給与・賞与の課税支給合計額（①＋④）
給与の課税支給額	①	総支給金額（給与支給計－給与非課税計＝給与の課税総支給額）
賞与の課税支給額	④	総支給金額（賞与支給計－賞与非課税計＝賞与の課税総支給額）
税額計（税額欄）	⑧	1月～ 12月に給与・賞与より控除した所得税の合計額（③＋⑥）
給与の算出税額計	③	給与の税額計
賞与の算出税額計	⑥	賞与の税額計
給与等からの控除分	⑫	1月～ 12月に給与・賞与より控除した社会保険料の合計額（②＋⑤）
給与の社会保険料計	②	給与の社会保険料控除額
賞与の社会保険料計	⑤	賞与の社会保険料控除額

Step2 給与所得控除後の給与等の金額の計算

「給与所得控除後の給与等の金額」は、Step1 ⑦（課税総支給額）より求めます。「給与所得控除後の給与等の金額」は「年末調整のしかた」に記載されている「年末調整等のための給与所得控除後の給与等の金額の表」（P298）を使います。「給与所得控除後の給与等の金額」は、Step1 ⑦で求めた課税総支給額が当てはまる「給与等の金額」欄に記載されている額です。

▶ 給与所得控除額の求め方（参考）

給与等の収入金額	給与所得控除額
162 万 5,000 円以下の場合	550,000 円
162 万 5,000 円を超え 180 万円以下の場合	収入金額× 40%－ 100,000 円
180 万円を超え 360 万円以下の場合	収入金額× 30%＋ 80,000 円
360 万円を超え 660 万円以下の場合	収入金額× 20%＋ 440,000 円
660 万円を超え 850 万円以下の場合	収入金額× 10%＋ 1,100,000 円
850 万円を超える場合	1,950,000 円

給与所得控除後の給与等の金額	⑨	「給与等の金額」欄に記載されている額

Step3 扶養控除、基礎控除、配偶者控除、所得金額調整控除額の計算

年末調整では、各申告書に記載されている申告内容に基づいて控除の額を確定していきます。

給与計算の担当者は、従業員から提出された　内容に基づいて、控除額を確認します。

給与の支払いを受ける者（従業員）が各種控除を受けるためには、申告が必要です。各種控除は、給与の支払い者（会社）に申告（申告内容を記載した申告書を提出）することによって、税優遇のメリットが受けられるようになります。

従業員に税法上の扶養があり、従業員が、扶養控除の適用を受けようとする場合には、「給与所得者の扶養控除等（異動）申告書」に申告すべき事項を記入し、その申告書を会社に提出する必要があります。基礎控除の適用を受ける場合も、「給与所得者の基礎控除申告書・給与所得者の配偶者控除等申告書・所得金額調整控除申告書」に必要事項を記入し、会社に提出します。※申告書への記入の仕方は、申告書の裏面に書いてあります。

配偶者（特別）控除額	⑰	配偶者控除等申告書記載の申告額
扶養控除額及び障害者等の控除額の合計額	⑱	扶養控除等申告書記載の申告額
基礎控除額	⑲	基礎控除申告書記載の申告額

Step4　保険料控除額の計算

保険料控除額は、「給与所得者の保険料控除申告書」の申告内容に基づいて、生命保険料控除、地震保険料控除、社会保険料控除、小規模企業共済等掛金控除の額を確定していきます。ここでいう社会保険料控除は、給与から控除されていた本人負担分の社会保険料のことではありません（給与とは別に支払った社会保険料になります）。

給与の支払いを受ける者（従業員）が保険料控除を受けるためには、申告が必要です。保険料控除は、給与の支払い者（会社）に申告（申告内容を記載した申告書を提出）することによって、税優遇のメリットが受けられるようになります。

従業員が私保険（民間の保険）や公的保険に加入し、従業員が、保険料控除の適用を受けようとする場合には、「給与所得者の保険料控除申告書」に申告すべき事項を記入し、その申告書に各種証明書を添付し、会社に提出する必要があります。

※申告書への記入の仕方は、申告書の裏面に書いてあります。

給与計算の担当者は、本人より提出のあった申告内容と添付された証明書の額が正しいかを確認していきます。

申告による社会保険料の控除分	⑬	保険料控除申告書記載の申告額
申告による小規模企業共済等掛金の控除分	⑭	保険料控除申告書記載の申告額
生命保険料の控除額	⑮	保険料控除申告書記載の申告額
地震保険料の控除額	⑯	保険料控除申告書記載の申告額

Step5　所得控除額の計算

所得控除額は、給与・賞与から控除した社会保険料の合計額と、Step3、Step4 の控除額、基礎控除額の合計です。

給与等からの控除分	⑫	給与・賞与から控除した社会保険料の合計額
申告による社会保険料の控除分	⑬	Step4（保険料控除申告書記載の申告額）
申告による小規模企業共済等掛金の控除分	⑭	Step4（保険料控除申告書記載の申告額）
生命保険料の控除額	⑮	Step4（保険料控除申告書記載の申告額）
地震保険料の控除額	⑯	Step4（保険料控除申告書記載の申告額）
配偶者（特別）控除額	⑰	Step3（配偶者控除等申告書記載の申告額）
扶養控除額及び障害者等の控除額の合計額	⑱	Step3（扶養控除等申告書記載の申告額）
基礎控除額	⑲	Step3（基礎控除申告書記載の申告額）
所得控除額の合計額（⑫～⑲の合計）	⑳	所得控除額（上記の合計額 Step5）

Step6　課税給与所得金額の計算

課税給与所得金額は、Step2 ⑨（給与所得控除後の給与等の金額）とStep5 ⑳（所得控除額）から求めます。計算方法は次の通りです。

〔Step2 ⑨ -（Step1 ⑦ -8,500,000）× 10％〕-Step5 ⑳＝ Step6 ㉑課税給与所得金額

Step1 ⑦が 8,500,000 円以下の場合は、Step2 ⑨ -Step5 ⑳＝ Step6 ㉑課税給与所得金額

所得金額調整控除額	⑩	1 円未満切上げ、最高 150,000 円
給与所得控除後の給与等の金額（調整控除後）	⑪	（⑨－⑩）
課税給与所得金額（⑪－⑳）	㉑	1,000 円未満切捨

Step7　算出所得税額の計算

算出所得税額は、Step6 ㉑で計算した「課税給与所得金額」から求ま

課税給与所得金額（Step6）㉑		税率（X）	控除額（Y）	税額＝（Step6）㉑×（X）-（Y）
	1,950,000 円以下	5%	-	(Step6) ㉑× 5%
1,950,000 円超	3,300,000 円以下	10%	97,500 円	(Step6) ㉑× 10%　97,500 円
3,300,000 円超	6,950,000 円以下	20%	427,500 円	(Step6) ㉑× 20%－ 427,500 円
6,950,000 円超	9,000,000 円以下	23%	636,000 円	(Step6) ㉑× 23%－ 636,000 円
9,000,000 円超	18,000,000 円以下	33%	1,536,000 円	(Step6) ㉑× 33%－ 1,536,000 円
18,000,000 円超	18,050,000 円以下	40%	2,796,000 円	(Step6) ㉑× 40%－ 2,796,000 円

す。計算は「年末調整のしおり」に記載されている「年末調整のための算出所得税額の速算表」を使用します。

※ 18,050,000円超は年末調整対象外です。

算出所得税額	㉒	「年末調整のための算出所得税額の速算表」から算出

Step8 年調所得税額の計算

年調所得税額は、Step7 ㉒から（特定増改築等）住宅借入金等特別控除申告書に記載されている金額を引いた金額になります。住宅借入金等特別控除がない人はStep7 ㉒の金額となります。マイナスの場合は0となります。

Step7 ㉒ - 住宅借入金等特別控除㉓＝ Step8 ㉔年調所得税額

住宅借入金等特別控除額	㉓	住宅借入金等特別控除申告書記載の申告額
年調所得税額	㉔	(㉒－㉓)、マイナスの場合は0

Step9 年調年税額の計算

年調年税額は、年調所得税額から求めます。年調年税額の計算は、復興特別所得税を含めた年税額（年調年税額）102.1％から算出します。

Step8 ㉔× 102.1％＝ Step9 ㉕年調年税額（100 円未満切捨て）

年調年税額	㉕	（㉔× 102.1%）、100 円未満切捨て

Step10 過不足税額の計算

過不足税額は、Step9 ㉕年調年税額から「毎月の給与計算・賞与計算とその集計」⑧で計算した税額計の差し引きした額です。算出された額と徴収済み税額を比較し、徴収済み税額のほうが多かった場合は還付となります。逆に、徴収済み税額が少なかった場合は、徴収となります。

過不足額がマイナスの場合：還付（本人へ返金）

過不足額がプラスの場合：徴収（本人より徴収）

Step9 ㉕－税額計⑧＝過不足額㉖

過不足税額	㉖	（㉕－⑧）

（3）還付額・徴収額の計上

年末調整が終わり、これまでに徴収した税額が多かった場合（過納）は還付となり、反対に少なかった場合（不足）は徴収となります。給与で還付や徴収を行う場合は、次のような項目になります。

支給計A − 控除計B ＋ その他計C※ ＝ 支給額D

※還付の場合は支給、徴収の場合は「−」（マイナス）です。

▶ 12月の給与明細書（例：イメージ図）

12月度給与明細書（11月勤務分）		末日締め翌月25日払（支給日12月25日）		名前：文京一郎（25歳）			
勤怠（11/1〜11/30）		支給		控除		その他	
出勤日数	22日	基本給	180,000円	健康保険料	12,974円	年末調整還付	11,340円
欠勤日数	0日	職能給	40,000円	介護保険料	0円	年末調整徴収	0円
有休日数	0日	業務手当	20,000円	厚生年金保険料	23,790円		
遅早時間	0時間	住宅手当	10,000円	雇用保険料	1,530円	その他計C	11,340円
残業時間	0時間	通勤費（定期代）	5,000円	所得税	5,200円		
欠勤日数	0日	残業手当	0円	住民税	0円		
		遅早欠勤控除	0円				
		支給計A	255,000円	控除計B	43,494円	支給額D	222,846円

※還付された額に税金や社会保険料はかかりません。

給与所得・退職所得に対する源泉徴収簿

➡詳細は巻末付録 P282 参照

令和6年分 給与所得に対する源泉徴収簿

甲欄 乙欄	所属		職名		住所	(郵便番号 －)	氏名	(フリガナ) (生年月日 明・大・昭・平・令 年 月 日)	整理番号	

区分	月区分	支給月日	総支給金額	社会保険料等の控除額	社会保険料等控除後の給与等の金額	扶養親族等の数	算出税額	年末調整による過不足税額	差引徴収税額
給料・手当等	1		円	円	円	人	円	円	円
	2								
	3								
	4								
	5								
	6								
	7								
	8								
	9								
	10								
	11								
	12								
	計		①	②	③				
賞与等							(税率 %)		
							(税率 %)		
							(税率 %)		
							(税率 %)		
	計		④	⑤	⑥				

前年の年末調整に基づき繰り越した過不足税額						円
同上の税額につき還付又は徴収した月区分	月別	還付又は徴収した税額	差引残高	月別	還付又は徴収した税額	差引残高
	月	円	円	月	円	円

扶養控除等の申告・各種控除額

申告の有無	区分 / 申告月日	源泉控除対象配偶者	一般の控除対象扶養親族	特定扶養親族	老人扶養親族 同居老親等	老人扶養親族 その他	一般の障害者 本人・配・扶(人)	特別障害者 本人・配・扶(人)	同居特別障害者 配・扶(人)	寡婦又はひとり親	勤労学生	従たる給与から控除する源泉控除対象配偶者と控除対象扶養親族の合計数	配偶者の有無
	当初	有・無	人	人	人	人	人	人	人	寡婦・ひとり親	有・無	当初	
有・無	/	有・無								寡婦・ひとり親	有・無	人	有・無
	/	有・無								寡婦・ひとり親	有・無	月 日	
控除額	1人当たり(万円)		38	63	58	48	27	40	75	27(寡婦) 35(ひとり親)	27	人	
	合計(万円)												

年末調整

区分		金額	税額
給料・手当等		① 円	③ 円
賞与等		④	⑥
計		⑦	⑧
給与所得控除後の給与等の金額		⑨	所得金額調整控除の適用 有・無 (※ 適用有の場合は⑩に記載)
所得金額調整控除額 ((⑦－8,500,000円)×10%、マイナスの場合は0)		⑩ (1円未満切上げ、最高150,000円)	
給与所得控除後の給与等の金額(調整控除後) (⑨－⑩)		⑪	
社会保険料等控除額	給与等からの控除分(②＋⑤)	⑫	配偶者の合計所得金額 (円)
	申告による社会保険料の控除分	⑬	旧長期損害保険料支払額 (円)
	申告による小規模企業共済等掛金の控除分	⑭	
生命保険料の控除額		⑮	⑫のうち小規模企業共済等掛金の金額 (円)
地震保険料の控除額		⑯	
配偶者(特別)控除額		⑰	
扶養控除額及び障害者等の控除額の合計額		⑱	⑬のうち国民年金保険料等の金額 (円)
基礎控除額		⑲	
所得控除額の合計額 (⑫＋⑬＋⑭＋⑮＋⑯＋⑰＋⑱＋⑲)		⑳	
差引課税給与所得金額(⑪－⑳)及び算出所得税額		㉑ (1,000円未満切捨て)	㉒
(特定増改築等)住宅借入金等特別控除額			㉓
年調所得税額(㉒－㉓、マイナスの場合は0)			㉔
年調年税額(㉔×102.1%)			㉕ (100円未満切捨て)
差引超過額又は不足額(㉕－⑧)			㉖
超過額の精算	本年最後の給与から徴収する税額に充当する金額		㉗
	未払給与に係る未徴収の税額に充当する金額		㉘
	差引還付する金額(㉖－㉗－㉘)		㉙
	同上のうち 本年中に還付する金額		㉚
	同上のうち 翌年において還付する金額		㉛
不足額の精算	本年最後の給与から徴収する金額		㉜
	翌年に繰り越して徴収する金額		㉝

給料・手当等の支給金額の内訳

月区分	支給月日	基本給	家族手当	手当	手当	手当	手当	総支給金額	給与等から控除された小規模企業共済等掛金の金額
		円	円	円	円	円	円	円	円

災害減免法による徴収猶予関係	申請書の受付月日	徴収猶予承認月日	徴収猶予期間	雑損失又は継続雑損失がある場合の徴収猶予限度額
	月 日	月 日	自 月 日 至 月 日	円

前月中に通常の給与を支給していなかった場合に支給する賞与の税額計算

区分	第1回	第2回	第3回
支給月日	・	・	・
社会保険料等控除後の賞与の金額 ①	円	円	円
①×$\frac{1}{6}$又は$\frac{1}{12}$ ②			
②に対する月額表に定める税額 ③			
算出税額 (③×6又は12)			

支給する賞与の金額が、前月中に支給した通常の給与の10倍を超える場合の賞与の税額計算

区分	第1回	第2回	第3回
支給月日	・	・	・
社会保険料等控除後の賞与の金額 ①	円	円	円
①×$\frac{1}{6}$又は$\frac{1}{12}$ ②			
②＋前月の「社会保険料等控除後の給与等の金額」 ③			
③に対する月額表に定める税額 ④			
④－前月の「社会保険料等控除後の給与等の金額」に対する月額表の税額 ⑤			
算出税額 (⑤×6又は12)			

【源泉徴収税額表】

月々(日々)の給与や賞与などから源泉徴収する所得税及び復興特別所得税の税額は、「令和6年分 源泉徴収税額表」を使用して求めることができます。

なお、「令和6年分 源泉徴収税額表」の税額については、令和5年分から変更はありません。

令和6年分 源泉徴収税額表

【年末調整がよくわかるページ】

国税庁ホームページに、「**年末調整がよくわかるページ**」を開設し、年末調整に関する様々な情報を提供しています。

このページの「**源泉徴収義務者(給与の支払者)の方へ**」には、年末調整の手順や源泉徴収票の作成等について解説した動画、パンフレット及び扶養控除等申告書等の各種様式を掲載しています。

また、年末調整の計算において使用する「年末調整等のための給与所得控除後の給与等の金額の表」、「扶養控除額及び障害者等の控除額の合計額の早見表」及び「年末調整のための算出所得税額の速算表」も掲載しています。

さらに、このページの「**給与所得者(従業員)の方へ**」には、扶養控除等申告書の記載例など従業員の方が各種申告書を記載する際に役立つ情報を掲載しています。

年末調整がよくわかる

※ 令和6年分の各種情報については、令和6年10月頃に掲載いたします。

6-4 ▷ 年末調整後の処理

年末調整が終わったら、源泉徴収票を従業員に交付し、市区町村に給与支払報告書と総括表を提出します。また、源泉所得税を納付し、提出対象者の源泉徴収票及びその他の帳票と一緒に法定調書合計表を税務署に提出します。

➡詳細は巻末付録 P283 参照

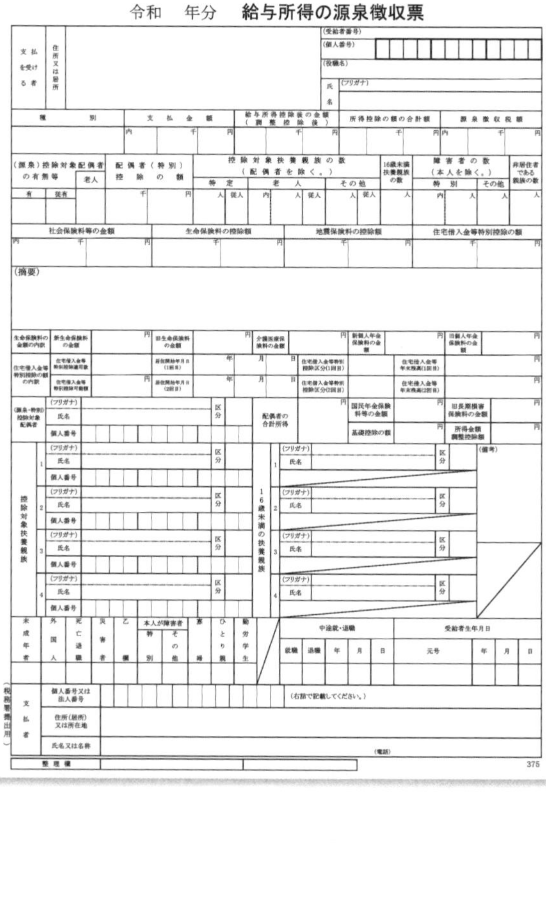

令和　年分　給与所得の源泉徴収票

支払を受ける者　住所又は居所　(受給者番号)　(個人番号)　(役職名)　氏名　(フリガナ)

種別	支払金額	給与所得控除後の金額（調整控除後）	所得控除の額の合計額	源泉徴収税額
	内　千　円	千　円	千　円	内　千　円

(源泉)控除対象配偶者の有無等	老人	配偶者(特別)控除の額	控除対象扶養親族の数(配偶者を除く。) 特定	老人	その他	16歳未満扶養親族の数	障害者の数(本人を除く。) 特別	その他	非居住者である親族の数
有　従有		千　円	人　従人	内　人　従人	人　従人	人	内　人	人	人

社会保険料等の金額	生命保険料の控除額	地震保険料の控除額	住宅借入金等特別控除の額
内　千　円	千　円	千　円	千　円

(摘要)

生命保険料の金額の内訳　新生命保険料の金額　旧生命保険料の金額　介護医療保険料の金額　新個人年金保険料の金額　旧個人年金保険料の金額

住宅借入金等特別控除の額の内訳　住宅借入金等特別控除適用数　居住開始年月日(1回目)　住宅借入金等特別控除区分(1回目)　住宅借入金等年末残高(1回目)　住宅借入金等特別控除可能額　居住開始年月日(2回目)　住宅借入金等特別控除区分(2回目)　住宅借入金等年末残高(2回目)

(源泉・特別)控除対象配偶者　(フリガナ)　氏名　区分　個人番号　配偶者の合計所得　国民年金保険料等の金額　旧長期損害保険料の金額　基礎控除の額　所得金額調整控除額

控除対象扶養親族 1〜4　(フリガナ)　氏名　区分　個人番号

16歳未満の扶養親族 1〜4　(フリガナ)　氏名　区分　(備考)

未成年者　外国人　死亡退職　災害者　乙欄　本人が障害者 特別　その他　寡婦　ひとり親　勤労学生　中途就・退職 就職　退職　年　月　日　受給者生年月日 元号　年　月　日

(税務署提出用)　支払者　個人番号又は法人番号　(右詰で記載してください。)　住所(居所)又は所在地　氏名又は名称　(電話)

整理欄　375

➡詳細は巻末付録 P284 参照

給与支払報告書（総括表）

第十七号様式（用紙日本産業規格Ａ５）（第十条関係）

指定番号

令和　　年　　月　　日提出

給与の支払期間	令和　年　月分から　月分まで		
給与支払者の個人番号又は法人番号			
フリガナ		事業種目	
給与支払者の氏名又は名称			
所得税の源泉徴収をしている事務所又は事業の名称		受給者総人員	人
		報告人員　特別徴収対象者	人
フリガナ		報告人員　普通徴収対象者（退職者）	人
同上の所在地	〒	報告人員　普通徴収対象者（退職者を除く）	人
給与支払者が法人である場合の代表者の氏名		報告人員　報告人員の合計	人
		所轄税務署名	税務署
連絡者の氏名、所属課、係名及び電話番号	課　係 氏名 （電話　）	給与の支払方法及びその期日	
関与税理士等の氏名及び電話番号	氏名 （電話　）	納入書の送付	必要 ・ 不要

第17号様式記載要領

1　この給与支払報告書（以下「報告書」という。）は、地方税法（以下「法」という。）第317条の６第１項又は第３項に規定する給与について使用してください。

2　給与の支払をする者で、給与所得について所得税を源泉徴収する義務のあるものは、次により関係市町村に報告書を提出してください。

（イ）　１月１日現在において給与の支払を受けている者　１月31日まで

（ロ）　給与の支払を受けている者のうち給与の支払を受けなくなったもの　退職した年の翌年の１月31日まで

3　「指定番号」欄には、提出先の市町村が定める指定番号を記載してください。

4　「給与の支払期間」欄には、「報告人員の合計」欄で計上された人員に給与を支払った期間を記載してください。

5　「給与支払者の個人番号又は法人番号」欄には、給与支払者の個人番号（行政手続における特定の個人を識別するための番号の利用等に関する法律第２条第５項に規定する個人番号をいう。以下同じ。）又は法人番号（同条第15項に規定する法人番号をいう。）を記載してください。なお、個人番号を記載する場合は、左側を１文字空けて記載してください。

6　「給与支払者が法人である場合の代表者の氏名」欄には、経理責任者の職氏名を記載してください。給与支払者が国の機関である場合には、国の機関名を記載してください。

7　「連絡者の氏名、所属課、係名及び電話番号」欄には、この報告書について応答する者の氏名、所属課、係名及びその電話番号を記載してください。

8　「関与税理士等の氏名及び電話番号」欄には、税理士等が報告書を作成する場合に、報告書に関する問合せ先となる税理士等の氏名及び電話番号を記載してください。

9　「受給者総人員」欄には、１月１日現在において給与の支払をする事務所、事業所等から給与等の支払を受けている者の総人員を記載してください。

10　「特別徴収対象者」欄には、提出先の市町村に対して「給与支払報告書（個人別明細書）」を提出する者で、特別徴収の対象となるものの人員を記載してください。

11　「普通徴収対象者（退職者）」欄には、提出先の市町村に対して「給与支払報告書（個人別明細書）」を提出する者で、普通徴収の対象となるもののうち退職者の人員を記載してください。

12　「普通徴収対象者（退職者を除く）」欄には、提出先の市町村に対して「給与支払報告書（個人別明細書）」を提出する者で、普通徴収の対象となるもののうち退職者を除いた人員を記載してください。

13　「報告人員の合計」欄には、「特別徴収対象者」欄、「普通徴収対象者（退職者）」欄及び「普通徴収対象者（退職者を除く）」欄の人員の合計を記載してください。

14　「給与の支払方法及びその期日」欄には、月給、週給等及び毎月20日、毎週月曜日等と記載してください。

（1）法定調書

法定調書とは、給与等を支払う会社が作成すべき書類のことで、税務署に提出する義務のある書類になります。この法定調書の提出期限は、1月末日となり、給与の支払い状況は、「給与支払報告書」として、従業員等が居住する市区町村へ提出します。これらの書類を通じて、国が個人の所得を把握し、市区町村が6月以降の住民税の額を決定することになります。

▶ 年末調整後の手続

①源泉徴収票の交付	従業員	源泉徴収票は、会社が従業員全員に交付する。
②給与所得の源泉徴収票の提出	税務署	源泉徴収票は、該当する人の分を会社から税務署に提出する。
③給与支払報告書の提出	市区町村	給与支払報告書は、翌年 1/1 現在の住所地の市区町村へ提出する。

上記以外にも、次の帳票を取りまとめておく必要があります。法定調書合計表には、給与所得以外の会社から支払った額も記入します。

・退職所得の源泉徴収票
・報酬、料金、契約金及び賞金の支払調書
・不動産関連の支払調書（使用料等、譲受対価、売買・貸付の斡旋手数料）

(2) 源泉所得税の納付

年末調整で過不足精算した後は、納付書（所得税徴収高計算書）で税金を納付します。過納税額となった場合は、充当（または還付）となります。過納税額や不足税額は、それぞれ年末調整による超過税額欄、不足税額欄に記入します。納付期限は１月10日※です。※納期の特例：1月20日。
納付額「0」の場合も、納付書を税務署へ提出する必要があります。

(3) 市区町村への提出

12月の年末調整が終わったら、翌年１月１日現在の各従業員の住所地の市区町村に「給与支払報告書」を提出します。給与支払報告書は、各市区町村から届く総括表と一緒に提出します。提出期限は１月31日です。

(4) 税務署への提出

12月の年末調整が終わったら、管轄税務署に「給与所得の源泉徴収票」

を提出します。提出期限は翌年1月31日です。源泉徴収票を提出する必要のある人（提出対象者）は次の人です。

<table>
<tr><th></th><th colspan="2">受給者の区分</th><th>提出者の条件</th></tr>
<tr><td rowspan="3">年末調整した人</td><td colspan="2">(1) 法人役員（取締役、会計参与、監査役、理事、監事、顧問等）、その年中に役員であった人</td><td>その年の給与等の支払い金額が150万円を超える場合</td></tr>
<tr><td colspan="2">(2) 給与等として支払っている弁護士、司法書士、公認会計士、税理士、社会保険労務士等
※報酬として支払う場合は「報酬、料金、契約書及び賞金の支払調書」で提出します。</td><td>その年の給与等の支払い金額が250万円を超える場合</td></tr>
<tr><td colspan="2">(3) 上記（1）及び（2）以外の人</td><td>その年の給与等の支払い金額が500万円を超える場合</td></tr>
<tr><td rowspan="3">年末調整しなかった人</td><td rowspan="2">(4)「給与所得者の扶養控除等申告書」を提出した人</td><td>その年に退職した人、被災したため給与所得に対する源泉所得税等の徴収の猶予または還付を受けた人</td><td>その年の給与等の支払い金額が250万円を超える場合（法人役員の場合は50万円を超えた場合）</td></tr>
<tr><td>給与等の金額が2,000万円を超えるため年末調整しなかった人</td><td>すべて</td></tr>
<tr><td colspan="2">(5)「給与所得者の扶養控除等申告書」を提出しなかった人（乙欄または丙欄区分の人）</td><td>その年の給与等の支払い金額が50万円を超える場合</td></tr>
</table>

「給与所得の源泉徴収票等の法定調書合計表」は、翌年1月31日までに税務署へ提出します。法定調書合計表には、給与所得、退職所得、支払調書、それぞれ合計額を記載します。

▶ 給与所得の源泉徴収票等の法定調書合計表

➡詳細は巻末付録 P285 参照

FE0104

令和□□年分 給与所得の源泉徴収票等の法定調書合計表

（所得税法施行規則別表第５（８）、５（２４）、５（２５）、５（２６）、６（１）及び６（２）関係）

【平成28年1月1日以後提出用】

提出用

税務署受付印	令和　年　月　日提出 税務署長　殿	事業種目	署番号 / 整理番号
提出者	住所又は所在地　電話（　－　－　）	調書の提出区分　新規=1 追加=2 訂正=3 無効=4	提出媒体　1 給与　2 退職　3 報酬　4 使用　5 譲受　6 斡旋
	（フリガナ） 氏名又は名称	（フリガナ） 作成担当者	本店等一括提出　有○ 翌年以降送付　否○
	個人番号又は法人番号(注)　↓個人番号の記載に当たっては、左端を空欄にし、ここから記載してください。		
	（フリガナ） 代表者氏名	作成税理士署名　電話（　－　－　）	税理士番号

1　給与所得の源泉徴収票合計表（375）

区分	人員	左のうち、源泉徴収税額のない者	支払金額	源泉徴収税額
Ⓐ俸給、給与、賞与等の総額	人	人	円	円
Ⓐのうち、丙欄適用の日雇労務者の賃金			円	円
Ⓑ源泉徴収票を提出するもの	人		円	円
災害減免法により徴収猶予したもの	人員　人	猶予税額　円	（摘要）	

2　退職所得の源泉徴収票合計表（316）

区分	人員	支払金額	源泉徴収税額	（摘要）
Ⓐ退職手当等の総額	人	円	円	
Ⓑ Ⓐのうち、源泉徴収票を提出するもの	人	円	円	

3　報酬、料金、契約金及び賞金の支払調書合計表（309）

	区分	人員 個人	人員 個人以外	支払金額	源泉徴収税額
所得税法第204条に規定する報酬又は料金等	原稿料、講演料等の報酬又は料金（１号該当）	人	人	円	円
	弁護士、税理士等の報酬又は料金（２号該当）	人	人	円	円
	診療報酬（３号該当）	人	人	円	円
	職業野球選手、騎手、外交員等の報酬又は料金（４号該当）	人	人	円	円
	芸能等に係る出演、演出等の報酬又は料金（５号該当）	人	人	円	円
	ホステス等の報酬又は料金（６号該当）	人	人	円	円
	契約金（７号該当）	人	人	円	円
	賞金（８号該当）	人	人	円	円
	Ⓐ計	実　人	実　人	円	円
Ⓑ Ⓐのうち、支払調書を提出するもの		人	人	円	円

区分	件数	支払金額	源泉徴収税額	（摘要）
Ⓐのうち、所得税法第174条第10号に規定する内国法人に対する賞金	件	円	円	
災害減免法により徴収猶予したもの	人員　人	猶予税額　円		

4　不動産の使用料等の支払調書合計表（313）

区分	人員	支払金額
Ⓐ使用料等の総額	人	円
Ⓑ Ⓐのうち、支払調書を提出するもの	人	円

（摘要）

6　不動産等の売買又は貸付けのあっせん手数料の支払調書合計表（314）

区分	人員	支払金額
Ⓐあっせん手数料の総額	人	円
Ⓑ Ⓐのうち、支払調書を提出するもの	人	円

（摘要）

5　不動産等の譲受けの対価の支払調書合計表（376）

区分	人員	支払金額
Ⓐ譲受けの対価の総額	人	円
Ⓑ Ⓐのうち、支払調書を提出するもの	人	円

（摘要）

税務署整理欄	通信日付印	確認	提出年月日	身元確認
			年　月　日	
			区分　A B C D E F G H	

○提出媒体欄には、法定調書の種類別にコードを記載してください。（電子=14　FD=15　MO=16　CD=17　DVD=18　書面=30　その他=99）

(注) 平成27年分以前の合計表を作成する場合には、「個人番号又は法人番号」欄に何も記載しないでください。

〔巻末付録 1〕

給与計算関連公的書面一覧

（一般労働者用；常用、有期雇用型）

労働条件通知書

年　月　日

＿＿＿＿＿＿＿＿殿

事業場名称・所在地
使 用 者 職 氏 名

労働契約の期間。	契約期間	期間の定めなし、期間の定めあり（　年　月　日～　年　月　日） ※以下は、「契約期間」について「期間の定めあり」とした場合に記入 1　契約の更新の有無 ［自動的に更新する・更新する場合があり得る・契約の更新はしない・その他（　）］ 2　契約の更新は次により判断する。 （・契約期間満了時の業務量　・勤務成績、態度　・能力 ・会社の経営状況　・従事している業務の進捗状況 ・その他（　）） 3　更新上限の有無（無・有（更新　回まで／通算契約期間　年まで）） 【労働契約法に定める同一の企業との間での通算契約期間が５年を超える有期労働契約の締結の場合】 本契約期間中に会社に対して期間の定めのない労働契約（無期労働契約）の締結の申込みをすることにより、本契約期間の末日の翌日（　年　月　日）から、無期労働契約での雇用に転換することができる。この場合の本契約からの労働条件の変更の有無（　無　・　有（別紙のとおり）　） 【有期雇用特別措置法による特例の対象者の場合】 無期転換申込権が発生しない期間：　Ⅰ（高度専門）・Ⅱ（定年後の高齢者） Ⅰ　特定有期業務の開始から完了までの期間（　年　か月（上限10年）） Ⅱ　定年後引き続いて雇用されている期間
就業場所や業務の内容。	就業の場所	（雇入れ直後）　（変更の範囲）
	従事すべき業務の内容	（雇入れ直後）　（変更の範囲） 【有期雇用特別措置法による特例の対象者（高度専門）の場合】 ・特定有期業務（　開始日：　完了日：　）
始業・終業の時刻や休憩時間、休日・休暇など。	始業、終業の時刻、休憩時間、就業時転換（(1)～(5)のうち該当するもの一つに○を付けること。）、所定時間外労働の有無に関する事項	1　始業・終業の時刻等 (1) 始業（　時　分）　終業（　時　分） 【以下のような制度が労働者に適用される場合】 (2) 変形労働時間制等；（　）単位の変形労働時間制・交替制として、次の勤務時間の組み合わせによる。 ┌ 始業（　時　分）　終業（　時　分）　（適用日　） ├ 始業（　時　分）　終業（　時　分）　（適用日　） └ 始業（　時　分）　終業（　時　分）　（適用日　） (3) ﾌﾚｯｸｽﾀｲﾑ制；始業及び終業の時刻は労働者の決定に委ねる。 （ただし、ﾌﾚｷｼﾌﾞﾙﾀｲﾑ（始業）　時　分から　時　分、 （終業）　時　分から　時　分、 ｺｱﾀｲﾑ　時　分から　時　分） (4) 事業場外みなし労働時間制；始業（　時　分）終業（　時　分） (5) 裁量労働制；始業（　時　分）　終業（　時　分）を基本とし、労働者の決定に委ねる。 ○詳細は、就業規則第　条～第　条、第　条～第　条、第　条～第　条 2　休憩時間（　）分 3　所定時間外労働の有無（　有　，　無　）
	休　日	・定例日；毎週　曜日、国民の祝日、その他（　） ・非定例日；週・月当たり　日、その他（　） ・１年単位の変形労働時間制の場合－年間　日 ○詳細は、就業規則第　条～第　条、第　条～第　条
	休　暇	1　年次有給休暇　6か月継続勤務した場合→　日 継続勤務6か月以内の年次有給休暇　（有・無） →　か月経過で　日 時間単位年休（有・無） 2　代替休暇（有・無） 3　その他の休暇　有給（　） 無給（　） ○詳細は、就業規則第　条～第　条、第　条～第　条

（次頁に続く）

<table>
<tr><td>賃　　金</td><td>1　基本賃金　イ　月給（　　　　円）、ロ　日給（　　　　円）
ハ　時間給（　　　円）、
ニ　出来高給（基本単価　　　円、保障給　　　円）
ホ　その他（　　　　円）
ヘ　就業規則に規定されている賃金等級等
［　　　　　　　　　　　　　　　　　　　　］
2　諸手当の額又は計算方法
イ（　　手当　　　円　／計算方法：　　　　　　　　）
ロ（　　手当　　　円　／計算方法：　　　　　　　　）
ハ（　　手当　　　円　／計算方法：　　　　　　　　）
ニ（　　手当　　　円　／計算方法：　　　　　　　　）
3　所定時間外、休日又は深夜労働に対して支払われる割増賃金率
イ　所定時間外、法定超　月６０時間以内（　　）％
月６０時間超　（　　）％
所定超　（　　）％
ロ　休日　法定休日（　　）％、法定外休日（　　）％
ハ　深夜（　　）％
4　賃金締切日（　　）－毎月　日、（　　）－毎月　日
5　賃金支払日（　　）－毎月　日、（　　）－毎月　日
6　賃金の支払方法（　　　　　　　　）
7　労使協定に基づく賃金支払時の控除（無　，有（　　））
8　昇給（　有（時期、金額等　　　　　　）　，　無　）
9　賞与（　有（時期、金額等　　　　　　）　，　無　）
10　退職金（　有（時期、金額等　　　　　　）　，　無　）</td></tr>
<tr><td>退職に関する事項</td><td>1　定年制　（　有　（　　歳）　，　無　）
2　継続雇用制度（　有（　　歳まで）　，　無　）
3　創業支援等措置（　有（　　歳まで業務委託・社会貢献事業）　，　無　）
4　自己都合退職の手続（退職する　　日以上前に届け出ること）
5　解雇の事由及び手続　［　　　　　　　　　　］
○詳細は、就業規則第　条～第　条、第　条～第　条</td></tr>
<tr><td>そ　の　他</td><td>・社会保険の加入状況（　厚生年金　健康保険　その他（　　　　））
・雇用保険の適用（　有　，　無　）
・中小企業退職金共済制度
（加入している　，　加入していない）（※中小企業の場合）
・企業年金制度（　有（制度名　　　　　）　，　無　）
・雇用管理の改善等に関する事項に係る相談窓口
部署名　　　　担当者職氏名　　　　（連絡先　　　　　）
・その他（　　　　　　　　　　　　）
※以下は、「契約期間」について「期間の定めあり」とした場合についての説明です。
労働契約法第18条の規定により、有期労働契約（平成25年4月1日以降に開始するもの）の契約期間が通算５年を超える場合には、労働契約の期間の末日までに労働者から申込みをすることにより、当該労働契約の期間の末日の翌日から期間の定めのない労働契約に転換されます。ただし、有期雇用特別措置法による特例の対象となる場合は、無期転換申込権の発生については、特例的に本通知書の「契約期間」の「有期雇用特別措置法による特例の対象者の場合」欄に明示したとおりとなります。</td></tr>
<tr><td colspan="2">以上のほかは、当社就業規則による。就業規則を確認できる場所や方法（　　　　　　　　）</td></tr>
</table>

給与額、給与の締め支払い等の給与についての詳細。

退職に関する事項。

※　本通知書の交付は、労働基準法第１５条に基づく労働条件の明示及び短時間労働者及び有期雇用労働者の雇用管理の改善等に関する法律（パートタイム・有期雇用労働法）第６条に基づく文書の交付を兼ねるものであること。

※　労働条件通知書については、労使間の紛争の未然防止のため、保存しておくことをお勧めします。

給与支払事務所等の開設・移転・廃止届出書（➡本文 P32）

※整理番号	

税務署受付印

給与支払事務所等の開設・移転・廃止届出書

令和　年　月　日 税務署長殿 所得税法第230条の規定により次のとおり届け出ます。	事務所開設者	住所又は本店所在地	〒 電話（　　）　－
		（フリガナ）	
		氏名又は名称	
		個人番号又は法人番号	↓個人番号の記載に当たっては、左端を空欄とし、ここから記載してください。
		（フリガナ）	
		代表者氏名	

（注）「住所又は本店所在地」欄については、個人の方については申告所得税の納税地、法人については本店所在地（外国法人の場合には国外の本店所在地）を記載してください。

法人は本店所在地、個人は所得税の納税地。

開設・移転・廃止年月日	令和　年　月　日	給与支払を開始する年月日	令和　年　月　日

異動の場合は、「その他」欄に異動した届出事項を記入、「給与支払事務所等について」欄に異動の内容。

○届出の内容及び理由
（該当する事項のチェック欄□に✓印を付してください。）

		「給与支払事務所等について」欄の記載事項 開設・異動前	異動後
開設	□ 開業又は法人の設立		
	□ 上記以外 ※本店所在地等とは別の所在地に支店等を開設した場合	開設した支店等の所在地	
移転	□ 所在地の移転	移転前の所在地	移転後の所在地
	□ 既存の給与支払事務所等への引継ぎ （理由）□ 法人の合併　□ 法人の分割　□ 支店等の閉鎖 □ その他 （　　　　）	引継ぎをする前の給与支払事務所等	引継先の給与支払事務所等
廃止	□ 廃業又は清算結了　□ 休業		
その他（　　　　）		異動前の事項	異動後の事項

○給与支払事務所等について

	開設・異動前	異動後
（フリガナ）		
氏名又は名称		
住所又は所在地	〒 電話（　　）　－	〒 電話（　　）　－
（フリガナ）		
責任者氏名		

給与等を支払う人員数

従事員数	役員　人	従業員　人	（　）　人	（　）　人	（　）　人	計　人

（その他参考事項）

税理士署名	

※税務署処理欄	部門		決算期		業種番号		入力		名簿等		用紙交付		通信日付印	年 月 日	確認	
	番号確認	身元確認 □ 済 □ 未済	確認書類 個人番号カード／通知カード・運転免許証 その他（　　）													

（規格A4）

03.06 改正

（➡本文 P32）

税務署受付印

1	0	4	0

個人事業の開業・廃業等届出書

＿＿＿＿＿＿税務署長

＿＿年＿＿月＿＿日提出

納税地	○住所地・○居所地・○事業所等（該当するものを選択してください。） （〒　－　） （TEL　－　－　）
上記以外の住所地・事業所等	納税地以外に住所地・事業所等がある場合は記載します。 （〒　－　） （TEL　－　－　）
フリガナ	
氏名	
生年月日	○大正 ○昭和 ○平成 ○令和　年　月　日生
個人番号	
職業	
フリガナ	
屋号	

提出する税務署名、屋号は店舗名等（空欄でも可）、職業欄は職種について記入。

個人事業の開廃業等について次のとおり届けます。

届出の区分	○開業（事業の引継ぎを受けた場合は、受けた先の住所・氏名を記載します。） 住所＿＿＿＿　氏名＿＿＿＿ 事務所・事業所の（○新設・○増設・○移転・○廃止） ○廃業（事由） （事業の引継ぎ（譲渡）による場合は、引き継いだ（譲渡した）先の住所・氏名を記載します。） 住所＿＿＿＿　氏名＿＿＿＿
所得の種類	○不動産所得・○山林所得・○事業（農業）所得〔廃業の場合……○全部・○一部（　）〕
開業・廃業等日	開業や廃業、事務所・事業所の新増設等のあった日　年　月　日
事業所等を新増設、移転、廃止した場合	新増設、移転後の所在地　（電話）
	移転・廃止前の所在地
廃業の事由が法人の設立に伴うものである場合	設立法人名　代表者名
	法人納税地　設立登記　年　月　日
開業・廃業に伴う届出書の提出の有無	「青色申告承認申請書」又は「青色申告の取りやめ届出書」　○有・○無
	消費税に関する「課税事業者選択届出書」又は「事業廃止届出書」　○有・○無

開業に○、開業日を記入（あとは記入しない）、青色申告承認申請書と共に出す場合は「有」、開業直後には消費税の申告は通常必要ないので、「無」。

事業の概要（できるだけ具体的に記載します。）	

給与等の支払の状況	区分	従事員数	給与の定め方	税額の有無	その他参考事項
	専従者	人		○有・○無	
	使用人			○有・○無	
				○有・○無	
	計				

源泉所得税の納期の特例の承認に関する申請書の提出の有無	○有・○無	給与支払を開始する年月日	年　月　日

事業の内容を詳しく記入、従業員やアルバイト等を雇う場合は記入、家族に従業員として、給与を払う場合にはここに記入。

関与税理士

（TEL　－　－　）

税務署整理欄	整理番号	関係部門連絡	A	B	C	番号確認	身元確認
	0						□ 済 □ 未済
	源泉用紙交付	通信日付印の年月日	確認	確認書類 個人番号カード／通知カード・運転免許証 その他（　）			
		年　月　日					

健康保険・厚生年金保険新規適用届 （➡本文 P34）

様式コード			
2	1	0	1

健康保険
厚生年金保険　**新規適用届**

受付印

令和　　年　　月　　日提出

事業主記入欄		
	事業所所在地	〒　　－ （フリガナ）
	事業所名称	（フリガナ）
	電話番号	（　　　　）

社会保険労務士記載欄
氏名等

給与や手当の種類を明記し、㉔従業員を社会保険に加入する人しない人に分け、その人数と労働日数、労働時間を記入。

事業所情報記入欄

① 事業主（または代表者）氏名	（フリガナ） （氏）　（名）	② 問合せ先担当者名（内線）	問合せ先担当者名　内線番号
③ 事業主（または代表者）住所	〒　　－		
「事業主代理人」の有る場合 ④ 事業主代理人氏名	（フリガナ） （氏）　（名）		
「事業主代理人」の有る場合 ⑤ 事業主代理人住所	〒　　－		
⑥ 業態区分（事業の種類）	事業の種類	⑦ 適用年月日（※記入不要）	9. 令和　　年　　月　　日
⑧ 個人・法人等区分	1. 法人事業所 2. 個人事業所 3. 国・地方公共団体	⑨ 法人番号等	1. 法人番号 2. 会社法人等番号
⑩ 本店・支店区分	1. 本店 2. 支店	⑪ 内・外国区分	1. 内国法人 2. 外国法人
⑫ 社会保険労務士名		社会保険労務士コード	
⑬ 健康保険組合名称	（フリガナ） 健康保険組合	⑭ 厚生年金基金番号	厚生年金基金
⑮ 給与計算の締切日	日	⑯ 昇給月	月　月　月　月
⑰ 算定基礎届媒体作成	0. 必要（紙媒体） 1. 不要（自社作成） 2. 必要（電子媒体）		
⑱ 給与支払日	当月 翌月　日	⑲ 賞与支払予定月	月　月　月　月
⑳ 賞与支払届媒体作成	0. 必要（紙媒体） 1. 不要（自社作成） 2. 必要（電子媒体）		
㉑ 給与形態	1. 月給　5. 時間給 2. 日給　6. 年俸制 3. 日給月給　7. その他 4. 歩合給（　　）	㉒ 諸手当の種類	1. 家族手当　5. 精勤手当 2. 住宅手当　6. 残業手当 3. 役付手当　7. その他 4. 通勤手当（　　）
㉓ 現物給与の種類	1. 食事　5. その他 2. 住宅（　　） 3. 被服 4. 定期券		
㉔ 従業員情報	1. 従業員数（役員含む）　人	2. 社会保険に加入する従業員数　人	
	3. 社会保険に加入しない従業員について ※ ㋑～㋓については平均的な勤務日数および勤務時間を記入してください。	㋐ 役員　人［報酬（0. 無／1. 有）・常勤（　人）・非常勤（　人）］ ㋑ 嘱託職員等　人［1月　日・1週　時間］ ㋒ パート　人［1月　日・1週　時間］ ㋓ アルバイト　人［1月　日・1週　時間］	
㉕ 所定労働日数 所定労働時間	1月　日・1週　時間　分		
㉖ 備考			

給与所得者の扶養控除等（異動）申告書（➡本文 P36・P236）

源泉控除対象配偶者とは給与所得者の所得見積額が 900 万円以下で、生計を同じくする所得の見積額が 85 万円以下の配偶者が該当。

この申告書は従業員本人に記入してもらう。

令和６年分　給与所得者の扶養控除等（異動）申告書

所轄税務署長等	給与の支払者の名称（氏名）		（フリガナ） あなたの氏名		あなたの生年月日	明・大・昭 平・令　年　月　日	従たる給与についての扶養控除等申告書の提出 （提出している場合には、○印を付けてください。）
					世帯主の氏名		
税務署長	給与の支払者の法人（個人）番号	※この申告書の提出を受けた給与の支払者が記載してください。	あなたの個人番号		あなたとの続柄		
市区町村長	給与の支払者の所在地（住所）		あなたの住所又は居所	（郵便番号　－　）	配偶者の有無	有・無	

あなたに源泉控除対象配偶者、障害者に該当する同一生計配偶者及び扶養親族がなく、かつ、あなた自身が障害者、寡婦、ひとり親又は勤労学生のいずれにも該当しない場合には、以下の各欄に記入する必要はありません。

主たる給与から控除を受ける

区分等	（フリガナ） 氏名	個人番号 あなたとの続柄	生年月日	老人扶養親族（昭30.1.1以前生） 特定扶養親族（平14.1.2生～平18.1.1生）	令和６年中の所得の見積額	非居住者である親族 生計を一にする事実	住所又は居所	異動月日及び事由 （令和6年中に異動があった場合に記載してください（以下同じです。）。）
A 源泉控除対象配偶者（注1）			明・大 昭・平　・　・		円	（該当する場合は○印を付けてください。）		
B 控除対象扶養親族（16歳以上）（平21.1.1以前生）　1			明・大 昭・平　・　・	□同居老親等 □その他 □特定扶養親族	円	□16歳以上30歳未満又は70歳以上 □留学 □障害者 □38万円以上の支払		
2			明・大 昭・平　・　・	□同居老親等 □その他 □特定扶養親族	円	□16歳以上30歳未満又は70歳以上 □留学 □障害者 □38万円以上の支払		
3			明・大 昭・平　・　・	□同居老親等 □その他 □特定扶養親族	円	□16歳以上30歳未満又は70歳以上 □留学 □障害者 □38万円以上の支払		
4			明・大 昭・平　・　・	□同居老親等 □その他 □特定扶養親族	円	□16歳以上30歳未満又は70歳以上 □留学 □障害者 □38万円以上の支払		

C 障害者、寡婦、ひとり親又は勤労学生	区分＼該当者	本人	同一生計配偶者（注2）	扶養親族		障害者又は勤労学生の内容（この欄の記載に当たっては、裏面の「2　記載についてのご注意」の8をお読みください。）	異動月日及び事由
□障害者	一般の障害者			（　人）	□寡婦		
	特別障害者			（　人）	□ひとり親		
	同居特別障害者			（　人）	□勤労学生		

上の該当する項目及び欄にチェックを付け、（　）内には該当する扶養親族の人数を記入してください。

（注）1　源泉控除対象配偶者とは、所得者（令和6年中の所得の見積額が900万円以下の人に限ります。）と生計を一にする配偶者（青色事業専従者として給与の支払を受ける人及び白色事業専従者を除きます。）で、令和6年中の所得の見積額が95万円以下の人をいいます。
2　同一生計配偶者とは、所得者と生計を一にする配偶者（青色事業専従者として給与の支払を受ける人及び白色事業専従者を除きます。）で、令和6年中の所得の見積額が48万円以下の人をいいます。

D 他の所得者が控除を受ける扶養親族等	氏名	あなたとの続柄	生年月日	住所又は居所	控除を受ける他の所得者　氏名	あなたとの続柄	住所又は居所	異動月日及び事由
			明・大・昭 平・令　・　・					
			明・大・昭 平・令　・　・					

○住民税に関する事項（この欄は、地方税法第45条の3の2及び第317条の3の2に基づき、給与の支払者を経由して市区町村長に提出する給与所得者の扶養親族等申告書の記載欄を兼ねています。）

16歳未満の扶養親族（平21.1.2以後生）	（フリガナ） 氏名	個人番号	あなたとの続柄	生年月日	住所又は居所	控除対象外国外扶養親族（該当する場合は○印を付けてください。）	令和６年中の所得の見積額（※）	異動月日及び事由
1				平・令　・　・			円	
2				平・令　・　・			円	

※「令和６年中の所得の見積額」欄には、退職所得を除いた所得の見積額を記載します

退職手当等を有する配偶者・扶養親族	（フリガナ） 氏名	個人番号	あなたとの続柄	生年月日	住所又は居所	非居住者である親族（該当する項目にチェックを付けてください。）	令和６年中の所得の見積額（※）	障害者区分	異動月日及び事由	寡婦又はひとり親
				明・大・昭 平・令　・　・		配偶者 30歳未満又は70歳以上　□留学 障害者　□38万円以上の支払	円	□一般 □特別		□寡婦 □ひとり親

扶

記載のしかたはこちら

◎この申告書は、あなたの給与について扶養控除、障害者控除などの控除を受けるために提出するものです。
◎この申告書は、源泉控除対象配偶者、障害者に該当する同一生計配偶者及び扶養親族に該当する人がいない人も提出する必要があります。
◎この申告書は、2か所以上から給与の支払を受けている場合には、そのうちの1か所にしか提出することができません。
◎**この申告書の記載に当たっては、裏面の「1　申告についてのご注意」等をお読みください。**

扶養家族は、本人と生計を同じくし、合計所得額が 48 万円以下の人が該当する。パートの場合には 103 万円以下が該当するが、16 歳未満は扶養控除の対象外なので下段に記入する。

事業所整理記号と事業所番号を必ず記載。

従業員のマイナンバー（個人番号）を記載。

被保険者となった日を記入。

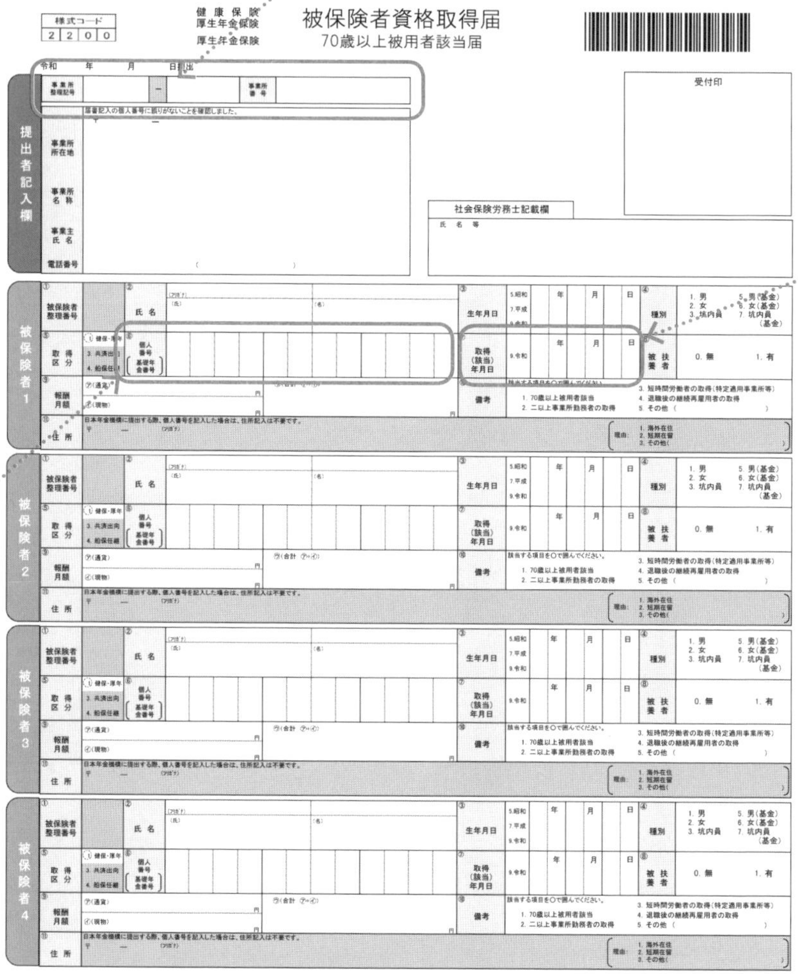

協会けんぽご加入の事業所様へ
※ 70歳以上被用者該当届のみ提出の場合は、「⑩備考」欄の「1.70歳以上被用者該当」および「5.その他」に○をし、「5.その他」の（ ）内に「該当届のみ」とご記入ください（この場合、健康保険被保険者証の発行はありません）。

※被扶養者がいる場合には「健康保険被扶養者（異動）届」を合わせて提出する。

様式コード 2202　協会管掌事業所用

健康保険 被扶養者（異動）届
国民年金 第3号被保険者関係届

令和　年　月　日提出

事業主記入欄

事業所整理記号　　—

届出記入の個人番号（基礎年金番号）に誤りがないことを確認しました。

事業所所在地　〒　—
事業所名称
事業主氏名
電話番号　（　）

厚生年金被保険者の配偶者にかかる届出の記載がある場合、同時に『国民年金第3号被保険者関係届』として受理し、配偶者を第3号被保険者に、第2号被保険者を配偶者として読み替えます。

受付印

社会保険労務士記載欄
氏名等

事業主確認欄　事業主が確認した場合に〇で囲んでください。　1.確認　収入に関する証明の添付が省略されている者は、所得税法上の控除対象配偶者・扶養親族であることを確認しました。

事業主等受付年月日　令和　年　月　日

A.被保険者欄

① 被保険者整理番号
② 氏名（ﾌﾘｶﾞﾅ）（氏）（名）
③ 生年月日　5.昭和 7.平成 9.令和　年　月　日
④ 性別　1.男 2.女
⑤ 個人番号［基礎年金番号］
⑥ 取得年月日　5.昭和 7.平成 9.令和　年　月　日
⑦ 収入（年収）　円
⑧ 住所　個人番号を記入した場合は、住所記入は不要です。〒　—

※事業主が、認定を受ける方の続柄を裏面(a)の書類で確認した場合は、B欄⑮（又はC欄⑯）の「※続柄確認済み」の□に✓を付してください。（添付書類については裏面(a)(b)参照）
配偶者が被扶養者（第3号被保険者）になった場合は「該当」、被扶養者でなくなった場合は「非該当」、変更の場合は「変更」を〇で囲んでください。

B.配偶者である被扶養者（第3号被保険者）欄

① 氏名　第3号被保険者に関し、この届書記載のとおり届出します。令和　年　月　日
（ﾌﾘｶﾞﾅ）
（氏名）
※第3号被保険者関係届の提出は配偶者（第2号被保険者）に委任します □
② 生年月日　5.昭和 7.平成 9.令和　年　月　日
③ 性別（続柄）　1.夫 3.夫（未届） 2.妻 4.妻（未届）
④ 個人番号［基礎年金番号］
⑤ 外国籍
⑥ 外国人通称名（ﾌﾘｶﾞﾅ）
⑦ 住所　1.同居 2.別居　〒　—
⑧ 電話番号　1.自宅 2.携帯 3.勤務先 4.その他（　）

1.該当
⑨ 被扶養者（第3号被保険者）になった日　9.令和　年　月　日
⑩ 理由　1.配偶者の就職 2.婚姻 3.離職 4.収入減少 5.その他（　）
⑪ 職業　1.無職 2.パート（　） 3.年金受給者 4.その他
⑫ 収入（年収）　円

2.非該当
3.変更
⑬ 被扶養者（第3号被保険者）でなくなった日　9.令和　年　月　日
⑭ 理由　1.死亡（令和　年　月　日） 2.離婚 3.就職・収入増加 4.75歳到達 5.障害認定（　） 6.その他
⑮ 備考　※続柄確認済み □　種別 31

右の⑯～⑲欄は、海外居住者又は海外から国内に転入した場合のみ、記入してください。
1.海外特例要件該当　⑯ 海外特例要件に該当した日　9.令和　年　月　日
⑰ 理由　1.留学 2.同行家族 3.特定活動 4.海外婚姻 5.その他（　）
2.海外特例要件非該当　⑱ 海外特例要件に非該当となった日　9.令和　年　月　日
⑲ 理由　1.国内転入（令和　年　月　日） 2.その他（　）

⑳ 被扶養者でない配偶者を有するときに記入してください。　配偶者の収入（年収）　円

配偶者以外の方が被扶養者になった場合は「該当」、被扶養者でなくなった場合は「非該当」、変更の場合は「変更」を〇で囲んでください。

C.その他の被扶養者欄1

① 氏名（ﾌﾘｶﾞﾅ）（氏）（名）
② 生年月日　5.昭和 7.平成 9.令和　年　月　日
③ 性別　1.男 2.女
④ 続柄　1.実子・養子 2.1以外の子 3.父母・養父母 4.義父母 5.弟妹 6.兄姉 7.祖父母 8.曽祖父母 9.孫 10.その他（　）
⑤ 個人番号
⑥ 住所　1.同居 2.別居　〒　—
右の⑦～⑨欄は、海外居住者又は海外から国内に転入した場合のみ記入してください。
⑦ 海外特例要件　1.海外特例要件該当　2.海外特例要件非該当
⑧ 理由　1.留学 2.同行家族 3.特定活動 4.海外婚姻（　） 5.その他
⑨ 理由　1.国内転入（令和　年　月　日） 2.その他（　）
1.該当　⑩ 被扶養者になった日　9.令和　年　月　日
⑪ 職業　1.無職 2.パート 3.年金受給者 4.小・中学生以下 5.高・大学生（　年生） 6.その他（　）
⑫ 収入（年収）　円
⑬ 理由　1.出生 2.離職 3.収入減 4.同居 5.その他（　）
2.非該当　3.変更　⑭ 被扶養者でなくなった日　9.令和　年　月　日
⑮ 理由　1.死亡 2.就職 3.収入増加 4.75歳到達 5.障害認定 6.その他（　）
⑯ 備考　※続柄確認済み □

C.その他の被扶養者欄2

① 氏名（ﾌﾘｶﾞﾅ）（氏）（名）
② 生年月日　5.昭和 7.平成 9.令和　年　月　日
③ 性別　1.男 2.女
④ 続柄　1.実子・養子 2.1以外の子 3.父母・養父母 4.義父母 5.弟妹 6.兄姉 7.祖父母 8.曽祖父母 9.孫 10.その他（　）
⑤ 個人番号
⑥ 住所　1.同居 2.別居　〒　—
右の⑦～⑨欄は、海外居住者又は海外から国内に転入した場合のみ記入してください。
⑦ 海外特例要件　1.海外特例要件該当　2.海外特例要件非該当
⑧ 理由　1.留学 2.同行家族 3.特定活動 4.海外婚姻（　） 5.その他
⑨ 理由　1.国内転入（令和　年　月　日） 2.その他（　）
1.該当　⑩ 被扶養者になった日　9.令和　年　月　日
⑪ 職業　1.無職 2.パート 3.年金受給者 4.小・中学生以下 5.高・大学生（　年生） 6.その他（　）
⑫ 収入（年収）　円
⑬ 理由　1.出生 2.離職 3.収入減 4.同居 5.その他（　）
2.非該当　3.変更　⑭ 被扶養者でなくなった日　9.令和　年　月　日
⑮ 理由　1.死亡 2.就職 3.収入増加 4.75歳到達 5.障害認定 6.その他（　）
⑯ 備考　※続柄確認済み □

※被扶養者の「該当」と「非該当（変更）」は同時に提出できません。「該当」、「非該当」、「変更」はそれぞれ別の用紙で提出してください。

扶養に関する申立書（添付書類の内容について補足する事項がある場合に記入してください）

申立の事実に相違ありません。　氏名

事業主が被保険者の収入条件を確認したら〇で囲む。書類の添付は不要。

事業所整理記号と被保険者整理番号を必ず記載。

今後1年間の収入見込額を記載。

配偶者の今後1年間の見込収入額を記載。

※75歳以上は後期高齢者医療制度の対象となるので被扶養者にはなれない。

配偶者以外の被扶養者となる家族の氏名等を記載。職業欄には「小学生」「中学生」、16歳以上なら学年まで明記。

従業員のマイナンバー（個人番号）を記載。

新卒等で被保険者番号が不明な場合は空欄でも可。前職の番号が不明な場合は、前職の会社名を備考欄に記入。

会社の雇用保険事業所番号を記載。

被保険者となった日を記入。

外国人の場合は在留カードを確認し記入する。

様式第2号（第6条関係）

標準字体 0 1 2 3 4 5 6 7 8 9

雇用保険被保険者資格取得届

（必ず第２面の注意事項を読んでから記載してください。）

（この用紙は、このまま機械で処理しますので、汚さないようにしてください。）

帳票種別 19101

1. 個人番号

2. 被保険者番号 □□□□－□□□□□□－□

3. 取得区分 （1 新規　2 再取得）

4. 被保険者氏名　　フリガナ（カタカナ）

5. 変更後の氏名　　フリガナ（カタカナ）

6. 性別（1 男　2 女）

7. 生年月日　元号　年　月　日（2 大正　3 昭和　4 平成　5 令和）

8. 事業所番号 □□□□－□□□□□□－□

9. 被保険者となったことの原因

（1 新規雇用（新規学卒）　2 新規（その他）雇用　3 日雇からの切替　4 その他　8 出向元への復帰等（65歳以上））

10. 賃金（支払の態様－賃金月額：単位千円）　百万　十万　万　千円（1 月給　2 週給　3 日給　4 時間給　5 その他）

11. 資格取得年月日　元号　年　月　日（平成　令和）

12. 雇用形態（1 日雇　2 派遣　3 パートタイム　4 有期契約労働者　5 季節的雇用　6 船員　7 その他）

13. 職種（01～11）第２面参照

14. 就職経路（1 安定所紹介　2 自己就職　3 民間紹介　4 把握していない）

15. １週間の所定労働時間　時間　分

16. 契約期間の定め

1 有 ― 契約期間　元号　年　月　日　から　元号　年　月　日　まで（4 平成　5 令和）

契約更新条項の有無（1 有　2 無）

2 無

事業所名〔　　〕　　備考〔　　〕

17欄から23欄までは、被保険者が外国人の場合のみ記入してください。

17. 被保険者氏名（ローマ字）（アルファベット大文字で記入してください。）

被保険者氏名〔続き（ローマ字）〕

18. 在留カードの番号（在留カードの右上に記載されている12桁の英数字）

19. 在留期間　西暦　年　月　日　まで

20. 資格外活動の許可の有無（1 有　2 無）

21. 派遣・請負就労区分（1 派遣・請負労働者として主として当該事業所以外で就労する場合　2 1に該当しない場合）

22. 国籍・地域（　　）

23. 在留資格（　　）

※公共職業安定所記載欄

24. 取得時被保険者種類（1 一般　2 短期常態　3 季節　11 高年齢被保険者（65歳以上））

25. 番号複数取得チェック不要（チェック・リストが出力されたが、調査の結果、同一人でなかった場合に「1」を記入。）

26. 国籍・地域コード（22欄に対応するコードを記入）

27. 在留資格コード（23欄に対応するコードを記入）

雇用保険法施行規則第6条第1項の規定により上記のとおり届けます。

令和　年　月　日

事業主　住所

氏名

電話番号

公共職業安定所長　殿

社会保険労務士記載欄	作成年月日・提出代行者・事務代理者の表示	氏名	電話番号

※所長	次長	課長	係長	係	操作者

※備考

確認通知　令和　年　月　日

2021. 9

 （➡本文 P62）

「1日」「1箇月」「1年」での時間外労働の時間数を、「延長できる時間数」を超えない範囲で記載。

※建築関係、医師、自動車運転業務、研究開発職等は業務量の変動が著しい分野として、時間外労働の限度時間の適用外で、独自の基準が設定されている。

労働者（従業員）の代表の選出は公正な投票や挙手等によって行う。使用者の意向や指名等が行われていないことを証明。

時間外労働
休日労働　に関する協定届

労働保険番号	□□ □ □□□ □□□□□□ □□□ □□□□（都道府県 所掌 管轄 基幹番号 枝番号 被一括事業場番号）
法人番号	□□□□□□□□□□□□□

様式第９号（第16条第１項関係）

事業の種類	事業の名称	事業の所在地（電話番号）	協定の有効期間
		（〒　－　） （電話番号：　－　－　）	

		時間外労働をさせる必要のある具体的事由	業務の種類	労働者数（満18歳以上の者）	所定労働時間（１日）（任意）	延長することができる時間数					
						１日		１箇月（①については45時間まで、②については42時間まで）		１年（①については360時間まで、②については320時間まで）起算日（年月日）	
						法定労働時間を超える時間数	所定労働時間を超える時間数（任意）	法定労働時間を超える時間数	所定労働時間を超える時間数（任意）	法定労働時間を超える時間数	所定労働時間を超える時間数（任意）
時間外労働	① 下記②に該当しない労働者										
	② １年単位の変形労働時間制により労働する労働者										

休日労働	休日労働をさせる必要のある具体的事由	業務の種類	労働者数（満18歳以上の者）	所定休日（任意）	労働させることができる法定休日の日数	労働させることができる法定休日における始業及び終業の時刻

上記で定める時間数にかかわらず、時間外労働及び休日労働を合算した時間数は、１箇月について100時間未満でなければならず、かつ２箇月から６箇月までを平均して80時間を超過しないこと。□
（チェックボックスに要チェック）

協定の成立年月日　　年　　月　　日

協定の当事者である労働組合（事業場の労働者の過半数で組織する労働組合）の名称又は労働者の過半数を代表する者の　職名　氏名

協定の当事者（労働者の過半数を代表する者の場合）の選出方法（　　　）

上記協定の当事者である労働組合が事業場の全ての労働者の過半数で組織する労働組合である又は上記協定の当事者である労働者の過半数を代表する者が事業場の全ての労働者の過半数を代表する者であること。□
（チェックボックスに要チェック）

上記労働者の過半数を代表する者が、労働基準法第41条第２号に規定する監督又は管理の地位にある者でなく、かつ、同法に規定する協定等をする者を選出することを明らかにして実施される投票、挙手等の方法による手続により選出された者であつて使用者の意向に基づき選出されたものでないこと。□（チェックボックスに要チェック）

年　　月　　日

使用者　職名　氏名

労働基準監督署長殿

【特別条項】

限度時間を超えた労働者に対し、裏面の記載心得１（９）①～⑩の健康確保措置のいずれかの措置を講ずることにし、該当する番号を記載。

時間外労働
休日労働　に関する協定届（特別条項）

様式第９号の２（第16条第１項関係）

臨時的に限度時間を超えて労働させることができる場合	業務の種類	労働者数（満18歳以上の者）	１日（任意）		１箇月（時間外労働及び休日労働を合算した時間数　100時間未満に限る。）				１年（時間外労働のみの時間数。720時間以内に限る。）起算日（年月日）		
			延長することができる時間数		限度時間を超えて労働させることができる回数（6回以内に限る。）	延長することができる時間数及び休日労働の時間数		限度時間を超えた労働に係る割増賃金率	延長することができる時間数		限度時間を超えた労働に係る割増賃金率
			法定労働時間を超える時間数	所定労働時間を超える時間数（任意）		法定労働時間を超える時間数と休日労働の時間数を合算した時間数	所定労働時間を超える時間数と休日労働の時間数を合算した時間数（任意）		法定労働時間を超える時間数	所定労働時間を超える時間数（任意）	

限度時間を超えて労働させる場合における手続		
限度時間を超えて労働させる労働者に対する健康及び福祉を確保するための措置	（該当する番号）	（具体的内容）

上記で定める時間数にかかわらず、時間外労働及び休日労働を合算した時間数は、１箇月について100時間未満でなければならず、かつ２箇月から６箇月までを平均して80時間を超過しないこと。□
（チェックボックスに要チェック）

協定の成立年月日　　年　　月　　日

協定の当事者である労働組合（事業場の労働者の過半数で組織する労働組合）の名称又は労働者の過半数を代表する者の　職名　氏名

協定の当事者（労働者の過半数を代表する者の場合）の選出方法（　　　）

上記協定の当事者である労働組合が事業場の全ての労働者の過半数で組織する労働組合である又は上記協定の当事者である労働者の過半数を代表する者が事業場の全ての労働者の過半数を代表する者であること。□
（チェックボックスに要チェック）

上記労働者の過半数を代表する者が、労働基準法第41条第２号に規定する監督又は管理の地位にある者でなく、かつ、同法に規定する協定等をする者を選出することを明らかにして実施される投票、挙手等の方法による手続により選出された者であつて使用者の意向に基づき選出されたものでないこと。□（チェックボックスに要チェック）

年　　月　　日

使用者　職名　氏名

労働基準監督署長殿

1年単位の変動労働時間制に関する協定届（➡本文 P63）

事業の名称の欄には、「〇〇会社〇〇工場、××会社××営業所」というように出先機関名まで詳しく記入。労働者数は役員以外の人数を記載。

様式第４号（第12条の４第６項関係）

1年単位の変形労働時間制に関する協定届

事業の種類	事業の名称	事業の所在地（電話番号）	常時使用する労働者数
			人

該当労働者数（満18歳未満の者）	対象期間及び特定期間（起算日）	対象期間中の各日及び各週の労働時間並びに所定休日	対象期間中の１週間の平均労働時間数	協定の有効期間
人 （　　人）		（別紙）	時間　　分	

労働時間が最も長い日の労働時間数（満18歳未満の者）	時間　分 （　時間　分）	労働時間が最も長い週の労働時間数（満18歳未満の者）	時間　分 （　時間　分）	対象期間中の総労働日数	日

労働時間が48時間を超える週の最長連続週数	週	対象期間中の最も長い連続労働日数	日間
対象期間中の労働時間が48時間を超える週数	週	特定期間中の最も長い連続労働日数	日間

旧協定の対象期間		旧協定の労働時間が最も長い日の労働時間数	時間　　分
旧協定の労働時間が最も長い週の労働時間数	時間　　分	旧協定の対象期間中の総労働日数	日

協定の成立年月日　　　　年　　月　　日

協定の当事者である労働組合（事業場の労働者の過半数で組織する労働組合）の名称又は労働者の過半数を代表する者の　職名
氏名

協定の当事者（労働者の過半数を代表する者の場合）の選出方法（　　　　　　　　　　　　）

上記協定の当事者である労働組合が事業場の全ての労働者の過半数で組織する労働組合である又は上記協定の当事者である労働者の過半数を代表する者が事業場の全ての労働者の過半数を代表する者であること。□（チェックボックスに要チェック）

上記労働者の過半数を代表する者が、労働基準法第41条第２号に規定する監督又は管理の地位にある者でなく、かつ、同法に規定する協定等をする者を選出することを明らかにして実施される投票、挙手等の方法による手続により選出された者であつて使用者の意向に基づき選出されたものでないこと。□（チェックボックスに要チェック）

年　　月　　日

使用者　職名
氏名

＿＿＿＿＿＿＿労働基準監督署長殿

記載心得

1　労働基準法第60条第３項第２号の規定に基づき満18歳未満の者に変形労働時間制を適用する場合には、「該当労働者数」、「労働時間が最も長い日の労働時間数」及び「労働時間が最も長い週の労働時間数」の各欄に括弧書きすること。
2　「対象期間及び特定期間」の欄のうち、対象期間については当該変形労働時間制における時間通算の期間の単位を記入し、その起算日を括弧書きすること。
3　「対象期間中の各日及び各週の労働時間並びに所定休日」については、別紙に記載して添付すること。
4　「旧協定」とは、労働基準法施行規則第12条の４第３項に規定するものであること。
5　協定については、労働者の過半数で組織する労働組合がある場合はその労働組合と、労働者の過半数で組織する労働組合がない場合は労働者の過半数を代表する者と協定すること。なお、労働者の過半数を代表する者は、労働基準法施行規則第６条の２第１項の規定により、労働基準法第41条第２号に規定する監督又は管理の地位にある者でなく、かつ、同法に規定する協定等をする者を選出することを明らかにして実施される投票、挙手等の方法による手続により選出された者であつて、使用者の意向に基づき選出されたものでないこと。これらの要件を満たさない場合には、有効な協定とはならないことに留意すること。また、これらの要件を満たしていても、当該要件に係るチェックボックスにチェックがない場合には、届出の形式上の要件に適合していないことに留意すること。
6　本様式をもつて協定とする場合においても、協定の当事者たる労使双方の合意があることが、協定上明らかとなるような方法により締結するよう留意すること。

協定の有効期間（最大１年）を記入し、別紙で年間カレンダーを作成の上、添付する。

 （➡本文 P118）

別紙３　給与所得・退職所得等の所得税徴収高計算書（一般用）の様式及び記載要領

（第１片）

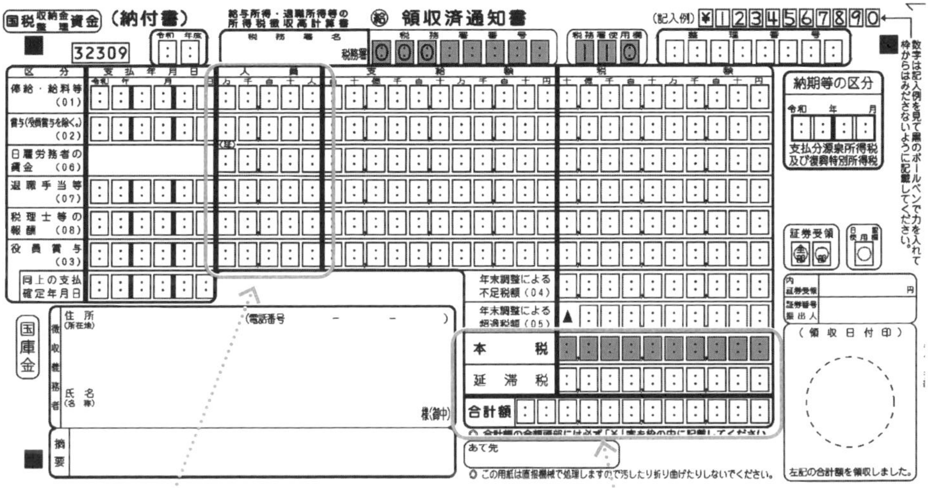

各項ごとの各月の実人員数を記載。

「本税」欄には、税額の項目の合計を記載。「合計額」欄には、金額の前に「¥」マーク記入し、金額などを書き間違えたら新規の用紙に書き直す。

源泉所得税の納期の特例の承認に関する申請書 （➡本文 P119）

「開業届」に記入した住所を管轄する税務署名を記載。「給与支払事務所等の開設届出書」の住所を記入。「氏名または名称」欄は屋号、屋号を決めていない場合は、氏名を記載。

源泉所得税の納期の特例の承認に関する申請書

※整理番号	

税務署受付印

令和　　年　　月　　日	住所又は本店の所在地	〒 電話　　－　　－
	（フリガナ） 氏名又は名称	
	法人番号	※個人の方は個人番号の記載は不要です。
税務署長殿	（フリガナ） 代表者氏名	

次の給与支払事務所等につき、所得税法第 216 条の規定による源泉所得税の納期の特例についての承認を申請します。

給与支払事務所等に関する事項	給与支払事務所等の所在地 ※　申請者の住所（居所）又は本店（主たる事務所）の所在地と給与支払事務所等の所在地とが異なる場合に記載してください。	〒 電話　　－　　－		
	申請の日前6か月間の各月末の給与の支払を受ける者の人員及び各月の支給金額 〔外書は、臨時雇用者に係るもの〕	月区分	支給人員	支給額
		年　月	外　　人	外　　円
		年　月	外　　人	外　　円
		年　月	外　　人	外　　円
		年　月	外　　人	外　　円
		年　月	外　　人	外　　円
		年　月	外　　人	外　　円
	1　現に国税の滞納があり又は最近において著しい納付遅延の事実がある場合で、それがやむを得ない理由によるものであるときは、その理由の詳細 2　申請の日前1年以内に納期の特例の承認を取り消されたことがある場合には、その年月日			

すでに直近6か月以内に給与の支払いをしている場合に記入。

税金の滞納など、記入された内容に該当する場合のみ記入。ほとんどの人は空白。

税理士署名	

※税務署処理欄	部門		決算期		業種番号		番号		入力		名簿		通信日付印	年　月　日	確認		

03.06 改正

「※種別」欄や「※整理番号」欄など、※印がある部分には何も記入する必要なし。

年末調整を行った場合は、給与所得控除後の金額を記入し、年末調整を行っていない場合については記入しない。所得金額調整控除の適用がある人については、所得金額調整控除の額を控除した後の金額を記入。

中途入社の人の前の会社名や前の会社が支払った給与、社会保険料などの額、また、16歳未満の扶養親族が5人以上いる人の5人目以降の扶養親族の氏名などを記入。

年末調整を行った場合は、給与所得控除後の金額を記入し、ただし、基礎控除の額が48万円の場合には記入する必要なし。

所得金額調整控除の適用がある人については、所得金額調整控除の額を控除した後の金額を記入。

給与支払報告書（個人別明細書）

訂正する場合は二重線で抹消してください。

（市区町村提出用）

※	※種別	※整理番号	※

支払を受ける者	住所	※区分	（受給者番号）
			（個人番号）
			（役職名）
			氏名（フリガナ）

種別	支払金額	給与所得控除後の金額（調整控除後）	所得控除の額の合計額	源泉徴収税額
	内 千 円	千 円	千 円	内 千 円

（源泉）控除対象配偶者の有無等		老人	配偶者（特別）控除の額	控除対象扶養親族の数（配偶者を除く。）特定		老人			その他		16歳未満扶養親族の数	障害者の数（本人を除く。）特別		その他	非居住者である親族の数
有	従有		千 円	人	従人	内 人	従人	人	従人		人	内	人	人	人

社会保険料等の金額	生命保険料の控除額	地震保険料の控除額	住宅借入金等特別控除の額
内 千 円	千 円	千 円	千 円

（摘要）

生命保険料の金額の内訳	新生命保険料の金額	円	旧生命保険料の金額	円	介護医療保険料の金額	円	新個人年金保険料の金額	円	旧個人年金保険料の金額	円

住宅借入金等特別控除の額の内訳	住宅借入金等特別控除適用数		居住開始年月日（1回目）	年 月 日	住宅借入金等特別控除区分（1回目）		住宅借入金等年末残高（1回目）	円
	住宅借入金等特別控除可能額	円	居住開始年月日（2回目）	年 月 日	住宅借入金等特別控除区分（2回目）		住宅借入金等年末残高（2回目）	円

（源泉・特別）控除対象配偶者	（フリガナ）氏名	区分	配偶者の合計所得	円	国民年金保険料等の金額	円	旧長期損害保険料の金額	円
	個人番号				基礎控除の額	円	所得金額調整控除額	円

控除対象扶養親族			区分	16歳未満の扶養親族			区分	5人目以降の控除対象扶養親族の個人番号
1	（フリガナ）氏名		区分	1	（フリガナ）氏名		区分	
	個人番号				個人番号			
2	（フリガナ）氏名		区分	2	（フリガナ）氏名		区分	
	個人番号				個人番号			
3	（フリガナ）氏名		区分	3	（フリガナ）氏名		区分	5人目以降の16歳未満の扶養親族の個人番号
	個人番号				個人番号			
4	（フリガナ）氏名		区分	4	（フリガナ）氏名		区分	
	個人番号				個人番号			

未成年者	外国人	死亡退職	災害者	乙欄	本人が障害者 特別	本人が障害者 その他	寡婦	ひとり親	勤労学生	中途就・退職 就職	退職	年	月	日	受給者生年月日 元号	年	月	日

支払者		
	個人番号又は法人番号	（右詰めで記載してください。）
	住所（居所）又は所在地	
	氏名又は名称	（電話）

（摘要）に前職分の加算額、支払者等を記入してください。

「支払者」の欄に社印・代表者印等の押印をしないでください。

保険料口座振替納付申出書（➡本文 P123）

様式コード
2 5 9 3 2

健康保険
厚生年金保険

保険料口座振替依頼書

取扱金融機関　御中　　　令和　　年　　月　　日提出

提出者記入欄	事業所整理記号	―	事業所番号（告知番号）
	事業所所在地	〒　　　－	
	（フリガナ）事業所名称		
	（フリガナ）事業主氏名		
	電話番号	（　　　）	

新規適用時に申し出る際、事業所整理番号が決まっていない場合は空欄にする。

金融機関使用欄				

日本年金機構

1. 振替事由　該当する項目に○をつけてください。
※複写となっていますので、○をつける際は、強めにご記入ください。

A 事由	振替事由区分	1.新規 2.変更

2. 指定預金口座　口座振替を希望する金融機関（納入告知書送付先）インターネット専業銀行等、一部お取り扱いできない金融機関があります。
・太枠内に必要事項を記入、押印してください。（銀行等またはゆうちょ銀行のいずれかを選んでご記入ください。）
・預金口座は、年金事務所へお届けの所在地、名称、事業主氏名と口座名義が同一のものをご指定ください。

B 指定預金口座	銀行区分	銀行等（ゆうちょ銀行を除く）	金融機関名	1.銀行　4.労働金庫 2.信用金庫　5.農協 3.信用組合　6.漁協				1.本店　3.本所 2.支店　4.支所
			預金種別	1.普通 2.当座	口座番号（右詰めで記入）		金融機関コード	支店コード
		ゆうちょ銀行	通帳記号	1　　　0 ―	通帳番号（右詰めで記入）		お届け印	
			加入者名	社会保険事務処理用口座	事業主番号	01269361		
			口座番号	00190-7-7774	契約種別コード	32		

2枚目の金融機関宛てには、金融機関のお届け印を押印。

3. 対象保険料等　　健康保険料、厚生年金保険料および子ども・子育て拠出金
4. 振替納付指定日　納期の最終日（休日の場合は翌営業日）

私は、保険料等を口座振替によって納付したいので、下記事項を確約のうえ依頼します。

記

1. 所管の年金事務所から私名義の納入告知書が貴行（金庫、組合）に送付されたときは、私に通知することなく、納入告知書記載金額を私名義の預貯金口座から引き落としのうえ、納付してください。この場合、預貯金規定または当座預貯金規定に関わらず預貯金通帳、同払戻請求書の提出または小切手の振り出しはしません。
2. 振替日において納入告知書記載金額が預貯金口座から払い戻すことのできる金額（当座貸越を利用できる範囲内の金額を含む。）を超えるときは、私に通知することなく、納入告知書を返却しても差し支えありません。
3. この契約を解約するときは、私から貴行（金庫、組合）並びに所管の年金事務所に保険料口座振替辞退（取消）申出書により届け出ます。なお、この届出がないまま長期間にわたり所管の年金事務所から納入告知書の送付がない等相当の事由があるときは、特に申出をしない限り、貴行（金庫、組合）はこの契約が終了したものとして取り扱って差し支えありません。
4. この預貯金口座振替について仮に紛議が生じても、貴行（金庫、組合）の責めによる場合を除き、貴行（金庫、組合）には迷惑をかけません。

2枚目（金融機関・ゆうちょ銀行用）

 （➡本文 P126）

常時使用労働者数と雇用保険被保険者数の1か月平均の労働者数を記入。

「見込額」と「概算保険料額」に分かれているが、記入の要領は確定保険料と同じ。

概算保険料の過不足額、一般拠出金の額などを記入。

それぞれの保険料のもとになる前年度賃金総額を、千円未満切り捨て記入。

概算保険料の額が40万円以上の場合は、3回に分けて納付（延納）が可能。

様式第6号（第24条、第25条、第33条関係）（甲）（1）

31759 労働保険 概算・増加概算・確定保険料 石綿健康被害救済法 一般拠出金 申告書

継続事業（一括有期事業を含む。）

標準字体 0 1 2 3 4 5 6 7 8 9

提出用

下記のとおり申告します。

種別 32701　※修正項目番号　※入力徴定コード

年　月　日

※各種区分：管轄(2)　保険関係等　業種　産業分類

あて先 〒

労働保険特別会計歳入徴収官殿

①労働保険番号：都道府県　所掌　管轄　基幹番号　枝番号

②増加年月日（元号：令和は9）　③事業廃止等年月日（元号：令和は9）　※事業廃止等理由

④常時使用労働者数　⑤雇用保険被保険者数　※保険関係　※片保険理由コード

（なるべく折り曲げないようにし、やむをえない場合には折り曲げマーク（▶）の所で折り曲げて下さい。）

確定保険料算定内訳 ⑦区分	⑧保険料・一般拠出金算定基礎額	⑨保険料・一般拠出金率	⑩確定保険料・一般拠出金額（⑧×⑨）
	算定期間　令和4年1月1日　から　令和5年3月31日　まで		
労働保険料	（イ）　千円	（イ）1000分の	（イ）　円
労災保険分	（ロ）　千円	（ロ）1000分の	（ロ）　円
雇用保険分	（ホ）　千円	（ホ）1000分の	（ホ）　円
一般拠出金	（ヘ）　千円	（ヘ）1000分の	（ヘ）　円

概算・増加概算保険料算定内訳 ⑪区分	⑫保険料算定基礎額の見込額	⑬保険料率	⑭概算・増加概算保険料額（⑫×⑬）
	算定期間　令和5年4月1日　から　令和6年3月31日　まで		
労働保険料	（イ）　千円	（イ）1000分の	（イ）　円
労災保険分	（ロ）　千円	（ロ）1000分の	（ロ）　円
雇用保険分	（ホ）　千円	（ホ）1000分の	（ホ）　円

⑮事業主の郵便番号（変更のある場合記入）　⑯事業主の電話番号（変更のある場合記入）

⑰延納の申請　納付回数

※検算有無区分　※算調対象区分　※データ指示コード　※再入力区分　※修正項目

（8）（10）（12）（14）（20）の（ロ）欄の金額の前に「¥」記号を付さないで下さい。

⑱申告済概算保険料額　円

⑲申告済概算保険料額

⑳差引額　（イ）充当額　（ロ）還付額　（ハ）不足額　円

㉑増加概算保険料額（⑭の（イ）－⑲）

㉒期別納付額：第1期（初期）（イ）概算保険料額　（ロ）労働保険料充当額　（ハ）不足額　（ニ）今期労働保険料　（ホ）一般拠出金充当額　（ヘ）一般拠出金額　（ト）今期納付額（（ニ）＋（ヘ））／第2期（チ）概算保険料額　（リ）労働保険料充当額　（ヌ）第2期納付額（（チ）－（リ））／第3期（ル）概算保険料額　（ヲ）労働保険料充当額　（ワ）第3期納付額（（ル）－（ヲ））

㉓保険関係成立年月日

㉔事業廃止等理由　（1）廃止　（2）委託　（3）個別　（4）労働者なし　（5）その他

㉕事業又は作業の種類

㉖加入している労働保険　（イ）労災保険　（ロ）雇用保険

㉗特掲事業　（イ）該当する　（ロ）該当しない

㉘事業　（イ）所在地　（ロ）名称

㉙事業主　（イ）住所（法人のときは主たる事務所の所在地）〒　電話番号　（ロ）名称　（ハ）氏名（法人のときは代表者の氏名）

社会保険労務士記載欄　作成年月日　提出代行者　事務代理者の表示　氏名　電話番号

㉜期間別確定保険料算定内訳

労災保険分	保険料算定基礎額	労災保険率	確定保険料額	雇用保険分	保険料算定基礎額	雇用保険率	確定保険料額
前期分	（イ）千円	（ハ）1000分の	（ニ）円	前期分	（ヘ）千円	（チ）1000分の	（ヌ）円
後期分	（ロ）千円		（ホ）円	後期分	（ト）千円	（リ）1000分の	（ル）円
合計	（イ）＋（ロ）千円		（ニ）＋（ホ）円	合計	（ヘ）＋（ト）千円		（ヌ）＋（ル）円

切りはなさないで下さい

雇用保険被保険者資格喪失届（➡本文 P177）

退職日を記入。社会保険の被保険者資格の喪失日（例：退職の場合の資格喪失日は退職日の翌日）と混同する場合があるので注意。

個人番号（マイナンバー）未記載で提出する場合、「本人事由によりマイナンバー届出不可」と記載。

裏面に記載されている3つの事由から該当する番号を選んで記入。

記載内容によって従業員が退職後に受給する基本手当の内容が変わるので、「退職」などではなく「本人の転職希望による自己都合の退職」など詳細に記入。

様式第4号（第7条関係）（第1面）（移行処理用）

雇用保険被保険者資格喪失届

標準字体 0 1 2 3 4 5 6 7 8 9

（必ず第２面の注意事項を読んでから記載してください。）

帳票種別 17191

1．個人番号

2．被保険者番号

3．事業所番号

4．資格取得年月日　元号　年　月　日

（3 昭和　4 平成　5 令和）

5．離職等年月日　元号　年　月　日

6．喪失原因（1 離職以外の理由　2 3以外の離職　3 事業主の都合による離職）

（この用紙は、このまま機械で処理しますので、汚さないようにしてください。）

7．離職票交付希望（1 有　2 無）

8．1週間の所定労働時間　時間　分

9．補充採用予定の有無（空白 無　1 有）

10．新氏名

フリガナ（カタカナ）

※公共職業安定所記載欄

11．喪失時被保険者種類（3 季節）

12．国籍・地域コード（18欄に対応するコードを記入）

13．在留資格コード（19欄に対応するコードを記入）

14欄から19欄までは、被保険者が外国人の場合のみ記入してください。

14．被保険者氏名（ローマ字）又は新氏名（ローマ字）（アルファベット大文字で記入してください。）

被保険者氏名（ローマ字）又は新氏名（ローマ字）〔続き〕

15．在留カードの番号（在留カードの右上に記載されている12桁の英数字）

16．在留期間　西暦　年　月　日　まで

17．派遣・請負就労区分（1 派遣・請負労働者として主として当該事業所以外で就労していた場合　2 1に該当しない場合）

18．国籍・地域（　　）

19．在留資格（　　）

20．（フリガナ） 被保険者氏名		21．性別 男・女	22．生年月日 （大正 昭和 平成 令和）　年　月　日
23． 被保険者の住所又は居所			
24． 事業所名称		25． 氏名変更年月日	令和　年　月　日
26． 被保険者でなくなったことの原因			

雇用保険法施行規則第７条第１項の規定により、上記のとおり届けます。

令和　年　月　日

事業主　住所

氏名

電話番号

公共職業安定所長　殿

社会保険労務士記載欄	作成年月日・提出代行者・事務代理者の表示	氏名	電話番号

安定所備考欄

※所長	次長	課長	係長	係	操作者

確認通知年月日
令和　年　月　日

2021. 9

健康保険・厚生年金保険被保険者資格喪失届（➡本文 P177）

様式コード
2201

健康保険
厚生年金保険
被保険者資格喪失届
厚生年金保険
70歳以上被用者不該当届

令和　　年　　月　　日提出

事業所整理記号	―	事業所番号	

提出者記入欄	
	届書記入の個人番号に誤りがないことを確認しました。
事業所所在地	〒
事業所名称	
事業主氏名	
電話番号	（　　　　）

在職中に70歳に到達された方の厚生年金保険被保険者喪失届は、この用紙ではなく『70歳到達届』を提出してください。

受付印

社会保険労務士記載欄
氏名等

被保険者1

① 被保険者整理番号	② 氏名 (ﾌﾘｶﾞﾅ) (氏) (名)		③ 生年月日 5. 昭和 7. 平成 9. 令和　年　月　日
④ 個人番号〔基礎年金番号〕	⑤ 喪失年月日 9. 令和　年　月　日		⑥ 喪失（不該当）原因 4. 退職等（令和　年　月　日退職等） 5. 死亡（令和　年　月　日死亡） 7. 75歳到達（健康保険のみ喪失） 9. 障害認定（健康保険のみ喪失） 11. 社会保障協定
⑦ 備考	該当する項目を○で囲んでください。 1. 二以上事業所勤務者の喪失 2. 退職後の継続再雇用者の喪失 3. その他〔　　〕	保険証回収 添付＿＿枚 返不能＿＿枚	⑧ 70歳不該当 □ 70歳以上被用者不該当（退職日または死亡日を記入してください） 不該当年月日 9. 令和　年　月　日

被保険者2

① 被保険者整理番号	② 氏名 (ﾌﾘｶﾞﾅ) (氏) (名)		③ 生年月日 5. 昭和 7. 平成 9. 令和　年　月　日
④ 個人番号〔基礎年金番号〕	⑤ 喪失年月日 9. 令和　年　月　日		⑥ 喪失（不該当）原因 4. 退職等（令和　年　月　日退職等） 5. 死亡（令和　年　月　日死亡） 7. 75歳到達（健康保険のみ喪失） 9. 障害認定（健康保険のみ喪失） 11. 社会保障協定
⑦ 備考	該当する項目を○で囲んでください。 1. 二以上事業所勤務者の喪失 2. 退職後の継続再雇用者の喪失 3. その他〔　　〕	保険証回収 添付＿＿枚 返不能＿＿枚	⑧ 70歳不該当 □ 70歳以上被用者不該当（退職日または死亡日を記入してください） 不該当年月日 9. 令和　年　月　日

被保険者3

① 被保険者整理番号	② 氏名 (ﾌﾘｶﾞﾅ) (氏) (名)		③ 生年月日 5. 昭和 7. 平成 9. 令和　年　月　日
④ 個人番号〔基礎年金番号〕	⑤ 喪失年月日 9. 令和　年　月　日		⑥ 喪失（不該当）原因 4. 退職等（令和　年　月　日退職等） 5. 死亡（令和　年　月　日死亡） 7. 75歳到達（健康保険のみ喪失） 9. 障害認定（健康保険のみ喪失） 11. 社会保障協定
⑦ 備考	該当する項目を○で囲んでください。 1. 二以上事業所勤務者の喪失 2. 退職後の継続再雇用者の喪失 3. その他〔　　〕	保険証回収 添付＿＿枚 返不能＿＿枚	⑧ 70歳不該当 □ 70歳以上被用者不該当（退職日または死亡日を記入してください） 不該当年月日 9. 令和　年　月　日

被保険者4

① 被保険者整理番号	② 氏名 (ﾌﾘｶﾞﾅ) (氏) (名)		③ 生年月日 5. 昭和 7. 平成 9. 令和　年　月　日
④ 個人番号〔基礎年金番号〕	⑤ 喪失年月日 9. 令和　年　月　日		⑥ 喪失（不該当）原因 4. 退職等（令和　年　月　日退職等） 5. 死亡（令和　年　月　日死亡） 7. 75歳到達（健康保険のみ喪失） 9. 障害認定（健康保険のみ喪失） 11. 社会保障協定
⑦ 備考	該当する項目を○で囲んでください。 1. 二以上事業所勤務者の喪失 2. 退職後の継続再雇用者の喪失 3. その他〔　　〕	保険証回収 添付＿＿枚 返不能＿＿枚	⑧ 70歳不該当 □ 70歳以上被用者不該当（退職日または死亡日を記入してください） 不該当年月日 9. 令和　年　月　日

事業所整理記号、番号、被保険者整理番号を必ず記入。

資格喪失（退職日の翌日）の年月日を記載。

喪失原因を5つから選択し○を付ける。

給与所得者異動届出書 （➡本文 P179）

※給与所得者異動届出書は市区町村ごとに書類が異なるので、提出先の市区町村から取り寄せるかＨＰからダウンロードする。

給与支払報告 特別徴収 に係る給与所得者異動届出書

御注意

1 黒のボールペン又はペンで記載してください。
2 「宛名番号」の欄には、特別徴収税額通知書に記載された宛名番号を記載してください。
3 転勤、再就職等により異動後の勤務先で引き続き特別徴収を行う場合には、前勤務先で最上段の事項を記載し、新勤務先に送付願います。
ただし、「給与所得者」の欄の「個人番号」は、前勤務先では記載せず、新勤務先で本人から番号の提供を受け記載してください。
また、前勤務先が個人事業主の場合、「給与支払者」の欄の「個人番号」は、前勤務先では記載せず、新勤務先へ送付願います。
新勤務先では最下段の事項を記載し、一月一日現在の住所地（課税地）の市区町村長に送付してください。
4 一月一日から四月三十日までの間に退職した人に未徴収税額がある場合には、一括徴収することが義務づけられています。

1. 現年度　2. 新年度　3. 両年度	
区処理欄	
※特別徴収義務者指定番号	※市区町村ごとに異なります
※宛名番号	

◎異動があった場合は、速やかに提出してください。

千代田区長　殿 年　月　日提出	給与支払者（特別徴収義務者）	住所（居所）又は所在地	〒
		フリガナ	
		氏名又は名称	
		代表者の職氏名印	㊞
		個人番号又は法人番号	

連絡先の氏名及び所属課、係名並びに電話番号	
課・係	
氏名	
電話	（内線　）

給与所得者		(ア) 特別徴収税額（年税額）	(イ) 徴収済額	(ウ) 未徴収税額 (ア)－(イ)	異動年月日
受給者番号(整理番号)	フリガナ	円	月から 月まで 円	月から 月まで 円	・　・
	氏名　〔旧姓　〕				
生年月日	昭和・平成　年　月　日				
個人番号					
1月1日現在の住所					
給与の支払を受けなくなった後の住所					

異動の事由	異動後の未徴収税額の徴収	退職した年の1月から退職時までの給与支払額
1. 退職 2. 転勤 3. 合併 4. 休職 5. 長期欠勤 6. 死亡 7. 会社解散 8. 住所誤報 9. その他（特別徴収不可）	1. 特別徴収継続 2. 一括徴収（1月以降は必須）〔　月分で納入〕（　月　日納期分） 3. 普通徴収〔理由　〕	円 控除社会保険料額 円

◎給与の支払を受けなくなった後の月割額（未徴収税額）を一括徴収する場合は、次の欄にも記入してください。

一括徴収の理由	徴収予定		
	徴収予定 月　日	徴収予定額	徴収予定額合計（上記(ウ)と同額）
1. 異動が　年 12 月 31 日までで、申出があったため（　月　日申出） 2. 異動が　年 1 月 1 日以後で、特別徴収の継続の希望がないため	・	円	円
	・	円	
異動者印	・	円	

相続人の氏名等			
氏名		続柄	
住所			
電話			

※「9. その他（特別徴収不可）」を選択された場合は、次のいずれかの理由を必ず選択してください。

1（普C）	給与が少なく税額が引けない（例：年間の給与支給額が○○万円以下）
2（普D）	給与の支払が不定期（例：給与の支払が毎月でない）
3（普E）	事業専従者（個人事業主のみ対象）

◎転勤（転職）等による特別徴収届出書

新しい勤務先の特別徴収義務者指定番号（※ 新規事業所の場合は記入不要です。）		連絡先の氏名及び所属課、係名並びに電話番号	課・係		新しい勤務先では 月割額　円を 月分から徴収し、納入します。
新しい勤務先の住所（居所）又は所在地	〒		氏名		新規の場合は、いずれかを○で囲んでください。
フリガナ			電話	（内線　）	納入書　要・不要
氏名又は名称					区記入欄
代表者の職氏名印	㊞				

【提出先】〒102—8688　東京都千代田区九段南一丁目二番一号　千代田区役所 税務課 課税係

再就職先が決まっている場合は、この欄は再就職先が記載する。

一括徴収する場合、予定額と納付予定日を記載し、一括徴収しない場合はその理由を明記。

様式コード
2225

健康保険
厚生年金保険
厚生年金保険

被保険者報酬月額算定基礎届
70歳以上被用者算定基礎届

令和　　年　　月　　日提出

提出者記入欄

事業所整理記号	
	届書記入の個人番号に誤りがないことを確認しました。
事業所所在地	
事業所名称	
事業主氏名	
電話番号	（　　　　）

受付印

社会保険労務士記載欄
氏名等

項目名

①被保険者整理番号	②被保険者氏名		③生年月日	④適用年月	⑰個人番号［基礎年金番号］※70歳以上被用者の場合のみ
⑤従前の標準報酬月額		⑥従前改定月	⑦昇(降)給	⑧遡及支払額	⑱備考
⑨給与支給月	⑩給与計算の基礎日数	報酬月額 ⑪通貨によるものの額	⑫現物によるものの額	⑬合計（⑪+⑫）	⑭総計（一定の基礎日数以上の月のみ） ⑮平均額 ⑯修正平均額	

1

①	②		③	④　年　9月	⑰
⑤健　千円　厚　千円		⑥　年　月	⑦昇(降)給　月　1. 昇給　2. 降給	⑧遡及支払額　月　円	⑱
⑨支給月	⑩日数	⑪通貨	⑫現物	⑬合計(⑪+⑫)		1. 70歳以上被用者算定（算定基礎月：　月　月） 2. 二以上勤務　3. 月額変更予定 4. 途中入社　5. 病休・育休・休職等 6. 短時間労働者（特定適用事業所等） 7. パート　8. 年間平均 9. その他（　　）
4月	日	円	円	円	⑭総計　円	
5月	日	円	円	円	⑮平均額　円	
6月	日	円	円	円	⑯修正平均額　円	

2

①	②		③	④　年　9月	⑰
⑤健　千円　厚　千円		⑥　年　月	⑦昇(降)給　月　1. 昇給　2. 降給	⑧遡及支払額　月　円	⑱
⑨支給月	⑩日数	⑪通貨	⑫現物	⑬合計(⑪+⑫)		1. 70歳以上被用者算定（算定基礎月：　月　月） 2. 二以上勤務　3. 月額変更予定 4. 途中入社　5. 病休・育休・休職等 6. 短時間労働者（特定適用事業所等） 7. パート　8. 年間平均 9. その他（　　）
4月	日	円	円	円	⑭総計　円	
5月	日	円	円	円	⑮平均額　円	
6月	日	円	円	円	⑯修正平均額　円	

3

①	②		③	④　年　9月	⑰
⑤健　千円　厚　千円		⑥　年　月	⑦昇(降)給　月　1. 昇給　2. 降給	⑧遡及支払額　月　円	⑱
⑨支給月	⑩日数	⑪通貨	⑫現物	⑬合計(⑪+⑫)		1. 70歳以上被用者算定（算定基礎月：　月　月） 2. 二以上勤務　3. 月額変更予定 4. 途中入社　5. 病休・育休・休職等 6. 短時間労働者（特定適用事業所等） 7. パート　8. 年間平均 9. その他（　　）
4月	日	円	円	円	⑭総計　円	
5月	日	円	円	円	⑮平均額　円	
6月	日	円	円	円	⑯修正平均額　円	

4

①	②		③	④　年　9月	⑰
⑤健　千円　厚　千円		⑥　年　月	⑦昇(降)給　月　1. 昇給　2. 降給	⑧遡及支払額　月　円	⑱
⑨支給月	⑩日数	⑪通貨	⑫現物	⑬合計(⑪+⑫)		1. 70歳以上被用者算定（算定基礎月：　月　月） 2. 二以上勤務　3. 月額変更予定 4. 途中入社　5. 病休・育休・休職等 6. 短時間労働者（特定適用事業所等） 7. パート　8. 年間平均 9. その他（　　）
4月	日	円	円	円	⑭総計　円	
5月	日	円	円	円	⑮平均額　円	
6月	日	円	円	円	⑯修正平均額　円	

5

①	②		③	④　年　9月	⑰
⑤健　千円　厚　千円		⑥　年　月	⑦昇(降)給　月　1. 昇給　2. 降給	⑧遡及支払額　月　円	⑱
⑨支給月	⑩日数	⑪通貨	⑫現物	⑬合計(⑪+⑫)		1. 70歳以上被用者算定（算定基礎月：　月　月） 2. 二以上勤務　3. 月額変更予定 4. 途中入社　5. 病休・育休・休職等 6. 短時間労働者（特定適用事業所等） 7. パート　8. 年間平均 9. その他（　　）
4月	日	円	円	円	⑭総計　円	
5月	日	円	円	円	⑮平均額　円	
6月	日	円	円	円	⑯修正平均額　円	

※　⑨支給月とは、給与の対象となった計算月ではなく実際に給与の支払いを行った月となります。

事業所整理記号、被保険者整理番号を必ず記入。

通貨及び現物で支払われた報酬を記載し、合計額を記入。

該当する項目があれば○でかこみ、「その他」の場合には、現物支給の名称を記載。

「⑭総計」は、基礎日数が17日以上の月を総計した額を記入。「⑮平均額」は、総計を該当月数で割った額を記入。「⑯修正平均額」は、遅配分給与の支払いや昇給がさかのぼったことにより、対象月中に差額分（⑧等）が含まれている場合は、差額分を除いた平均額を記入。

健康保険・厚生年金保険被保険者報酬月額変更届（➡本文 P191）

様式コード 2221

健康保険 厚生年金保険 被保険者報酬月額変更届
厚生年金保険 70歳以上被用者月額変更届

令和　　年　　月　　日提出

提出者記入欄	
事業所整理記号	－
事業所所在地	〒　　－
事業所名称	
事業主氏名	
電話番号	（　　　）

受付印

社会保険労務士記載欄
氏　名　等

項目名

① 被保険者整理番号	② 被保険者氏名		③ 生年月日	④ 改定年月	⑰ 個人番号[基礎年金番号] ※70歳以上被用者の場合のみ
⑤ 従前の標準報酬月額		⑥ 従前改定月	⑦ 昇(降)給	⑧ 遡及支払額	⑱ 備考
⑨ 給与支給月	⑩ 給与計算の基礎日数	報酬月額 ⑪ 通貨によるものの額	⑫ 現物によるものの額	⑬ 合計（⑪+⑫）	⑭ 総計 ⑮ 平均額 ⑯ 修正平均額

1					
①	②		③	④ 年 月	⑰
⑤ 健 千円	厚 千円	⑥ 年 月	⑦昇(降)給 1. 昇給 2. 降給 月	⑧遡及支払額 月 円	⑱ 1. 70歳以上被用者月額変更 2. 二以上勤務 3. 短時間労働者（特定適用事業所等） 4. 昇給・降給の理由 （　　　） 5. 健康保険のみ月額変更 （ 70歳到達時の契約変更等 ） 6. その他（　　　）
⑨支給月 月	⑩日数 日	⑪通貨 円	⑫現物 円	⑬合計(⑪+⑫) 円	⑭総計 円
月	日	円	円	円	⑮平均額 円
月	日	円	円	円	⑯修正平均額 円

2					
①	②		③	④ 年 月	⑰
⑤ 健 千円	厚 千円	⑥ 年 月	⑦昇(降)給 1. 昇給 2. 降給 月	⑧遡及支払額 月 円	⑱ 1. 70歳以上被用者月額変更 2. 二以上勤務 3. 短時間労働者（特定適用事業所等） 4. 昇給・降給の理由 （　　　） 5. 健康保険のみ月額変更 （ 70歳到達時の契約変更等 ） 6. その他（　　　）
⑨支給月 月	⑩日数 日	⑪通貨 円	⑫現物 円	⑬合計(⑪+⑫) 円	⑭総計 円
月	日	円	円	円	⑮平均額 円
月	日	円	円	円	⑯修正平均額 円

3					
①	②		③	④ 年 月	⑰
⑤ 健 千円	厚 千円	⑥ 年 月	⑦昇(降)給 1. 昇給 2. 降給 月	⑧遡及支払額 月 円	⑱ 1. 70歳以上被用者月額変更 2. 二以上勤務 3. 短時間労働者（特定適用事業所等） 4. 昇給・降給の理由 （　　　） 5. 健康保険のみ月額変更 （ 70歳到達時の契約変更等 ） 6. その他（　　　）
⑨支給月 月	⑩日数 日	⑪通貨 円	⑫現物 円	⑬合計(⑪+⑫) 円	⑭総計 円
月	日	円	円	円	⑮平均額 円
月	日	円	円	円	⑯修正平均額 円

4					
①	②		③	④ 年 月	⑰
⑤ 健 千円	厚 千円	⑥ 年 月	⑦昇(降)給 1. 昇給 2. 降給 月	⑧遡及支払額 月 円	⑱ 1. 70歳以上被用者月額変更 2. 二以上勤務 3. 短時間労働者（特定適用事業所等） 4. 昇給・降給の理由 （　　　） 5. 健康保険のみ月額変更 （ 70歳到達時の契約変更等 ） 6. その他（　　　）
⑨支給月 月	⑩日数 日	⑪通貨 円	⑫現物 円	⑬合計(⑪+⑫) 円	⑭総計 円
月	日	円	円	円	⑮平均額 円
月	日	円	円	円	⑯修正平均額 円

5					
①	②		③	④ 年 月	⑰
⑤ 健 千円	厚 千円	⑥ 年 月	⑦昇(降)給 1. 昇給 2. 降給 月	⑧遡及支払額 月 円	⑱ 1. 70歳以上被用者月額変更 2. 二以上勤務 3. 短時間労働者（特定適用事業所等） 4. 昇給・降給の理由 （　　　） 5. 健康保険のみ月額変更 （ 70歳到達時の契約変更等 ） 6. その他（　　　）
⑨支給月 月	⑩日数 日	⑪通貨 円	⑫現物 円	⑬合計(⑪+⑫) 円	⑭総計 円
月	日	円	円	円	⑮平均額 円
月	日	円	円	円	⑯修正平均額 円

※　⑨支給月とは、給与の対象となった計算月ではなく実際に給与の支払いを行った月となります。

事業所整理記号、被保険者整理番号を必ず記入。

⑩「日数」欄は月給者は暦日数、日給者は出勤日数を記入。⑪「通貨」欄は通貨で支払われた報酬を各月に記入。通勤手当等も報酬に含まれる。

⑭「総計」は支払基礎日数が17日以上の月の報酬の総計を記入。

（➡本文 P225）

様式コード			
2	2	6	5

健康保険
厚生年金保険

被保険者賞与支払届

厚生年金保険　70歳以上被用者賞与支払届

令和　　年　　月　　日

提出者記入欄

事業所整理記号	
事業所所在地	届書記入の個人番号に誤りがないことを確認しました。
事業所名称	
事業主氏名	
電話番号	（　　　　）

受付印

社会保険労務士記載欄
氏　名　等

事業所整理記号、被保険者整理番号を必ず記入。

項目名	① 被保険者整理番号 / ④ 賞与支払年月日	② 被保険者氏名 / ⑤ 賞与支払額	③ 生年月日 / ⑥ 賞与額（千円未満は切捨て）	⑦ 個人番号［基礎年金番号］※70歳以上被用者の場合のみ / ⑧ 備考
共通	④ 賞与支払年月日（共通）	9.令和　年　月　日	←1枚ずつ必ず記入してください。	
1	① / ④※上記「賞与支払年月日（共通）」と同じ場合は、記入不要です。 9.令和　年　月　日	② / ⑤ ㋐（通貨）　円　㋑（現物）　円	③ / ⑥（合計㋐+㋑）千円未満は切捨て　,000 円	⑦ / ⑧ 1. 70歳以上被用者　2. 二以上勤務　3. 同一月内の賞与合算（初回支払日：　日）
2	① / ④※上記「賞与支払年月日（共通）」と同じ場合は、記入不要です。 9.令和　年　月　日	② / ⑤ ㋐（通貨）　円　㋑（現物）　円	③ / ⑥（合計㋐+㋑）千円未満は切捨て　,000 円	⑦ / ⑧ 1. 70歳以上被用者　2. 二以上勤務　3. 同一月内の賞与合算（初回支払日：　日）
3	① / ④※上記「賞与支払年月日（共通）」と同じ場合は、記入不要です。 9.令和　年　月　日	② / ⑤ ㋐（通貨）　円　㋑（現物）　円	③ / ⑥（合計㋐+㋑）千円未満は切捨て　,000 円	⑦ / ⑧ 1. 70歳以上被用者　2. 二以上勤務　3. 同一月内の賞与合算（初回支払日：　日）
4	① / ④※上記「賞与支払年月日（共通）」と同じ場合は、記入不要です。 9.令和　年　月　日	② / ⑤ ㋐（通貨）　円　㋑（現物）　円	③ / ⑥（合計㋐+㋑）千円未満は切捨て　,000 円	⑦ / ⑧ 1. 70歳以上被用者　2. 二以上勤務　3. 同一月内の賞与合算（初回支払日：　日）
5	① / ④※上記「賞与支払年月日（共通）」と同じ場合は、記入不要です。 9.令和　年　月　日	② / ⑤ ㋐（通貨）　円　㋑（現物）　円	③ / ⑥（合計㋐+㋑）千円未満は切捨て　,000 円	⑦ / ⑧ 1. 70歳以上被用者　2. 二以上勤務　3. 同一月内の賞与合算（初回支払日：　日）
6	① / ④※上記「賞与支払年月日（共通）」と同じ場合は、記入不要です。 9.令和　年　月　日	② / ⑤ ㋐（通貨）　円　㋑（現物）　円	③ / ⑥（合計㋐+㋑）千円未満は切捨て　,000 円	⑦ / ⑧ 1. 70歳以上被用者　2. 二以上勤務　3. 同一月内の賞与合算（初回支払日：　日）
7	① / ④※上記「賞与支払年月日（共通）」と同じ場合は、記入不要です。 9.令和　年　月　日	② / ⑤ ㋐（通貨）　円　㋑（現物）　円	③ / ⑥（合計㋐+㋑）千円未満は切捨て　,000 円	⑦ / ⑧ 1. 70歳以上被用者　2. 二以上勤務　3. 同一月内の賞与合算（初回支払日：　日）
8	① / ④※上記「賞与支払年月日（共通）」と同じ場合は、記入不要です。 9.令和　年　月　日	② / ⑤ ㋐（通貨）　円　㋑（現物）　円	③ / ⑥（合計㋐+㋑）千円未満は切捨て　,000 円	⑦ / ⑧ 1. 70歳以上被用者　2. 二以上勤務　3. 同一月内の賞与合算（初回支払日：　日）
9	① / ④※上記「賞与支払年月日（共通）」と同じ場合は、記入不要です。 9.令和　年　月　日	② / ⑤ ㋐（通貨）　円　㋑（現物）　円	③ / ⑥（合計㋐+㋑）千円未満は切捨て　,000 円	⑦ / ⑧ 1. 70歳以上被用者　2. 二以上勤務　3. 同一月内の賞与合算（初回支払日：　日）
10	① / ④※上記「賞与支払年月日（共通）」と同じ場合は、記入不要です。 9.令和　年　月　日	② / ⑤ ㋐（通貨）　円　㋑（現物）　円	③ / ⑥（合計㋐+㋑）千円未満は切捨て　,000 円	⑦ / ⑧ 1. 70歳以上被用者　2. 二以上勤務　3. 同一月内の賞与合算（初回支払日：　日）

賞与を通貨のみで支払った場合は、「㋐通貨」欄にその全額を記入し、「㋑現物」欄には0と記載。賞与のうち一部を食事や住宅、被服など、通貨以外で支払った場合には、「㋑現物」欄に、それぞれ厚生労働大臣が定めた額（食事、住宅については都道府県ごとに定められた価額、その他は時価により算定した額）を記入。

裏面の「合計所得金額の見積額の計算表」から配偶者の見積額を算出して記載。

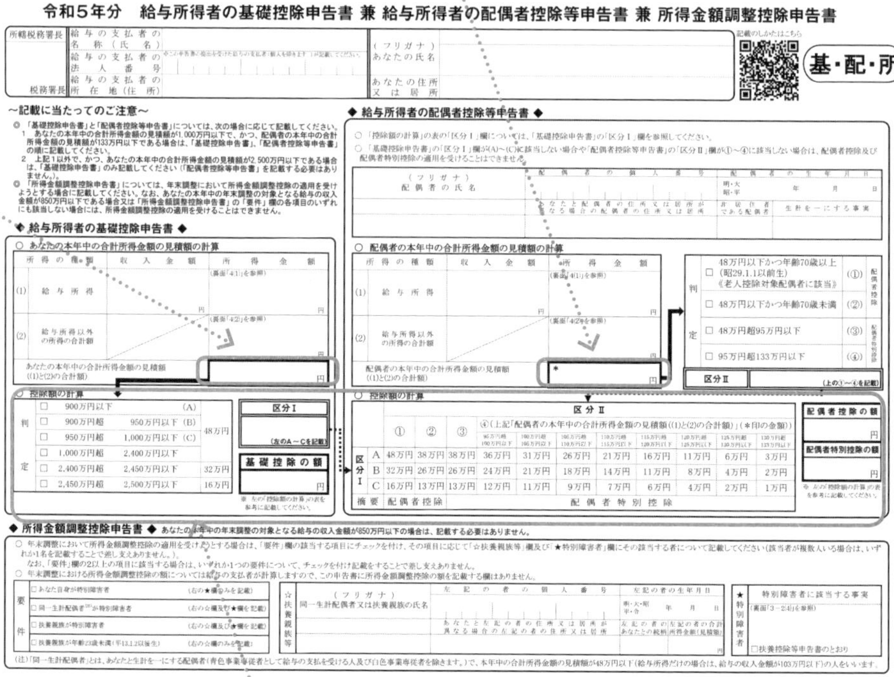

令和５年分　給与所得者の基礎控除申告書 兼 給与所得者の配偶者控除等申告書 兼 所得金額調整控除申告書

所轄税務署長	給与の支払者の名称（氏名）		（フリガナ）あなたの氏名
	給与の支払者の法人番号	※この申告書の提出を受けた給与の支払者（個人を除きます。）が記載してください。	
税務署長	給与の支払者の所在地（住所）		あなたの住所又は居所

記載のしかたはこちら

基・配・所

～記載に当たってのご注意～

◎「基礎控除申告書」と「配偶者控除等申告書」については、次の場合に応じて記載してください。
1　あなたの本年中の合計所得金額の見積額が1,000万円以下で、かつ、配偶者の本年中の合計所得金額の見積額が133万円以下である場合は、「基礎控除申告書」、「配偶者控除等申告書」の順に記載してください。
2　上記１以外で、かつ、あなたの本年中の合計所得金額の見積額が2,500万円以下である場合は、「基礎控除申告書」のみ記載してください（「配偶者控除等申告書」を記載する必要はありません。）。

◎「所得金額調整控除申告書」については、年末調整において所得金額調整控除の適用を受けようとする場合に記載してください。なお、あなたの本年中の年末調整の対象となる給与の収入金額が850万円以下である場合又は「所得金額調整控除申告書」の「要件」欄の各項目のいずれにも該当しない場合には、所得金額調整控除の適用を受けることはできません。

◆ 給与所得者の基礎控除申告書 ◆

○ あなたの本年中の合計所得金額の見積額の計算

	所得の種類	収入金額	所得金額
(1)	給与所得	円	（裏面「4(1)」を参照）円
(2)	給与所得以外の所得の合計額		（裏面「4(2)」を参照）円
あなたの本年中の合計所得金額の見積額（(1)と(2)の合計額）			円

○ 控除額の計算

判定	□ 900万円以下		(A)	48万円
	□ 900万円超	950万円以下	(B)	
	□ 950万円超	1,000万円以下	(C)	
	□ 1,000万円超	2,400万円以下		
	□ 2,400万円超	2,450万円以下		32万円
	□ 2,450万円超	2,500万円以下		16万円

区分Ⅰ（左のA～Cを記載）

基礎控除の額　円

※ 左の「控除額の計算」の表を参考に記載してください。

◆ 給与所得者の配偶者控除等申告書 ◆

○「控除額の計算」の表の「区分Ⅰ」欄については、「基礎控除申告書」の「区分Ⅰ」欄を参照してください。
○「基礎控除申告書」の「区分Ⅰ」欄が(A)～(C)に該当しない場合や「配偶者控除等申告書」の「区分Ⅱ」欄が①～④に該当しない場合は、配偶者控除及び配偶者特別控除の適用を受けることはできません。

（フリガナ）配偶者の氏名	配偶者の個人番号	配偶者の生年月日　明・大 昭・平　年　月　日
	あなたと配偶者の住所又は居所が異なる場合の配偶者の住所又は居所	非居住者である配偶者／生計を一にする事実

○ 配偶者の本年中の合計所得金額の見積額の計算

	所得の種類	収入金額	所得金額
(1)	給与所得	円	（裏面「4(1)」を参照）円
(2)	給与所得以外の所得の合計額		（裏面「4(2)」を参照）円
配偶者の本年中の合計所得金額の見積額（(1)と(2)の合計額）			＊　円

判定	□ 48万円以下かつ年齢70歳以上（昭29.1.1以前生）《老人控除対象配偶者に該当》	(①)	配偶者控除
	□ 48万円以下かつ年齢70歳未満	(②)	
	□ 48万円超95万円以下	(③)	配偶者特別控除
	□ 95万円超133万円以下	(④)	

区分Ⅱ（上の①～④を記載）

○ 控除額の計算

区分Ⅰ ＼ 区分Ⅱ	①	②	③	④ 95万円超100万円以下	100万円超105万円以下	105万円超110万円以下	110万円超115万円以下	115万円超120万円以下	120万円超125万円以下	125万円超130万円以下	130万円超133万円以下
A	48万円	38万円	38万円	36万円	31万円	26万円	21万円	16万円	11万円	6万円	3万円
B	32万円	26万円	26万円	24万円	21万円	18万円	14万円	11万円	8万円	4万円	2万円
C	16万円	13万円	13万円	12万円	11万円	9万円	7万円	6万円	4万円	2万円	1万円
摘要	配偶者控除			配偶者特別控除							

④（上記「配偶者の本年中の合計所得金額の見積額（(1)と(2)の合計額）」（＊印の金額））

配偶者控除の額　円

配偶者特別控除の額　円

※ 左の「控除額の計算」の表を参考に記載してください。

◆ 所得金額調整控除申告書 ◆ あなたの本年中の年末調整の対象となる給与の収入金額が850万円以下の場合は、記載する必要はありません。

○ 年末調整において所得金額調整控除の適用を受けようとする場合は、「要件」欄の該当する項目にチェックを付け、その項目に応じて「☆扶養親族等」欄及び「★特別障害者」欄にその該当する者について記載してください（該当者が複数人いる場合は、いずれか1名を記載することで差し支えありません。）。
なお、「要件」欄の2以上の項目に該当する場合は、いずれか1つの要件について、チェックを付け記載をすることで差し支えありません。
○ 年末調整における所得金額調整控除の額については給与の支払者が計算しますので、この申告書に所得金額調整控除の額を記載する欄はありません。

要件	
□ あなた自身が特別障害者	（右の★欄のみを記載）
□ 同一生計配偶者（注）が特別障害者	（右の☆欄及び★欄を記載）
□ 扶養親族が特別障害者	（右の☆欄及び★欄を記載）
□ 扶養親族が年齢23歳未満（平13.1.2以後生）	（右の☆欄のみを記載）

☆扶養親族等		
（フリガナ）同一生計配偶者又は扶養親族の氏名	左記の者の個人番号	左記の者の生年月日　明・大・昭 平・令　年　月　日
	あなたと左記の者の住所又は居所が異なる場合の左記の者の住所又は居所	左記の者のあなたとの続柄／左記の者の合計所得金額（見積額）円

★特別障害者　特別障害者に該当する事実（裏面「3－2(4)」を参照）　□扶養控除等申告書のとおり

（注）「同一生計配偶者」とは、あなたと生計を一にする配偶者（青色事業専従者として給与の支払を受ける人及び白色事業専従者を除きます。）で、本年中の合計所得金額の見積額が48万円以下（給与所得だけの場合は、給与の収入金額が103万円以下）の人をいいます。

◎この申告書の記載に当たっては、裏面の説明をお読みください。

裏面の「合計所得金額の見積額の計算表」から自分の見積額を算出して記載。

給与所得者の合計所得額から、この欄にチェックを入れて基礎控除額を記載。
同様に配偶者控除額も確認して記載。

保険料控除申告書（➡本文 P239）

加入している生命保険等の控除証明書を参照して記載。

加入している地震保険、社会保険、小規模企業共済等の掛け金の各種控除証明書を参照して記載。

令和５年分　給与所得者の保険料控除申告書

所轄税務署長　税務署長

給与の支払者の名称（氏名）

給与の支払者の法人番号

給与の支払者の所在地（住所）

（フリガナ）あなたの氏名

あなたの住所又は居所

記載のしかたはこちら

保

◎この申告書の記載に当たっては、裏面の説明をお読みください。

生命保険料控除

保険会社等の名称	保険等の種類	保険期間又は年金支払期間	保険等の契約者の氏名	保険金等の受取人 氏名	保険金等の受取人 あなたとの続柄	新・旧の区分	あなたが本年中に支払った保険料等の金額（分配を受けた剰余金等の控除後の金額） (a)	給与の支払者の確認
一般の生命保険料						新・旧	(a) 円	
						新・旧	(a)	
						新・旧	(a)	
						新・旧	(a)	

(a)のうち新保険料等の金額の合計額 A 円　Aの金額を下の計算式Ⅰ（新保険料等用）に当てはめて計算した金額 ①（最高40,000円）円　計（①＋②）③（最高40,000円）円

(a)のうち旧保険料等の金額の合計額 B 円　Bの金額を下の計算式Ⅱ（旧保険料等用）に当てはめて計算した金額 ②（最高50,000円）円　②と③のいずれか大きい金額 ㋑ 円

介護医療保険料　(a) 円　(a)　(a)

(a)の金額の合計額 C 円　Cの金額を下の計算式Ⅰ（新保険料等用）に当てはめて計算した金額 ㋺（最高40,000円）円

個人年金保険料　新・旧 (a) 円　新・旧 (a)　新・旧 (a)

(a)のうち新保険料等の金額の合計額 D 円　Dの金額を下の計算式Ⅰ（新保険料等用）に当てはめて計算した金額 ④（最高40,000円）円　計（④＋⑤）⑥（最高40,000円）円

(a)のうち旧保険料等の金額の合計額 E 円　Eの金額を下の計算式Ⅱ（旧保険料等用）に当てはめて計算した金額 ⑤（最高50,000円）円　⑤と⑥のいずれか大きい金額 ㋩ 円

計算式Ⅰ（新保険料等用）※		計算式Ⅱ（旧保険料等用）※		生命保険料控除額 計(㋑＋㋺＋㋩)（最高120,000円）
A、C又はDの金額	控除額の計算式	B又はEの金額	控除額の計算式	
20,000円以下	A、C又はDの全額	25,000円以下	B又はEの全額	
20,001円から40,000円まで	(A、C又はD)×1/2＋10,000円	25,001円から50,000円まで	(B又はE)×1/2＋12,500円	
40,001円から80,000円まで	(A、C又はD)×1/4＋20,000円	50,001円から100,000円まで	(B又はE)×1/4＋25,000円	
80,001円以上	一律に40,000円	100,001円以上	一律に50,000円	円

※ 控除額の計算において算出した金額に１円未満の端数があるときは、その端数を切り上げます。

地震保険料控除

保険会社等の名称	保険等の種類（目的）	保険期間	保険等の契約者の氏名	保険等の対象となった家屋等に居住又は家財を利用している者等の氏名	あなたとの続柄	地震保険料又は旧長期損害保険料区分	あなたが本年中に支払った保険料等のうち、左欄の区分に係る金額（分配を受けた剰余金等の控除後の金額） Ⓐ	給与の支払者の確認
						地震・旧長期	円	
						地震・旧長期		

Ⓐのうち地震保険料の金額の合計額 Ⓑ 円

Ⓐのうち旧長期損害保険料の金額の合計額 Ⓒ 円

地震保険料控除額　（Ⓑの金額（最高50,000円）円）＋（Ⓒの金額（Ⓒの金額が10,000円を超える場合は、Ⓒ×1/2＋5,000円）※（最高15,000円）円）＝（最高50,000円）円

社会保険料控除

社会保険の種類	保険料支払先の名称	保険料を負担することになっている人 氏名	保険料を負担することになっている人 あなたとの続柄	あなたが本年中に支払った保険料の金額
				円
合計（控除額）				円

小規模企業共済等掛金控除

種類	あなたが本年中に支払った掛金の金額
独立行政法人中小企業基盤整備機構の共済契約の掛金	円
確定拠出年金法に規定する**企業型**年金加入者掛金	
確定拠出年金法に規定する**個人型**年金加入者掛金	
心身障害者扶養共済制度に関する契約の掛金	
合計（控除額）	円

※加入している保険会社等から届いた控除証明書（原本）を必ず添付する。

（➡本文 P251）

給与から天引きされる社会保険料や所得税額等を記載。

各種控除額を記入し、課税所得額を算出。差額を求めて、還付額・不足額を確定。この年末調整欄のデータを「給与所得の源泉徴収票」（次頁参照）に転記。

表

令和6年分 給与所得に対する源泉徴収簿

甲欄
乙欄

所属		職名		住所	（郵便番号 － ）	氏名	（フリガナ） （生年月日 明・大・昭・平・令 年 月 日）	整理番号	

区分	月区分	支給月日	総支給金額	社会保険料等の控除額	社会保険料等控除後の給与等の金額	扶養親族等の数	算出税額	年末調整による過不足税額	差引徴収税額
給料・手当等			円	円	円	人	円	円	円
	2								
	3								
	4								
	5								
	6								
	7								
	8								
	9								
	10								
	11								
	12								
	計		①	②			③		
賞与等							（税率 %）		
							（税率 %）		
							（税率 %）		
							（税率 %）		
	計		④	⑤			⑥		

前年の年末調整に基づき繰り越した過不足税額						円
同上の税額につき還付又は徴収した月区分	月別	還付又は徴収した税額	差引残高	月別	還付又は徴収した税額	差引残高
	月	円	円	月	円	円

扶養控除等の申告・各種控除額

申告の有無	区分／申告月日	源泉控除対象配偶者	一般の控除対象扶養親族	特定扶養親族	老人扶養親族 同居老親等	老人扶養親族 その他	一般の障害者 本人・配・扶（ 人）	特別障害者 本人・配・扶（ 人）	同居特別障害者 配・扶（ 人）	寡婦又はひとり親	勤労学生	従たる給与から控除する源泉控除対象配偶者と控除対象扶養親族の合計数	配偶者の有無
有・無	当初	有・無	人	人	人	人	人	人	人	寡婦・ひとり親	有・無	当初 人	有・無
	／	有・無								寡婦・ひとり親	有・無		
	／	有・無								寡婦・ひとり親	有・無		
	控除額 1人当たり（万円）		38	63	58	48	27	40	75	27（寡婦） 35（ひとり親）	27	月 日 人	
	控除額 合計（万円）												

年末調整

区分			金額	税額
給料・手当等			① 円	③ 円
賞与等			④	⑥
計			⑦	⑧
給与所得控除後の給与等の金額			⑨	所得金額調整控除の適用 有・無 （※ 適用有の場合は⑩に記載）
所得金額調整控除額 （（⑦－8,500,000円）×10%、マイナスの場合は0）			⑩（1円未満切上げ、最高150,000円）	
給与所得控除後の給与等の金額（調整控除後） （⑨－⑩）			⑪	
社会保険料等控除額	給与等からの控除分（②＋⑤）		⑫	配偶者の合計所得金額 （ 円）
	申告による社会保険料の控除分		⑬	
	申告による小規模企業共済等掛金の控除分		⑭	旧長期損害保険料支払額 （ 円）
生命保険料の控除額			⑮	
地震保険料の控除額			⑯	⑫のうち小規模企業共済等掛金の金額
配偶者（特別）控除額			⑰	（ 円）
扶養控除額及び障害者等の控除額の合計額			⑱	⑬のうち国民年金保険料等の金額
基礎控除額			⑲	
所得控除額の合計額 （⑫＋⑬＋⑭＋⑮＋⑯＋⑰＋⑱＋⑲）			⑳	（ 円）
差引課税給与所得金額（⑪－⑳）及び算出所得税額			㉑（1,000円未満切捨て）	㉒
（特定増改築等）住宅借入金等特別控除額				㉓
年調所得税額（㉒－㉓、マイナスの場合は0）				㉔
年調年税額（㉔×102.1％）				㉕（100円未満切捨て）
差引超過額又は不足額（㉕－⑧）				㉖
超過額の精算	本年最後の給与から徴収する税額に充当する金額			㉗
	未払給与に係る未徴収の税額に充当する金額			㉘
	差引還付する金額（㉖－㉗－㉘）			㉙
	同上のうち	本年中に還付する金額		㉚
		翌年において還付する金額		㉛
不足額の精算	本年最後の給与から徴収する金額			㉜
	翌年に繰り越して徴収する金額			㉝

給与や各手当等の内訳を記載。

裏

給料・手当等の支給金額の内訳	月区分	支給月日	基本給	家族手当	手当	手当	手当	手当	総支給金額	給与等から控除された小規模企業共済等掛金の金額
			円	円	円	円	円	円	円	円

災害減免法による徴収猶予関係	申請書の受付月日	徴収猶予承認月日	徴収猶予期間	雑損失又は繰越雑損失がある場合の徴収猶予限度額
	月 日	月 日	自 月 日 至 月 日	円

前月中に通常の給与を支給していなかった場合に支給する賞与の税額計算

区分	第1回	第2回	第3回
支給月日	・	・	・
社会保険料等控除後の賞与の金額 ①	円	円	円
①×$\frac{1}{6}$又は$\frac{1}{12}$ ②			
②に対する月額表に定める税額 ③			
算出税額（③×6又は12）			

支給する賞与の金額が、前月中に支給した通常の給与の10倍を超える場合の賞与の税額計算

区分	第1回	第2回	第3回
支給月日	・	・	・
社会保険料等控除後の賞与の金額 ①	円	円	円
①×$\frac{1}{6}$又は$\frac{1}{12}$ ②			
②＋前月の「社会保険料等控除後の給与等の金額」 ③			
③に対する月額表に定める税額 ④			
④－前月の「社会保険料等控除後の給与等の金額」に対する月額表の税額 ⑤			
算出税額（⑤×6又は12）			

【源泉徴収税額表】

月々（日々）の給与や賞与などから源泉徴収する所得税及び復興特別所得税の税額は、「令和6年分 源泉徴収税額表」を使用して求めることができます。

なお、「令和6年分 源泉徴収税額表」の税額については、令和5年分から変更はありません。

令和6年分　源泉徴収税額表

【年末調整がよくわかるページ】

国税庁ホームページに、**「年末調整がよくわかるページ」**を開設し、年末調整に関する様々な情報を提供しています。

このページの**「源泉徴収義務者（給与の支払者）の方へ」**には、年末調整の手順や源泉徴収票の作成等について解説した動画、パンフレット及び扶養控除等申告書等の各種様式を掲載しています。

また、年末調整の計算において使用する「年末調整等のための給与所得控除後の給与等の金額の表」、「扶養控除額及び障害者等の控除額の合計額の早見表」及び「年末調整のための算出所得税額の速算表」も掲載しています。

さらに、このページの**「給与所得者（従業員）の方へ」**には、扶養控除等申告書の記載例など従業員の方が各種申告書を記載する際に役立つ情報を掲載しています。

年末調整がよくわかる

※ 令和6年分の各種情報については、令和6年10月頃に掲載いたします。

令和　年分　給与所得の源泉徴収票

最新の住所を記載。

- 支払を受ける者：住所又は居所
- (受給者番号)
- (個人番号)
- (役職名)
- 氏名：(フリガナ)

種別	支払金額	給与所得控除後の金額（調整控除後）	所得控除の額の合計額	源泉徴収税額
	内　千　円	千　円	千　円	内　千　円

年末調整をした受給者のみ記載。

- (源泉)控除対象配偶者の有無等：有／従有／老人
- 配偶者（特別）控除の額：千　円
- 控除対象扶養親族の数（配偶者を除く。）：特定（人・従人）／老人（内・人・従人）／その他（人・従人）
- 16歳未満扶養親族の数：人
- 障害者の数（本人を除く。）：特別（内・人）／その他（人）
- 非居住者である親族の数：人

社会保険料等の金額	生命保険料の控除額	地震保険料の控除額	住宅借入金等特別控除の額
内　千　円	千　円	千　円	千　円

(摘要)

各控除について詳細を記載。

- 生命保険料の金額の内訳：新生命保険料の金額（円）／旧生命保険料の金額（円）／介護医療保険料の金額（円）／新個人年金保険料の金額（円）／旧個人年金保険料の金額（円）
- 住宅借入金等特別控除の額の内訳：住宅借入金等特別控除適用数／居住開始年月日(1回目)（年　月　日）／住宅借入金等特別控除区分(1回目)／住宅借入金等年末残高(1回目)（円）
- 住宅借入金等特別控除可能額（円）／居住開始年月日(2回目)（年　月　日）／住宅借入金等特別控除区分(2回目)／住宅借入金等年末残高(2回目)（円）
- (源泉・特別)控除対象配偶者：(フリガナ)／氏名／個人番号／区分
- 配偶者の合計所得（円）
- 国民年金保険料等の金額（円）／旧長期損害保険料の金額（円）
- 基礎控除の額（円）／所得金額調整控除額

各控除に関連する扶養家族についてのデータを記載。

- 控除対象扶養親族 1〜4：(フリガナ)／氏名／個人番号／区分
- 16歳未満の扶養親族 1〜4：(フリガナ)／氏名／区分
- (備考)

控除対象扶養親族が5人以上いる場合には、5人目以降の控除対象親族のマイナンバーを記載。

未成年者	外国人	死亡退職	災害者	乙欄	本人が障害者：特別	本人が障害者：その他	寡婦	ひとり親	勤労学生	中途就・退職：就職	中途就・退職：退職	年	月	日	受給者生年月日：元号	年	月	日

(税務署提出用)

- 支払者：個人番号又は法人番号（右詰で記載してください。）
- 住所(居所)又は所在地
- 氏名又は名称　(電話)

整理欄

375

同姓同名の受給者がいる場合に、生年月日による本人確認が必要なので必ず記載。

給与支払報告書（総括表）（➡本文 P253）

給与支払報告書（総括表）

第十七号様式（用紙日本産業規格Ａ５）（第十条関係）

指定番号

令和　　年　　月　　日提出

給与の支払期間	令和　年　月分から　月分まで		
給与支払者の個人番号又は法人番号			
フリガナ			
給与支払者の氏名又は名称		事業種目	
所得税の源泉徴収をしている事務所又は事業の名称		受給者総人員	人
		報告人員　特別徴収対象者	人
フリガナ		報告人員　普通徴収対象者（退職者）	人
同上の所在地	〒	報告人員　普通徴収対象者（退職者を除く）	人
給与支払者が法人である場合の代表者の氏名		報告人員　報告人員の合計	人
		所轄税務署名	税務署
連絡者の氏名、所属課、係名及び電話番号	課　　係 氏名 （電話　　）	給与の支払方法及びその期日	
関与税理士等の氏名及び電話番号	氏名 （電話　　）	納入書の送付	必要 ・ 不要

第17号様式記載要領

1　この給与支払報告書（以下「報告書」という。）は、地方税法（以下「法」という。）第317条の６第１項又は第３項に規定する給与について使用してください。

2　給与の支払をする者で、給与所得について所得税を源泉徴収する義務のあるものは、次により関係市町村に報告書を提出してください。

（イ）　１月１日現在において給与の支払を受けている者　１月31日まで

（ロ）　給与の支払を受けている者のうち給与の支払を受けなくなったもの　退職した年の翌年の１月31日まで

3　「指定番号」欄には、提出先の市町村が定める指定番号を記載してください。

4　「給与の支払期間」欄には、「報告人員の合計」欄で計上された人員に給与を支払った期間を記載してください。

5　「給与支払者の個人番号又は法人番号」欄には、給与支払者の個人番号（行政手続における特定の個人を識別するための番号の利用等に関する法律第２条第５項に規定する個人番号をいう。以下同じ。）又は法人番号（同条第15項に規定する法人番号をいう。）を記載してください。なお、個人番号を記載する場合は、左側を１文字空けて記載してください。

6　「給与支払者が法人である場合の代表者の氏名」欄には、経理責任者の職氏名を記載してください。給与支払者が国の機関である場合には、国の機関名を記載してください。

7　「連絡者の氏名、所属課、係名及び電話番号」欄には、この報告書について応答する者の氏名、所属課、係名及びその電話番号を記載してください。

8　「関与税理士等の氏名及び電話番号」欄には、税理士等が報告書を作成する場合に、報告書に関する問合せ先となる税理士等の氏名及び電話番号を記載してください。

9　「受給者総人員」欄には、１月１日現在において給与の支払をする事務所、事業所等から給与等の支払を受けている者の総人員を記載してください。

10　「特別徴収対象者」欄には、提出先の市町村に対して「給与支払報告書（個人別明細書）」を提出する者で、特別徴収の対象となるものの人員を記載してください。

11　「普通徴収対象者（退職者）」欄には、提出先の市町村に対して「給与支払報告書（個人別明細書）」を提出する者で、普通徴収の対象となるもののうち退職者の人員を記載してください。

12　「普通徴収対象者（退職者を除く）」欄には、提出先の市町村に対して「給与支払報告書（個人別明細書）」を提出する者で、普通徴収の対象となるもののうち退職者を除いた人員を記載してください。

13　「報告人員の合計」欄には、「特別徴収対象者」欄、「普通徴収対象者（退職者）」欄及び「普通徴収対象者（退職者を除く）」欄の人員の合計を記載してください。

14　「給与の支払方法及びその期日」欄には、月給、週給等及び毎月20日、毎週月曜日等と記載してください。

提出先の市町村が定める指定番号を記載。

「報告人員の合計」欄で計上された人員に給与を支払った期間を記載。

給与の締め日、支払日を記入。

「受給者総人員」欄には、１月１日現在において給与の支払をする事務所、事業所等から給与等の支払を受けている者の総人員を記載。「特別徴収対象者」欄には、提出先の市町村に対して「給与支払報告書（個人別明細書）」を提出する者で、特別徴収の対象となるものの人員を記載。「普通徴収対象者（退職者）」欄には、同様に「給与支払報告書（個人別明細書）」を提出する者で、普通徴収の対象となるもののうち退職者の人員を記載。「普通徴収対象者（退職者を除く）」欄には、同じく、普通徴収の対象となるもののうち退職者を除いた人員を記載。

給与を支払った全人数を記載。源泉徴収票を添付する対象となる人数と金額を記載。

FE0104

令和□□年分 給与所得の源泉徴収票等の法定調書合計表

（所得税法施行規則別表第５（８）、５（２４）、５（２５）、５（２６）、６（１）及び６（２）関係）

税務署受付印	令和　年　月　日提出 税務署長　殿	事業種目	署番号 □□□□□
			整理番号 □□□□□□□□

提出者		調書の提出区分	提出媒体
住所又は所在地	電話（　－　－　）	新規=1 追加=2 訂正=3 無効=4 □	1 給与 □□ / 2 退職 □□ / 3 報酬 □□ / 4 使用 □□ / 5 譲受 □□ / 6 斡旋 □□
（フリガナ）		（フリガナ）	
氏名又は名称		作成担当者	本店等一括提出　有 ◯ / 翌年以降送付　否 ◯
個人番号又は法人番号(注)	↓個人番号の記載に当たっては、左端を空欄にし、ここから記載してください。 □□□□□□□□□□□□□		
（フリガナ）		作成税理士署名	税理士番号 □□□□□□
代表者氏名		電話（　－　－　）	

【平成28年1月1日以後提出用】

提出用

1　給与所得の源泉徴収票合計表（375）

区分	人員	左のうち、源泉徴収税額のない者	支払金額	源泉徴収税額
Ⓐ俸給、給与、賞与等の総額	人	人	円	円
Ⓐのうち、丙欄適用の日雇労務者の賃金			円	円
Ⓑ源泉徴収票を提出するもの	人		円	円
災害減免法により徴収猶予したもの	人員　人	猶予税額　円	（摘要）	

2　退職所得の源泉徴収票合計表（316）

区分	人員	支払金額	源泉徴収税額	（摘要）
Ⓐ退職手当等の総額	人	円	円	
ⒷⒶのうち、源泉徴収票を提出するもの	人	円	円	

申告すべき支払いがない場合には「該当なし」と記載。

3　報酬、料金、契約金及び賞金の支払調書合計表（309）

区分	人員（個人）	人員（個人以外）	支払金額	源泉徴収税額
所得税法第204条に規定する報酬又は料金等　原稿料、講演料等の報酬又は料金（1号該当）	人	人	円	円
弁護士、税理士等の報酬又は料金（2号該当）	人	人	円	円
診療報酬（3号該当）	人	人	円	円
職業野球選手、騎手、外交員等の報酬又は料金（4号該当）	人	人	円	円
芸能等に係る出演、演出等の報酬又は料金（5号該当）	人	人	円	円
ホステス等の報酬又は料金（6号該当）	人	人	円	円
契約金（7号該当）	人	人	円	円
賞金（8号該当）	人	人	円	円
Ⓐ計	実　人	実　人	円	円
ⒷⒶのうち、支払調書を提出するもの	人	人	円	円

区分	件数	支払金額	源泉徴収税額	（摘要）
Ⓐのうち、所得税法第174条第10号に規定する内国法人に対する賞金	件	円	円	
災害減免法により徴収猶予したもの	人員　人	猶予税額　円		

他の5種類の支払報告について各項目を記載。

4　不動産の使用料等の支払調書合計表（313）

区分	人員	支払金額
Ⓐ使用料等の総額	人	円
ⒷⒶのうち、支払調書を提出するもの	人	円
（摘要）		

6　不動産等の売買又は貸付けのあっせん手数料の支払調書合計表（314）

区分	人員	支払金額
Ⓐあっせん手数料の総額	人	円
ⒷⒶのうち、支払調書を提出するもの	人	円
（摘要）		

5　不動産等の譲受けの対価の支払調書合計表（376）

区分	人員	支払金額
Ⓐ譲受けの対価の総額	人	円
ⒷⒶのうち、支払調書を提出するもの	人	円
（摘要）		

税務署整理欄	通信日付印	確認	提出年月日	身元確認
			年□□ 月□□ 日□□ □	□
			区分 A B C D E F G H □	

○提出媒体欄には、法定調書の種類別にコードを記載してください。（電子＝14　FD＝15　MO＝16　CD＝17　DVD＝18　書面＝30　その他＝99）

(注)平成27年分以前の合計表を作成する場合には、「個人番号又は法人番号」欄に何も記載しないでください。

※法定調書は書面による提出の他、インターネット（e -Tax）や光ディスク等による提出も可。

年齢早見表（大正 13 年〜令和 6 年分）

西暦	年号	年齢	西暦	年号	年齢	西暦	年号	年齢
1924 年	大正 13 年	100 歳	1959 年	昭和 34 年	65 歳	1994 年	平成 6 年	30 歳
1925 年	大正 14 年	99 歳	1960 年	昭和 35 年	64 歳	1995 年	平成 7 年	29 歳
1926 年	大正 15 年 / 昭和元年	98 歳	1961 年	昭和 36 年	63 歳	1996 年	平成 8 年	28 歳
1927 年	昭和 2 年	97 歳	1962 年	昭和 37 年	62 歳	1997 年	平成 9 年	27 歳
1928 年	昭和 3 年	96 歳	1963 年	昭和 38 年	61 歳	1998 年	平成 10 年	26 歳
1929 年	昭和 4 年	95 歳	1964 年	昭和 39 年	60 歳	1999 年	平成 11 年	25 歳
1930 年	昭和 5 年	94 歳	1965 年	昭和 40 年	59 歳	2000 年	平成 12 年	24 歳
1931 年	昭和 6 年	93 歳	1966 年	昭和 41 年	58 歳	2001 年	平成 13 年	23 歳
1932 年	昭和 7 年	92 歳	1967 年	昭和 42 年	57 歳	2002 年	平成 14 年	22 歳
1933 年	昭和 8 年	91 歳	1968 年	昭和 43 年	56 歳	2003 年	平成 15 年	21 歳
1934 年	昭和 9 年	90 歳	1969 年	昭和 44 年	55 歳	2004 年	平成 16 年	20 歳
1935 年	昭和 10 年	89 歳	1970 年	昭和 45 年	54 歳	2005 年	平成 17 年	19 歳
1936 年	昭和 11 年	88 歳	1971 年	昭和 46 年	53 歳	2006 年	平成 18 年	18 歳
1937 年	昭和 12 年	87 歳	1972 年	昭和 47 年	52 歳	2007 年	平成 19 年	17 歳
1938 年	昭和 13 年	86 歳	1973 年	昭和 48 年	51 歳	2008 年	平成 20 年	16 歳
1939 年	昭和 14 年	85 歳	1974 年	昭和 49 年	50 歳	2009 年	平成 21 年	15 歳
1940 年	昭和 15 年	84 歳	1975 年	昭和 50 年	49 歳	2010 年	平成 22 年	14 歳
1941 年	昭和 16 年	83 歳	1976 年	昭和 51 年	48 歳	2011 年	平成 23 年	13 歳
1942 年	昭和 17 年	82 歳	1977 年	昭和 52 年	47 歳	2012 年	平成 24 年	12 歳
1943 年	昭和 18 年	81 歳	1978 年	昭和 53 年	46 歳	2013 年	平成 25 年	11 歳
1944 年	昭和 19 年	80 歳	1979 年	昭和 54 年	45 歳	2014 年	平成 26 年	10 歳
1945 年	昭和 20 年	79 歳	1980 年	昭和 55 年	44 歳	2015 年	平成 27 年	9 歳
1946 年	昭和 21 年	78 歳	1981 年	昭和 56 年	43 歳	2016 年	平成 28 年	8 歳
1947 年	昭和 22 年	77 歳	1982 年	昭和 57 年	42 歳	2017 年	平成 29 年	7 歳
1948 年	昭和 23 年	76 歳	1983 年	昭和 58 年	41 歳	2018 年	平成 30 年	6 歳
1949 年	昭和 24 年	75 歳	1984 年	昭和 59 年	40 歳	2019 年	平成 31 年 / 令和元年	5 歳
1950 年	昭和 25 年	74 歳	1985 年	昭和 60 年	39 歳	2020 年	令和 2 年	4 歳
1951 年	昭和 26 年	73 歳	1986 年	昭和 61 年	38 歳	2021 年	令和 3 年	3 歳
1952 年	昭和 27 年	72 歳	1987 年	昭和 62 年	37 歳	2022 年	令和 4 年	2 歳
1953 年	昭和 28 年	71 歳	1988 年	昭和 63 年	36 歳	2023 年	令和 5 年	1 歳
1954 年	昭和 29 年	70 歳	1989 年	昭和 64 年 / 平成元年	35 歳	2024 年	令和 6 年	0 歳
1955 年	昭和 30 年	69 歳	1990 年	平成 2 年	34 歳			
1956 年	昭和 31 年	68 歳	1991 年	平成 3 年	33 歳			
1957 年	昭和 32 年	67 歳	1992 年	平成 4 年	32 歳			
1958 年	昭和 33 年	66 歳	1993 年	平成 5 年	31 歳			

※大正 15 年は 12 月 25 日まで。昭和元年も 12 月 25 日から
※昭和 64 年は 1 月 7 日まで。平成元年は 1 月 8 日から
※平成 31 年は 4 月 30 日まで。令和元年は 5 月 1 日から

〔巻末付録 2〕

給与計算関連公的資料編

〔令和６年度保険料額表〕

（東京都）　　　　　（単位：円）

標準報酬		報酬月額	全国健康保険協会管掌健康保険料				厚生年金保険料（厚生年金基金加入員を除く）	
			介護保険第2号被保険者に該当しない場合		介護保険第2号被保険者に該当する場合		一般、坑内員・船員	
等級	月額		9.98%		11.58%		18.300%※	
			全額	折半額	全額	折半額	全額	折半額
		円以上　～　円未満						
1	58,000	～ 63,000	5,788.4	2,894.2	6,716.4	3,358.2		
2	68,000	63,000 ～ 73,000	6,786.4	3,393.2	7,874.4	3,937.2		
3	78,000	73,000 ～ 83,000	7,784.4	3,892.2	9,032.4	4,516.2		
4(1)	88,000	83,000 ～ 93,000	8,782.4	4,391.2	10,190.4	5,095.2	16,104.00	8,052.00
5(2)	98,000	93,000 ～ 101,000	9,780.4	4,890.2	11,348.4	5,674.2	17,934.00	8,967.00
6(3)	104,000	101,000 ～ 107,000	10,379.2	5,189.6	12,043.2	6,021.6	19,032.00	9,516.00
7(4)	110,000	107,000 ～ 114,000	10,978.0	5,489.0	12,738.0	6,369.0	20,130.00	10,065.00
8(5)	118,000	114,000 ～ 122,000	11,776.4	5,888.2	13,664.4	6,832.2	21,594.00	10,797.00
9(6)	126,000	122,000 ～ 130,000	12,574.8	6,287.4	14,590.8	7,295.4	23,058.00	11,529.00
10(7)	134,000	130,000 ～ 138,000	13,373.2	6,686.6	15,517.2	7,758.6	24,522.00	12,261.00
11(8)	142,000	138,000 ～ 146,000	14,171.6	7,085.8	16,443.6	8,221.8	25,986.00	12,993.00
12(9)	150,000	146,000 ～ 155,000	14,970.0	7,485.0	17,370.0	8,685.0	27,450.00	13,725.00
13(10)	160,000	155,000 ～ 165,000	15,968.0	7,984.0	18,528.0	9,264.0	29,280.00	14,640.00
14(11)	170,000	165,000 ～ 175,000	16,966.0	8,483.0	19,686.0	9,843.0	31,110.00	15,555.00
15(12)	180,000	175,000 ～ 185,000	17,964.0	8,982.0	20,844.0	10,422.0	32,940.00	16,470.00
16(13)	190,000	185,000 ～ 195,000	18,962.0	9,481.0	22,002.0	11,001.0	34,770.00	17,385.00
17(14)	200,000	195,000 ～ 210,000	19,960.0	9,980.0	23,160.0	11,580.0	36,600.00	18,300.00
18(15)	220,000	210,000 ～ 230,000	21,956.0	10,978.0	25,476.0	12,738.0	40,260.00	20,130.00
19(16)	240,000	230,000 ～ 250,000	23,952.0	11,976.0	27,792.0	13,896.0	43,920.00	21,960.00
20(17)	260,000	250,000 ～ 270,000	25,948.0	12,974.0	30,108.0	15,054.0	47,580.00	23,790.00
21(18)	280,000	270,000 ～ 290,000	27,944.0	13,972.0	32,424.0	16,212.0	51,240.00	25,620.00
22(19)	300,000	290,000 ～ 310,000	29,940.0	14,970.0	34,740.0	17,370.0	54,900.00	27,450.00
23(20)	320,000	310,000 ～ 330,000	31,936.0	15,968.0	37,056.0	18,528.0	58,560.00	29,280.00
24(21)	340,000	330,000 ～ 350,000	33,932.0	16,966.0	39,372.0	19,686.0	62,220.00	31,110.00
25(22)	360,000	350,000 ～ 370,000	35,928.0	17,964.0	41,688.0	20,844.0	65,880.00	32,940.00
26(23)	380,000	370,000 ～ 395,000	37,924.0	18,962.0	44,004.0	22,002.0	69,540.00	34,770.00
27(24)	410,000	395,000 ～ 425,000	40,918.0	20,459.0	47,478.0	23,739.0	75,030.00	37,515.00
28(25)	440,000	425,000 ～ 455,000	43,912.0	21,956.0	50,952.0	25,476.0	80,520.00	40,260.00
29(26)	470,000	455,000 ～ 485,000	46,906.0	23,453.0	54,426.0	27,213.0	86,010.00	43,005.00
30(27)	500,000	485,000 ～ 515,000	49,900.0	24,950.0	57,900.0	28,950.0	91,500.00	45,750.00
31(28)	530,000	515,000 ～ 545,000	52,894.0	26,447.0	61,374.0	30,687.0	96,990.00	48,495.00
32(29)	560,000	545,000 ～ 575,000	55,888.0	27,944.0	64,848.0	32,424.0	102,480.00	51,240.00
33(30)	590,000	575,000 ～ 605,000	58,882.0	29,441.0	68,322.0	34,161.0	107,970.00	53,985.00
34(31)	620,000	605,000 ～ 635,000	61,876.0	30,938.0	71,796.0	35,898.0	113,460.00	56,730.00
35(32)	650,000	635,000 ～ 665,000	64,870.0	32,435.0	75,270.0	37,635.0	118,950.00	59,475.00
36	680,000	665,000 ～ 695,000	67,864.0	33,932.0	78,744.0	39,372.0		
37	710,000	695,000 ～ 730,000	70,858.0	35,429.0	82,218.0	41,109.0		
38	750,000	730,000 ～ 770,000	74,850.0	37,425.0	86,850.0	43,425.0		
39	790,000	770,000 ～ 810,000	78,842.0	39,421.0	91,482.0	45,741.0		
40	830,000	810,000 ～ 855,000	82,834.0	41,417.0	96,114.0	48,057.0		
41	880,000	855,000 ～ 905,000	87,824.0	43,912.0	101,904.0	50,952.0		
42	930,000	905,000 ～ 955,000	92,814.0	46,407.0	107,694.0	53,847.0		
43	980,000	955,000 ～ 1,005,000	97,804.0	48,902.0	113,484.0	56,742.0		
44	1,030,000	1,005,000 ～ 1,055,000	102,794.0	51,397.0	119,274.0	59,637.0		
45	1,090,000	1,055,000 ～ 1,115,000	108,782.0	54,391.0	126,222.0	63,111.0		
46	1,150,000	1,115,000 ～ 1,175,000	114,770.0	57,385.0	133,170.0	66,585.0		
47	1,210,000	1,175,000 ～ 1,235,000	120,758.0	60,379.0	140,118.0	70,059.0		
48	1,270,000	1,235,000 ～ 1,295,000	126,746.0	63,373.0	147,066.0	73,533.0		
49	1,330,000	1,295,000 ～ 1,355,000	132,734.0	66,367.0	154,014.0	77,007.0		
50	1,390,000	1,355,000 ～	138,722.0	69,361.0	160,962.0	80,481.0		

※**健康保険料について**

全国健康保険協会（協会けんぽ）が管掌する健康保険では、都道府県毎に地域の医療費等を反映した保険料率が設定されています。

上の一覧表は、東京都の保険料率を採用しています。

尚、介護保険料率を除いた各都道府県の保険料率は、次頁の表の通りです。

【都道府県毎の健康保険料率（令和６年度）】（介護保険料率を除く）

北海道	10.21%	埼玉県	9.78%	岐阜県	9.91%	鳥取県	9.68%	佐賀県	10.42%
青森県	9.49%	千葉県	9.77%	静岡県	9.85%	島根県	9.92%	長崎県	10.17%
岩手県	9.63%	東京都	9.98%	愛知県	10.02%	岡山県	10.02%	熊本県	10.30%
宮城県	10.01%	神奈川県	10.02%	三重県	9.94%	広島県	9.95%	大分県	10.25%
秋田県	9.85%	新潟県	9.35%	滋賀県	9.89%	山口県	10.20%	宮崎県	9.85%
山形県	9.84%	富山県	9.62%	京都府	10.13%	徳島県	10.19%	鹿児島県	10.13%
福島県	9.59%	石川県	9.94%	大阪府	10.34%	香川県	10.33%	沖縄県	9.52%
茨城県	9.66%	福井県	10.07%	兵庫県	10.18%	愛媛県	10.03%		
栃木県	9.79%	山梨県	9.94%	奈良県	10.22%	高知県	9.89%		
群馬県	9.81%	長野県	9.55%	和歌山県	10.00%	福岡県	10.35%		

※「介護保険第２号被保険者」は、「40 歳以上 65 歳未満の人」です。

40 歳から 64 歳までの人は、これに全国一律の介護保険料が（1.60%）が加わります。

※この健康保険料率と介護保険料率は、令和６年３月分（4 月納付分） から適用されます。

※健康保険組合に加入する人の健康保険料については、加入する健康保険組合にお問い合わせください。

※厚生年金基金に加入している人の厚生年金保険料率は、一般の被保険者の本来の保険料率である「18.3%」から免除保険料率（2.4 ～ 5.0%）を控除した率となり、加入する基金ごとに異なります。免除保険料率及び厚生年金基金の掛金については、加入する厚生年金基金にお問い合わせください。

※等級欄の(　)内の数字は、厚生年金保険の標準報酬月額等級です。1 等級の「報酬月額」欄は「93,000 円未満」と読み替えてください。32 等級の「報酬月額」欄は「635,000 円以上」と読み替えてください。

○賞与に係る保険料について

賞与に係る保険料は、標準賞与額に保険料率を乗じた額となります。(保険料率は、前頁上の表の保険料と同じです。）

標準賞与額とは、被保険者の賞与額から1,000円未満の端数を切り捨てた額です。標準賞与額の上限は、健康保険は年間573万円（毎年4月1日から翌年3月31日までの累計額）となり、厚生年金保険と子ども・子育て拠出金の場合は月間150万円が上限となります。

◯子ども・子育て拠出金について

事業主は、児童手当の支給に要する費用として子ども・子育て拠出金を負担することになります。この拠出金の額は、厚生年金保険の標準報酬月額及び標準賞与額に、拠出率（1,000分の3.6）を乗じた額の総額で、全額事業主が負担します。

●被保険者負担分に円未満の端数がある場合

①事業主が、給与から被保険者負担分を控除する場合、被保険者負担分の端数が50銭以下の場合は切り捨て、50銭を超える場合は切り上げて1円となります。

②被保険者が、被保険者負担分を事業主へ現金で支払う場合、被保険者の端数が50銭未満の場合は切り捨て、50銭以上の場合は切り上げて1円となります。

注）①②に関わらず、事業主と被保険者の間で特約がある場合には、特約に基づき端数処理をすることができます。

(一) 月額表（平成24年３月31日財務省告示第115号別表第一（令和２年３月31日財務省告示第81号改正））（～166,999円）

その月の社会保険料等控除後の給与等の金額		甲								乙
		扶養親族等の数								
		0人	1人	2人	3人	4人	5人	6人	7人	
以上	未満	税額								税額
円	円	円	円	円	円	円	円	円	円	円
88,000円未満		0	0	0	0	0	0	0	0	その月の社会保険料等控除後の給与等の金額の3.063%に相当する金額
88,000	89,000	130	0	0	0	0	0	0	0	3,200
89,000	90,000	180	0	0	0	0	0	0	0	3,200
90,000	91,000	230	0	0	0	0	0	0	0	3,200
91,000	92,000	290	0	0	0	0	0	0	0	3,200
92,000	93,000	340	0	0	0	0	0	0	0	3,300
93,000	94,000	390	0	0	0	0	0	0	0	3,300
94,000	95,000	440	0	0	0	0	0	0	0	3,300
95,000	96,000	490	0	0	0	0	0	0	0	3,400
96,000	97,000	540	0	0	0	0	0	0	0	3,400
97,000	98,000	590	0	0	0	0	0	0	0	3,500
98,000	99,000	640	0	0	0	0	0	0	0	3,500
99,000	101,000	720	0	0	0	0	0	0	0	3,600
101,000	103,000	830	0	0	0	0	0	0	0	3,600
103,000	105,000	930	0	0	0	0	0	0	0	3,700
105,000	107,000	1,030	0	0	0	0	0	0	0	3,800
107,000	109,000	1,130	0	0	0	0	0	0	0	3,800
109,000	111,000	1,240	0	0	0	0	0	0	0	3,900
111,000	113,000	1,340	0	0	0	0	0	0	0	4,000
113,000	115,000	1,440	0	0	0	0	0	0	0	4,100
115,000	117,000	1,540	0	0	0	0	0	0	0	4,100
117,000	119,000	1,640	0	0	0	0	0	0	0	4,200
119,000	121,000	1,750	120	0	0	0	0	0	0	4,300
121,000	123,000	1,850	220	0	0	0	0	0	0	4,500
123,000	125,000	1,950	330	0	0	0	0	0	0	4,800
125,000	127,000	2,050	430	0	0	0	0	0	0	5,100
127,000	129,000	2,150	530	0	0	0	0	0	0	5,400
129,000	131,000	2,260	630	0	0	0	0	0	0	5,700
131,000	133,000	2,360	740	0	0	0	0	0	0	6,000
133,000	135,000	2,460	840	0	0	0	0	0	0	6,300
135,000	137,000	2,550	930	0	0	0	0	0	0	6,600
137,000	139,000	2,610	990	0	0	0	0	0	0	6,800
139,000	141,000	2,680	1,050	0	0	0	0	0	0	7,100
141,000	143,000	2,740	1,110	0	0	0	0	0	0	7,500
143,000	145,000	2,800	1,170	0	0	0	0	0	0	7,800
145,000	147,000	2,860	1,240	0	0	0	0	0	0	8,100
147,000	149,000	2,920	1,300	0	0	0	0	0	0	8,400
149,000	151,000	2,980	1,360	0	0	0	0	0	0	8,700
151,000	153,000	3,050	1,430	0	0	0	0	0	0	9,000
153,000	155,000	3,120	1,500	0	0	0	0	0	0	9,300
155,000	157,000	3,200	1,570	0	0	0	0	0	0	9,600
157,000	159,000	3,270	1,640	0	0	0	0	0	0	9,900
159,000	161,000	3,340	1,720	100	0	0	0	0	0	10,200
161,000	163,000	3,410	1,790	170	0	0	0	0	0	10,500
163,000	165,000	3,480	1,860	250	0	0	0	0	0	10,800
165,000	167,000	3,550	1,930	320	0	0	0	0	0	11,100

その月の社会保険料等控除後の給与等の金額		甲								乙
		扶養親族等の数								
		0人	1人	2人	3人	4人	5人	6人	7人	
以上	未満	税額								税額
円	円	円	円	円	円	円	円	円	円	円
167,000	169,000	3,620	2,000	390	0	0	0	0	0	11,400
169,000	171,000	3,700	2,070	460	0	0	0	0	0	11,700
171,000	173,000	3,770	2,140	530	0	0	0	0	0	12,000
173,000	175,000	3,840	2,220	600	0	0	0	0	0	12,400
175,000	177,000	3,910	2,290	670	0	0	0	0	0	12,700
177,000	179,000	3,980	2,360	750	0	0	0	0	0	13,200
179,000	181,000	4,050	2,430	820	0	0	0	0	0	13,900
181,000	183,000	4,120	2,500	890	0	0	0	0	0	14,600
183,000	185,000	4,200	2,570	960	0	0	0	0	0	15,300
185,000	187,000	4,270	2,640	1,030	0	0	0	0	0	16,000
187,000	189,000	4,340	2,720	1,100	0	0	0	0	0	16,700
189,000	191,000	4,410	2,790	1,170	0	0	0	0	0	17,500
191,000	193,000	4,480	2,860	1,250	0	0	0	0	0	18,100
193,000	195,000	4,550	2,930	1,320	0	0	0	0	0	18,800
195,000	197,000	4,630	3,000	1,390	0	0	0	0	0	19,500
197,000	199,000	4,700	3,070	1,460	0	0	0	0	0	20,200
199,000	201,000	4,770	3,140	1,530	0	0	0	0	0	20,900
201,000	203,000	4,840	3,220	1,600	0	0	0	0	0	21,500
203,000	205,000	4,910	3,290	1,670	0	0	0	0	0	22,200
205,000	207,000	4,980	3,360	1,750	130	0	0	0	0	22,700
207,000	209,000	5,050	3,430	1,820	200	0	0	0	0	23,300
209,000	211,000	5,130	3,500	1,890	280	0	0	0	0	23,900
211,000	213,000	5,200	3,570	1,960	350	0	0	0	0	24,400
213,000	215,000	5,270	3,640	2,030	420	0	0	0	0	25,000
215,000	217,000	5,340	3,720	2,100	490	0	0	0	0	25,500
217,000	219,000	5,410	3,790	2,170	560	0	0	0	0	26,100
219,000	221,000	5,480	3,860	2,250	630	0	0	0	0	26,800
221,000	224,000	5,560	3,950	2,340	710	0	0	0	0	27,400
224,000	227,000	5,680	4,060	2,440	830	0	0	0	0	28,400
227,000	230,000	5,780	4,170	2,550	930	0	0	0	0	29,300
230,000	233,000	5,890	4,280	2,650	1,040	0	0	0	0	30,300
233,000	236,000	5,990	4,380	2,770	1,140	0	0	0	0	31,300
236,000	239,000	6,110	4,490	2,870	1,260	0	0	0	0	32,400
239,000	242,000	6,210	4,590	2,980	1,360	0	0	0	0	33,400
242,000	245,000	6,320	4,710	3,080	1,470	0	0	0	0	34,400
245,000	248,000	6,420	4,810	3,200	1,570	0	0	0	0	35,400
248,000	251,000	6,530	4,920	3,300	1,680	0	0	0	0	36,400
251,000	254,000	6,640	5,020	3,410	1,790	170	0	0	0	37,500
254,000	257,000	6,750	5,140	3,510	1,900	290	0	0	0	38,500
257,000	260,000	6,850	5,240	3,620	2,000	390	0	0	0	39,400
260,000	263,000	6,960	5,350	3,730	2,110	500	0	0	0	40,400
263,000	266,000	7,070	5,450	3,840	2,220	600	0	0	0	41,500
266,000	269,000	7,180	5,560	3,940	2,330	710	0	0	0	42,500
269,000	272,000	7,280	5,670	4,050	2,430	820	0	0	0	43,500
272,000	275,000	7,390	5,780	4,160	2,540	930	0	0	0	44,500
275,000	278,000	7,490	5,880	4,270	2,640	1,030	0	0	0	45,500
278,000	281,000	7,610	5,990	4,370	2,760	1,140	0	0	0	46,600
281,000	284,000	7,710	6,100	4,480	2,860	1,250	0	0	0	47,600
284,000	287,000	7,820	6,210	4,580	2,970	1,360	0	0	0	48,600
287,000	290,000	7,920	6,310	4,700	3,070	1,460	0	0	0	49,700

その月の社会保険料等控除後の給与等の金額		甲								乙
		扶養親族等の数								
		0人	1人	2人	3人	4人	5人	6人	7人	
以上	未満	税額								税額
円	円	円	円	円	円	円	円	円	円	円
290,000	293,000	8,040	6,420	4,800	3,190	1,570	0	0	0	50,900
293,000	296,000	8,140	6,520	4,910	3,290	1,670	0	0	0	52,100
296,000	299,000	8,250	6,640	5,010	3,400	1,790	160	0	0	52,900
299,000	302,000	8,420	6,740	5,130	3,510	1,890	280	0	0	53,700
302,000	305,000	8,670	6,860	5,250	3,630	2,010	400	0	0	54,500
305,000	308,000	8,910	6,980	5,370	3,760	2,130	520	0	0	55,200
308,000	311,000	9,160	7,110	5,490	3,880	2,260	640	0	0	56,100
311,000	314,000	9,400	7,230	5,620	4,000	2,380	770	0	0	56,900
314,000	317,000	9,650	7,350	5,740	4,120	2,500	890	0	0	57,800
317,000	320,000	9,890	7,470	5,860	4,250	2,620	1,010	0	0	58,800
320,000	323,000	10,140	7,600	5,980	4,370	2,750	1,130	0	0	59,800
323,000	326,000	10,380	7,720	6,110	4,490	2,870	1,260	0	0	60,900
326,000	329,000	10,630	7,840	6,230	4,610	2,990	1,380	0	0	61,900
329,000	332,000	10,870	7,960	6,350	4,740	3,110	1,500	0	0	62,900
332,000	335,000	11,120	8,090	6,470	4,860	3,240	1,620	0	0	63,900
335,000	338,000	11,360	8,210	6,600	4,980	3,360	1,750	130	0	64,900
338,000	341,000	11,610	8,370	6,720	5,110	3,480	1,870	260	0	66,000
341,000	344,000	11,850	8,620	6,840	5,230	3,600	1,990	380	0	67,000
344,000	347,000	12,100	8,860	6,960	5,350	3,730	2,110	500	0	68,000
347,000	350,000	12,340	9,110	7,090	5,470	3,850	2,240	620	0	69,000
350,000	353,000	12,590	9,350	7,210	5,600	3,970	2,360	750	0	70,000
353,000	356,000	12,830	9,600	7,330	5,720	4,090	2,480	870	0	71,100
356,000	359,000	13,080	9,840	7,450	5,840	4,220	2,600	990	0	72,100
359,000	362,000	13,320	10,090	7,580	5,960	4,340	2,730	1,110	0	73,100
362,000	365,000	13,570	10,330	7,700	6,090	4,460	2,850	1,240	0	74,200
365,000	368,000	13,810	10,580	7,820	6,210	4,580	2,970	1,360	0	75,200
368,000	371,000	14,060	10,820	7,940	6,330	4,710	3,090	1,480	0	76,200
371,000	374,000	14,300	11,070	8,070	6,450	4,830	3,220	1,600	0	77,100
374,000	377,000	14,550	11,310	8,190	6,580	4,950	3,340	1,730	100	78,100
377,000	380,000	14,790	11,560	8,320	6,700	5,070	3,460	1,850	220	79,000
380,000	383,000	15,040	11,800	8,570	6,820	5,200	3,580	1,970	350	79,900
383,000	386,000	15,280	12,050	8,810	6,940	5,320	3,710	2,090	470	81,400
386,000	389,000	15,530	12,290	9,060	7,070	5,440	3,830	2,220	590	83,100
389,000	392,000	15,770	12,540	9,300	7,190	5,560	3,950	2,340	710	84,700
392,000	395,000	16,020	12,780	9,550	7,310	5,690	4,070	2,460	840	86,500
395,000	398,000	16,260	13,030	9,790	7,430	5,810	4,200	2,580	960	88,200
398,000	401,000	16,510	13,270	10,040	7,560	5,930	4,320	2,710	1,080	89,800
401,000	404,000	16,750	13,520	10,280	7,680	6,050	4,440	2,830	1,200	91,600
404,000	407,000	17,000	13,760	10,530	7,800	6,180	4,560	2,950	1,330	93,300
407,000	410,000	17,240	14,010	10,770	7,920	6,300	4,690	3,070	1,450	95,000
410,000	413,000	17,490	14,250	11,020	8,050	6,420	4,810	3,200	1,570	96,700
413,000	416,000	17,730	14,500	11,260	8,170	6,540	4,930	3,320	1,690	98,300
416,000	419,000	17,980	14,740	11,510	8,290	6,670	5,050	3,440	1,820	100,100
419,000	422,000	18,220	14,990	11,750	8,530	6,790	5,180	3,560	1,940	101,800
422,000	425,000	18,470	15,230	12,000	8,770	6,910	5,300	3,690	2,060	103,400
425,000	428,000	18,710	15,480	12,240	9,020	7,030	5,420	3,810	2,180	105,200
428,000	431,000	18,960	15,720	12,490	9,260	7,160	5,540	3,930	2,310	106,900
431,000	434,000	19,210	15,970	12,730	9,510	7,280	5,670	4,050	2,430	108,500
434,000	437,000	19,450	16,210	12,980	9,750	7,400	5,790	4,180	2,550	110,300
437,000	440,000	19,700	16,460	13,220	10,000	7,520	5,910	4,300	2,680	112,000

その月の社会保険料等控除後の給与等の金額		甲								乙
		扶養親族等の数								
		0人	1人	2人	3人	4人	5人	6人	7人	
以上	未満	税額								税額
円	円	円	円	円	円	円	円	円	円	円
440,000	443,000	20,090	16,700	13,470	10,240	7,650	6,030	4,420	2,800	113,600
443,000	446,000	20,580	16,950	13,710	10,490	7,770	6,160	4,540	2,920	115,400
446,000	449,000	21,070	17,190	13,960	10,730	7,890	6,280	4,670	3,040	117,100
449,000	452,000	21,560	17,440	14,200	10,980	8,010	6,400	4,790	3,170	118,700
452,000	455,000	22,050	17,680	14,450	11,220	8,140	6,520	4,910	3,290	120,500
455,000	458,000	22,540	17,930	14,690	11,470	8,260	6,650	5,030	3,410	122,200
458,000	461,000	23,030	18,170	14,940	11,710	8,470	6,770	5,160	3,530	123,800
461,000	464,000	23,520	18,420	15,180	11,960	8,720	6,890	5,280	3,660	125,600
464,000	467,000	24,010	18,660	15,430	12,200	8,960	7,010	5,400	3,780	127,300
467,000	470,000	24,500	18,910	15,670	12,450	9,210	7,140	5,520	3,900	129,000
470,000	473,000	24,990	19,150	15,920	12,690	9,450	7,260	5,650	4,020	130,700
473,000	476,000	25,480	19,400	16,160	12,940	9,700	7,380	5,770	4,150	132,300
476,000	479,000	25,970	19,640	16,410	13,180	9,940	7,500	5,890	4,270	134,000
479,000	482,000	26,460	20,000	16,650	13,430	10,190	7,630	6,010	4,390	135,600
482,000	485,000	26,950	20,490	16,900	13,670	10,430	7,750	6,140	4,510	137,200
485,000	488,000	27,440	20,980	17,140	13,920	10,680	7,870	6,260	4,640	138,800
488,000	491,000	27,930	21,470	17,390	14,160	10,920	7,990	6,380	4,760	140,400
491,000	494,000	28,420	21,960	17,630	14,410	11,170	8,120	6,500	4,880	142,000
494,000	497,000	28,910	22,450	17,880	14,650	11,410	8,240	6,630	5,000	143,700
497,000	500,000	29,400	22,940	18,120	14,900	11,660	8,420	6,750	5,130	145,200
500,000	503,000	29,890	23,430	18,370	15,140	11,900	8,670	6,870	5,250	146,800
503,000	506,000	30,380	23,920	18,610	15,390	12,150	8,910	6,990	5,370	148,500
506,000	509,000	30,880	24,410	18,860	15,630	12,390	9,160	7,120	5,490	150,100
509,000	512,000	31,370	24,900	19,100	15,880	12,640	9,400	7,240	5,620	151,600
512,000	515,000	31,860	25,390	19,350	16,120	12,890	9,650	7,360	5,740	153,300
515,000	518,000	32,350	25,880	19,590	16,370	13,130	9,890	7,480	5,860	154,900
518,000	521,000	32,840	26,370	19,900	16,610	13,380	10,140	7,610	5,980	156,500
521,000	524,000	33,330	26,860	20,390	16,860	13,620	10,380	7,730	6,110	158,100
524,000	527,000	33,820	27,350	20,880	17,100	13,870	10,630	7,850	6,230	159,600
527,000	530,000	34,310	27,840	21,370	17,350	14,110	10,870	7,970	6,350	161,000
530,000	533,000	34,800	28,330	21,860	17,590	14,360	11,120	8,100	6,470	162,500
533,000	536,000	35,290	28,820	22,350	17,840	14,600	11,360	8,220	6,600	164,000
536,000	539,000	35,780	29,310	22,840	18,080	14,850	11,610	8,380	6,720	165,400
539,000	542,000	36,270	29,800	23,330	18,330	15,090	11,850	8,630	6,840	166,900
542,000	545,000	36,760	30,290	23,820	18,570	15,340	12,100	8,870	6,960	168,400
545,000	548,000	37,250	30,780	24,310	18,820	15,580	12,340	9,120	7,090	169,900
548,000	551,000	37,740	31,270	24,800	19,060	15,830	12,590	9,360	7,210	171,300
551,000	554,000	38,280	31,810	25,340	19,330	16,100	12,860	9,630	7,350	172,800
554,000	557,000	38,830	32,370	25,890	19,600	16,380	13,140	9,900	7,480	174,300
557,000	560,000	39,380	32,920	26,440	19,980	16,650	13,420	10,180	7,630	175,700
560,000	563,000	39,930	33,470	27,000	20,530	16,930	13,690	10,460	7,760	177,200
563,000	566,000	40,480	34,020	27,550	21,080	17,200	13,970	10,730	7,900	178,700
566,000	569,000	41,030	34,570	28,100	21,630	17,480	14,240	11,010	8,040	180,100
569,000	572,000	41,590	35,120	28,650	22,190	17,760	14,520	11,280	8,180	181,600
572,000	575,000	42,140	35,670	29,200	22,740	18,030	14,790	11,560	8,330	183,100
575,000	578,000	42,690	36,230	29,750	23,290	18,310	15,070	11,830	8,610	184,600
578,000	581,000	43,240	36,780	30,300	23,840	18,580	15,350	12,110	8,880	186,000
581,000	584,000	43,790	37,330	30,850	24,390	18,860	15,620	12,380	9,160	187,500
584,000	587,000	44,340	37,880	31,410	24,940	19,130	15,900	12,660	9,430	189,000
587,000	590,000	44,890	38,430	31,960	25,490	19,410	16,170	12,940	9,710	190,400

その月の社会保険料等控除後の給与等の金額		甲								乙
		扶養親族等の数								
		0人	1人	2人	3人	4人	5人	6人	7人	
以上	未満	税額								税額
円	円	円	円	円	円	円	円	円	円	円
590,000	593,000	45,440	38,980	32,510	26,050	19,680	16,450	13,210	9,990	191,900
593,000	596,000	46,000	39,530	33,060	26,600	20,130	16,720	13,490	10,260	193,400
596,000	599,000	46,550	40,080	33,610	27,150	20,690	17,000	13,760	10,540	194,800
599,000	602,000	47,100	40,640	34,160	27,700	21,240	17,280	14,040	10,810	196,300
602,000	605,000	47,650	41,190	34,710	28,250	21,790	17,550	14,310	11,090	197,800
605,000	608,000	48,200	41,740	35,270	28,800	22,340	17,830	14,590	11,360	199,300
608,000	611,000	48,750	42,290	35,820	29,350	22,890	18,100	14,870	11,640	200,700
611,000	614,000	49,300	42,840	36,370	29,910	23,440	18,380	15,140	11,920	202,200
614,000	617,000	49,860	43,390	36,920	30,460	23,990	18,650	15,420	12,190	203,700
617,000	620,000	50,410	43,940	37,470	31,010	24,540	18,930	15,690	12,470	205,100
620,000	623,000	50,960	44,500	38,020	31,560	25,100	19,210	15,970	12,740	206,700
623,000	626,000	51,510	45,050	38,570	32,110	25,650	19,480	16,240	13,020	208,100
626,000	629,000	52,060	45,600	39,120	32,660	26,200	19,760	16,520	13,290	209,500
629,000	632,000	52,610	46,150	39,680	33,210	26,750	20,280	16,800	13,570	211,000
632,000	635,000	53,160	46,700	40,230	33,760	27,300	20,830	17,070	13,840	212,500
635,000	638,000	53,710	47,250	40,780	34,320	27,850	21,380	17,350	14,120	214,000
638,000	641,000	54,270	47,800	41,330	34,870	28,400	21,930	17,620	14,400	214,900
641,000	644,000	54,820	48,350	41,880	35,420	28,960	22,480	17,900	14,670	215,900
644,000	647,000	55,370	48,910	42,430	35,970	29,510	23,030	18,170	14,950	217,000
647,000	650,000	55,920	49,460	42,980	36,520	30,060	23,590	18,450	15,220	218,000
650,000	653,000	56,470	50,010	43,540	37,070	30,610	24,140	18,730	15,500	219,000
653,000	656,000	57,020	50,560	44,090	37,620	31,160	24,690	19,000	15,770	220,000
656,000	659,000	57,570	51,110	44,640	38,180	31,710	25,240	19,280	16,050	221,000
659,000	662,000	58,130	51,660	45,190	38,730	32,260	25,790	19,550	16,330	222,100
662,000	665,000	58,680	52,210	45,740	39,280	32,810	26,340	19,880	16,600	223,100
665,000	668,000	59,230	52,770	46,290	39,830	33,370	26,890	20,430	16,880	224,100
668,000	671,000	59,780	53,320	46,840	40,380	33,920	27,440	20,980	17,150	225,000
671,000	674,000	60,330	53,870	47,390	40,930	34,470	28,000	21,530	17,430	226,000
674,000	677,000	60,880	54,420	47,950	41,480	35,020	28,550	22,080	17,700	227,100
677,000	680,000	61,430	54,970	48,500	42,030	35,570	29,100	22,640	17,980	228,100
680,000	683,000	61,980	55,520	49,050	42,590	36,120	29,650	23,190	18,260	229,100
683,000	686,000	62,540	56,070	49,600	43,140	36,670	30,200	23,740	18,530	230,400
686,000	689,000	63,090	56,620	50,150	43,690	37,230	30,750	24,290	18,810	232,100
689,000	692,000	63,640	57,180	50,700	44,240	37,780	31,300	24,840	19,080	233,600
692,000	695,000	64,190	57,730	51,250	44,790	38,330	31,860	25,390	19,360	235,100
695,000	698,000	64,740	58,280	51,810	45,340	38,880	32,410	25,940	19,630	236,700
698,000	701,000	65,290	58,830	52,360	45,890	39,430	32,960	26,490	20,030	238,200
701,000	704,000	65,840	59,380	52,910	46,450	39,980	33,510	27,050	20,580	239,700
704,000	707,000	66,400	59,930	53,460	47,000	40,530	34,060	27,600	21,130	241,300
707,000	710,000	66,960	60,480	54,020	47,550	41,090	34,620	28,150	21,690	242,900
710,000	713,000	67,570	61,100	54,630	48,160	41,700	35,230	28,760	22,300	244,400
713,000	716,000	68,180	61,710	55,250	48,770	42,310	35,850	29,370	22,910	246,000
716,000	719,000	68,790	62,320	55,860	49,390	42,920	36,460	29,990	23,520	247,500
719,000	722,000	69,410	62,930	56,470	50,000	43,540	37,070	30,600	24,140	249,000
722,000	725,000	70,020	63,550	57,080	50,610	44,150	37,690	31,210	24,750	250,600
725,000	728,000	70,630	64,160	57,700	51,220	44,760	38,300	31,820	25,360	252,200
728,000	731,000	71,250	64,770	58,310	51,840	45,370	38,910	32,440	25,970	253,700
731,000	734,000	71,860	65,380	58,920	52,450	45,990	39,520	33,050	26,590	255,300
734,000	737,000	72,470	66,000	59,530	53,060	46,600	40,140	33,660	27,200	256,800
737,000	740,000	73,080	66,610	60,150	53,670	47,210	40,750	34,270	27,810	258,300

その月の社会保険料等控除後の給与等の金額		甲								乙
		扶養親族等の数								
		0人	1人	2人	3人	4人	5人	6人	7人	
以上	未満	税額								税額
740,000円		円 73,390	円 66,920	円 60,450	円 53,980	円 47,520	円 41,050	円 34,580	円 28,120	円 259,800
740,000円を超え780,000円に満たない金額		740,000円の場合の税額に、その月の社会保険料等控除後の給与等の金額のうち740,000円を超える金額の20.42%に相当する金額を加算した金額								259,800円に、その月の社会保険料等控除後の給与等の金額のうち740,000円を超える金額の40.84%に相当する金額を加算した金額
780,000円		円 81,560	円 75,090	円 68,620	円 62,150	円 55,690	円 49,220	円 42,750	円 36,290	
780,000円を超え950,000円に満たない金額		780,000円の場合の税額に、その月の社会保険料等控除後の給与等の金額のうち780,000円を超える金額の23.483%に相当する金額を加算した金額								
950,000円		円 121,480	円 115,010	円 108,540	円 102,070	円 95,610	円 89,140	円 82,670	円 76,210	
950,000円を超え1,700,000円に満たない金額		950,000円の場合の税額に、その月の社会保険料等控除後の給与等の金額のうち950,000円を超える金額の33.693%に相当する金額を加算した金額								
1,700,000円		円 374,180	円 367,710	円 361,240	円 354,770	円 348,310	円 341,840	円 335,370	円 328,910	円 651,900
1,700,000円を超え2,170,000円に満たない金額		1,700,000円の場合の税額に、その月の社会保険料等控除後の給与等の金額のうち1,700,000円を超える金額の40.84%に相当する金額を加算した金額								651,900円に、その月の社会保険料等控除後の給与等の金額のうち1,700,000円を超える金額の45.945%に相当する金額を加算した金額
2,170,000円		円 571,570	円 565,090	円 558,630	円 552,160	円 545,690	円 539,230	円 532,760	円 526,290	
2,170,000円を超え2,210,000円に満たない金額		2,170,000円の場合の税額に、その月の社会保険料等控除後の給与等の金額のうち2,170,000円を超える金額の40.84%に相当する金額を加算した金額								
2,210,000円		円 593,340	円 586,870	円 580,410	円 573,930	円 567,470	円 561,010	円 554,540	円 548,070	
2,210,000円を超え2,250,000円に満たない金額		2,210,000円の場合の税額に、その月の社会保険料等控除後の給与等の金額のうち2,210,000円を超える金額の40.84%に相当する金額を加算した金額								
2,250,000円		円 615,120	円 608,650	円 602,190	円 595,710	円 589,250	円 582,790	円 576,310	円 569,850	
2,250,000円を超え3,500,000円に満たない金額		2,250,000円の場合の税額に、その月の社会保険料等控除後の給与等の金額のうち2,250,000円を超える金額の40.84%に相当する金額を加算した金額								

（七）　　（3,500,000円～）

<table>
<tr><td colspan="2" rowspan="3">その月の社会保険料等控除後の給与等の金額</td><td colspan="8">甲</td><td rowspan="3">乙</td></tr>
<tr><td colspan="8">扶養親族等の数</td></tr>
<tr><td>0人</td><td>1人</td><td>2人</td><td>3人</td><td>4人</td><td>5人</td><td>6人</td><td>7人</td></tr>
<tr><td>以上</td><td>未満</td><td colspan="8">税額</td><td>税額</td></tr>
<tr><td colspan="2">3,500,000円</td><td>円
1,125,620</td><td>円
1,119,150</td><td>円
1,112,690</td><td>円
1,106,210</td><td>円
1,099,750</td><td>円
1,093,290</td><td>円
1,086,810</td><td>円
1,080,350</td><td rowspan="2">651,900円に、その月の社会保険料等控除後の給与等の金額のうち1,700,000円を超える金額の45.945％に相当する金額を加算した金額</td></tr>
<tr><td colspan="2">3,500,000円を超える金額</td><td colspan="8">3,500,000円の場合の税額に、その月の社会保険料等控除後の給与等の金額のうち3,500,000円を超える金額の45.945％に相当する金額を加算した金額</td></tr>
<tr><td colspan="10">扶養親族等の数が７人を超える場合には、扶養親族等の数が７人の場合の税額から、その７人を超える１人ごとに1,610円を控除した金額</td><td>従たる給与についての扶養控除等申告書が提出されている場合には、当該申告書に記載された扶養親族等の数に応じ、扶養親族等１人ごとに1,610円を、上の各欄によって求めた税額から控除した金額</td></tr>
</table>

（注）この表における用語の意味は、次のとおりです。

１　「扶養親族等」とは、源泉控除対象配偶者及び控除対象扶養親族をいいます。

２　「社会保険料等」とは、所得税法第74条第２項（社会保険料控除）に規定する社会保険料及び同法第75条第２項（小規模企業共済等掛金控除）に規定する小規模企業共済等掛金をいいます。

（備考）税額の求め方は、次のとおりです。

１　「給与所得者の扶養控除等申告書」（以下この表において「扶養控除等申告書」といいます。）の提出があった人

(1)　まず、その人のその月の給与等の金額から、その給与等の金額から控除される社会保険料等の金額を控除した金額を求めます。

(2)　次に、扶養控除等申告書により申告された扶養親族等（その申告書に記載がされていないものとされる源泉控除対象配偶者を除きます。また、扶養親族等が国外居住親族である場合には、親族に該当する旨を証する書類が扶養控除等申告書に添付され、又は当該書類が扶養控除等申告書の提出の際に提示された扶養親族等に限ります。）の数が７人以下である場合には、(1)により求めた金額に応じて「その月の社会保険料等控除後の給与等の金額」欄の該当する行を求め、その行と扶養親族等の数に応じた甲欄の該当欄との交わるところに記載されている金額を求めます。これが求める税額です。

(3)　扶養控除等申告書により申告された扶養親族等の数が７人を超える場合には、(1)により求めた金額に応じて、扶養親族等の数が７人であるものとして(2)により求めた税額から、扶養親族等の数が７人を超える１人ごとに1,610円を控除した金額を求めます。これが求める税額です。

(4)　(2)及び(3)の場合において、扶養控除等申告書にその人が障害者（特別障害者を含みます。）、寡婦（特別の寡婦を含みます。）、寡夫又は勤労学生に該当する旨の記載があるときは、扶養親族等の数にこれらの一に該当するごとに１人を加算した数を、扶養控除等申告書にその人の同一生計配偶者又は扶養親族のうちに障害者（特別障害者を含みます。）又は同居特別障害者（障害者（特別障害者を含みます。）又は同居特別障害者が国外居住親族である場合には、親族に該当する旨を証する書類が扶養控除等申告書に添付され、又は当該書類が扶養控除等申告書の提出の際に提示された障害者（特別障害者を含みます。）又は同居特別障害者に限ります。）に該当する人がいる旨の記載があるときは、扶養親族等の数にこれらの一に該当するごとに１人を加算した数を、それぞれ(2)及び(3)の扶養親族等の数とします。

２　扶養控除等申告書の提出がない人（「従たる給与についての扶養控除等申告書」の提出があった人を含みます。）

その人のその月の給与等の金額から、その給与等の金額から控除される社会保険料等の金額を控除し、その控除後の金額に応じた「その月の社会保険料等控除後の給与等の金額」欄の該当する行と乙欄との交わるところに記載されている金額（「従たる給与についての扶養控除等申告書」の提出があった場合には、その申告書により申告された扶養親族等（その申告書に記載がされていないものとされる源泉控除対象配偶者を除きます。）の数に応じ、扶養親族等１人ごとに1,610円を控除した金額）を求めます。これが求める税額です。

年末調整等のための給与所得控除後の給与等の金額の表（令和５年分）

（一）

（～2,171,999円）

給与等の金額		給与所得控除後の給与等の金額	給与等の金額		給与所得控除後の給与等の金額	給与等の金額		給与所得控除後の給与等の金額
以　上	未　満		以　上	未　満		以　上	未　満	
円	円	円	円	円	円	円	円	円
551,000円未満		0	1,772,000	1,776,000	1,163,200	1,972,000	1,976,000	1,300,400
			1,776,000	1,780,000	1,165,600	1,976,000	1,980,000	1,303,200
			1,780,000	1,784,000	1,168,000	1,980,000	1,984,000	1,306,000
			1,784,000	1,788,000	1,170,400	1,984,000	1,988,000	1,308,800
			1,788,000	1,792,000	1,172,800	1,988,000	1,992,000	1,311,600
551,000	1,619,000	給与等の金額から550,000円を控除した金額	1,792,000	1,796,000	1,175,200	1,992,000	1,996,000	1,314,400
			1,796,000	1,800,000	1,177,600	1,996,000	2,000,000	1,317,200
			1,800,000	1,804,000	1,180,000	2,000,000	2,004,000	1,320,000
			1,804,000	1,808,000	1,182,800	2,004,000	2,008,000	1,322,800
			1,808,000	1,812,000	1,185,600	2,008,000	2,012,000	1,325,600
1,619,000	1,620,000	1,069,000	1,812,000	1,816,000	1,188,400	2,012,000	2,016,000	1,328,400
1,620,000	1,622,000	1,070,000	1,816,000	1,820,000	1,191,200	2,016,000	2,020,000	1,331,200
1,622,000	1,624,000	1,072,000	1,820,000	1,824,000	1,194,000	2,020,000	2,024,000	1,334,000
1,624,000	1,628,000	1,074,000	1,824,000	1,828,000	1,196,800	2,024,000	2,028,000	1,336,800
1,628,000	1,632,000	1,076,800	1,828,000	1,832,000	1,199,600	2,028,000	2,032,000	1,339,600
1,632,000	1,636,000	1,079,200	1,832,000	1,836,000	1,202,400	2,032,000	2,036,000	1,342,400
1,636,000	1,640,000	1,081,600	1,836,000	1,840,000	1,205,200	2,036,000	2,040,000	1,345,200
1,640,000	1,644,000	1,084,000	1,840,000	1,844,000	1,208,000	2,040,000	2,044,000	1,348,000
1,644,000	1,648,000	1,086,400	1,844,000	1,848,000	1,210,800	2,044,000	2,048,000	1,350,800
1,648,000	1,652,000	1,088,800	1,848,000	1,852,000	1,213,600	2,048,000	2,052,000	1,353,600
1,652,000	1,656,000	1,091,200	1,852,000	1,856,000	1,216,400	2,052,000	2,056,000	1,356,400
1,656,000	1,660,000	1,093,600	1,856,000	1,860,000	1,219,200	2,056,000	2,060,000	1,359,200
1,660,000	1,664,000	1,096,000	1,860,000	1,864,000	1,222,000	2,060,000	2,064,000	1,362,000
1,664,000	1,668,000	1,098,400	1,864,000	1,868,000	1,224,800	2,064,000	2,068,000	1,364,800
1,668,000	1,672,000	1,100,800	1,868,000	1,872,000	1,227,600	2,068,000	2,072,000	1,367,600
1,672,000	1,676,000	1,103,200	1,872,000	1,876,000	1,230,400	2,072,000	2,076,000	1,370,400
1,676,000	1,680,000	1,105,600	1,876,000	1,880,000	1,233,200	2,076,000	2,080,000	1,373,200
1,680,000	1,684,000	1,108,000	1,880,000	1,884,000	1,236,000	2,080,000	2,084,000	1,376,000
1,684,000	1,688,000	1,110,400	1,884,000	1,888,000	1,238,800	2,084,000	2,088,000	1,378,800
1,688,000	1,692,000	1,112,800	1,888,000	1,892,000	1,241,600	2,088,000	2,092,000	1,381,600
1,692,000	1,696,000	1,115,200	1,892,000	1,896,000	1,244,400	2,092,000	2,096,000	1,384,400
1,696,000	1,700,000	1,117,600	1,896,000	1,900,000	1,247,200	2,096,000	2,100,000	1,387,200
1,700,000	1,704,000	1,120,000	1,900,000	1,904,000	1,250,000	2,100,000	2,104,000	1,390,000
1,704,000	1,708,000	1,122,400	1,904,000	1,908,000	1,252,800	2,104,000	2,108,000	1,392,800
1,708,000	1,712,000	1,124,800	1,908,000	1,912,000	1,255,600	2,108,000	2,112,000	1,395,600
1,712,000	1,716,000	1,127,200	1,912,000	1,916,000	1,258,400	2,112,000	2,116,000	1,398,400
1,716,000	1,720,000	1,129,600	1,916,000	1,920,000	1,261,200	2,116,000	2,120,000	1,401,200
1,720,000	1,724,000	1,132,000	1,920,000	1,924,000	1,264,000	2,120,000	2,124,000	1,404,000
1,724,000	1,728,000	1,134,400	1,924,000	1,928,000	1,266,800	2,124,000	2,128,000	1,406,800
1,728,000	1,732,000	1,136,800	1,928,000	1,932,000	1,269,600	2,128,000	2,132,000	1,409,600
1,732,000	1,736,000	1,139,200	1,932,000	1,936,000	1,272,400	2,132,000	2,136,000	1,412,400
1,736,000	1,740,000	1,141,600	1,936,000	1,940,000	1,275,200	2,136,000	2,140,000	1,415,200
1,740,000	1,744,000	1,144,000	1,940,000	1,944,000	1,278,000	2,140,000	2,144,000	1,418,000
1,744,000	1,748,000	1,146,400	1,944,000	1,948,000	1,280,800	2,144,000	2,148,000	1,420,800
1,748,000	1,752,000	1,148,800	1,948,000	1,952,000	1,283,600	2,148,000	2,152,000	1,423,600
1,752,000	1,756,000	1,151,200	1,952,000	1,956,000	1,286,400	2,152,000	2,156,000	1,426,400
1,756,000	1,760,000	1,153,600	1,956,000	1,960,000	1,289,200	2,156,000	2,160,000	1,429,200
1,760,000	1,764,000	1,156,000	1,960,000	1,964,000	1,292,000	2,160,000	2,164,000	1,432,000
1,764,000	1,768,000	1,158,400	1,964,000	1,968,000	1,294,800	2,164,000	2,168,000	1,434,800
1,768,000	1,772,000	1,160,800	1,968,000	1,972,000	1,297,600	2,168,000	2,172,000	1,437,600

給与等の金額		給与所得控除後の給与等の金額	給与等の金額		給与所得控除後の給与等の金額	給与等の金額		給与所得控除後の給与等の金額
以上	未満		以上	未満		以上	未満	
円	円	円	円	円	円	円	円	円
2,172,000	2,176,000	1,440,400	2,372,000	2,376,000	1,580,400	2,572,000	2,576,000	1,720,400
2,176,000	2,180,000	1,443,200	2,376,000	2,380,000	1,583,200	2,576,000	2,580,000	1,723,200
2,180,000	2,184,000	1,446,000	2,380,000	2,384,000	1,586,000	2,580,000	2,584,000	1,726,000
2,184,000	2,188,000	1,448,800	2,384,000	2,388,000	1,588,800	2,584,000	2,588,000	1,728,800
2,188,000	2,192,000	1,451,600	2,388,000	2,392,000	1,591,600	2,588,000	2,592,000	1,731,600
2,192,000	2,196,000	1,454,400	2,392,000	2,396,000	1,594,400	2,592,000	2,596,000	1,734,400
2,196,000	2,200,000	1,457,200	2,396,000	2,400,000	1,597,200	2,596,000	2,600,000	1,737,200
2,200,000	2,204,000	1,460,000	2,400,000	2,404,000	1,600,000	2,600,000	2,604,000	1,740,000
2,204,000	2,208,000	1,462,800	2,404,000	2,408,000	1,602,800	2,604,000	2,608,000	1,742,800
2,208,000	2,212,000	1,465,600	2,408,000	2,412,000	1,605,600	2,608,000	2,612,000	1,745,600
2,212,000	2,216,000	1,468,400	2,412,000	2,416,000	1,608,400	2,612,000	2,616,000	1,748,400
2,216,000	2,220,000	1,471,200	2,416,000	2,420,000	1,611,200	2,616,000	2,620,000	1,751,200
2,220,000	2,224,000	1,474,000	2,420,000	2,424,000	1,614,000	2,620,000	2,624,000	1,754,000
2,224,000	2,228,000	1,476,800	2,424,000	2,428,000	1,616,800	2,624,000	2,628,000	1,756,800
2,228,000	2,232,000	1,479,600	2,428,000	2,432,000	1,619,600	2,628,000	2,632,000	1,759,600
2,232,000	2,236,000	1,482,400	2,432,000	2,436,000	1,622,400	2,632,000	2,636,000	1,762,400
2,236,000	2,240,000	1,485,200	2,436,000	2,440,000	1,625,200	2,636,000	2,640,000	1,765,200
2,240,000	2,244,000	1,488,000	2,440,000	2,444,000	1,628,000	2,640,000	2,644,000	1,768,000
2,244,000	2,248,000	1,490,800	2,444,000	2,448,000	1,630,800	2,644,000	2,648,000	1,770,800
2,248,000	2,252,000	1,493,600	2,448,000	2,452,000	1,633,600	2,648,000	2,652,000	1,773,600
2,252,000	2,256,000	1,496,400	2,452,000	2,456,000	1,636,400	2,652,000	2,656,000	1,776,400
2,256,000	2,260,000	1,499,200	2,456,000	2,460,000	1,639,200	2,656,000	2,660,000	1,779,200
2,260,000	2,264,000	1,502,000	2,460,000	2,464,000	1,642,000	2,660,000	2,664,000	1,782,000
2,264,000	2,268,000	1,504,800	2,464,000	2,468,000	1,644,800	2,664,000	2,668,000	1,784,800
2,268,000	2,272,000	1,507,600	2,468,000	2,472,000	1,647,600	2,668,000	2,672,000	1,787,600
2,272,000	2,276,000	1,510,400	2,472,000	2,476,000	1,650,400	2,672,000	2,676,000	1,790,400
2,276,000	2,280,000	1,513,200	2,476,000	2,480,000	1,653,200	2,676,000	2,680,000	1,793,200
2,280,000	2,284,000	1,516,000	2,480,000	2,484,000	1,656,000	2,680,000	2,684,000	1,796,000
2,284,000	2,288,000	1,518,800	2,484,000	2,488,000	1,658,800	2,684,000	2,688,000	1,798,800
2,288,000	2,292,000	1,521,600	2,488,000	2,492,000	1,661,600	2,688,000	2,692,000	1,801,600
2,292,000	2,296,000	1,524,400	2,492,000	2,496,000	1,664,400	2,692,000	2,696,000	1,804,400
2,296,000	2,300,000	1,527,200	2,496,000	2,500,000	1,667,200	2,696,000	2,700,000	1,807,200
2,300,000	2,304,000	1,530,000	2,500,000	2,504,000	1,670,000	2,700,000	2,704,000	1,810,000
2,304,000	2,308,000	1,532,800	2,504,000	2,508,000	1,672,800	2,704,000	2,708,000	1,812,800
2,308,000	2,312,000	1,535,600	2,508,000	2,512,000	1,675,600	2,708,000	2,712,000	1,815,600
2,312,000	2,316,000	1,538,400	2,512,000	2,516,000	1,678,400	2,712,000	2,716,000	1,818,400
2,316,000	2,320,000	1,541,200	2,516,000	2,520,000	1,681,200	2,716,000	2,720,000	1,821,200
2,320,000	2,324,000	1,544,000	2,520,000	2,524,000	1,684,000	2,720,000	2,724,000	1,824,000
2,324,000	2,328,000	1,546,800	2,524,000	2,528,000	1,686,800	2,724,000	2,728,000	1,826,800
2,328,000	2,332,000	1,549,600	2,528,000	2,532,000	1,689,600	2,728,000	2,732,000	1,829,600
2,332,000	2,336,000	1,552,400	2,532,000	2,536,000	1,692,400	2,732,000	2,736,000	1,832,400
2,336,000	2,340,000	1,555,200	2,536,000	2,540,000	1,695,200	2,736,000	2,740,000	1,835,200
2,340,000	2,344,000	1,558,000	2,540,000	2,544,000	1,698,000	2,740,000	2,744,000	1,838,000
2,344,000	2,348,000	1,560,800	2,544,000	2,548,000	1,700,800	2,744,000	2,748,000	1,840,800
2,348,000	2,352,000	1,563,600	2,548,000	2,552,000	1,703,600	2,748,000	2,752,000	1,843,600
2,352,000	2,356,000	1,566,400	2,552,000	2,556,000	1,706,400	2,752,000	2,756,000	1,846,400
2,356,000	2,360,000	1,569,200	2,556,000	2,560,000	1,709,200	2,756,000	2,760,000	1,849,200
2,360,000	2,364,000	1,572,000	2,560,000	2,564,000	1,712,000	2,760,000	2,764,000	1,852,000
2,364,000	2,368,000	1,574,800	2,564,000	2,568,000	1,714,800	2,764,000	2,768,000	1,854,800
2,368,000	2,372,000	1,577,600	2,568,000	2,572,000	1,717,600	2,768,000	2,772,000	1,857,600

（三）

（2,772,000円～3,371,999円）

給与等の金額		給与所得控除後の給与等の金額	給与等の金額		給与所得控除後の給与等の金額	給与等の金額		給与所得控除後の給与等の金額
以　上	未　満		以　上	未　満		以　上	未　満	
円	円	円	円	円	円	円	円	円
2,772,000	2,776,000	1,860,400	2,972,000	2,976,000	2,000,400	3,172,000	3,176,000	2,140,400
2,776,000	2,780,000	1,863,200	2,976,000	2,980,000	2,003,200	3,176,000	3,180,000	2,143,200
2,780,000	2,784,000	1,866,000	2,980,000	2,984,000	2,006,000	3,180,000	3,184,000	2,146,000
2,784,000	2,788,000	1,868,800	2,984,000	2,988,000	2,008,800	3,184,000	3,188,000	2,148,800
2,788,000	2,792,000	1,871,600	2,988,000	2,992,000	2,011,600	3,188,000	3,192,000	2,151,600
2,792,000	2,796,000	1,874,400	2,992,000	2,996,000	2,014,400	3,192,000	3,196,000	2,154,400
2,796,000	2,800,000	1,877,200	2,996,000	3,000,000	2,017,200	3,196,000	3,200,000	2,157,200
2,800,000	2,804,000	1,880,000	3,000,000	3,004,000	2,020,000	3,200,000	3,204,000	2,160,000
2,804,000	2,808,000	1,882,800	3,004,000	3,008,000	2,022,800	3,204,000	3,208,000	2,162,800
2,808,000	2,812,000	1,885,600	3,008,000	3,012,000	2,025,600	3,208,000	3,212,000	2,165,600
2,812,000	2,816,000	1,888,400	3,012,000	3,016,000	2,028,400	3,212,000	3,216,000	2,168,400
2,816,000	2,820,000	1,891,200	3,016,000	3,020,000	2,031,200	3,216,000	3,220,000	2,171,200
2,820,000	2,824,000	1,894,000	3,020,000	3,024,000	2,034,000	3,220,000	3,224,000	2,174,000
2,824,000	2,828,000	1,896,800	3,024,000	3,028,000	2,036,800	3,224,000	3,228,000	2,176,800
2,828,000	2,832,000	1,899,600	3,028,000	3,032,000	2,039,600	3,228,000	3,232,000	2,179,600
2,832,000	2,836,000	1,902,400	3,032,000	3,036,000	2,042,400	3,232,000	3,236,000	2,182,400
2,836,000	2,840,000	1,905,200	3,036,000	3,040,000	2,045,200	3,236,000	3,240,000	2,185,200
2,840,000	2,844,000	1,908,000	3,040,000	3,044,000	2,048,000	3,240,000	3,244,000	2,188,000
2,844,000	2,848,000	1,910,800	3,044,000	3,048,000	2,050,800	3,244,000	3,248,000	2,190,800
2,848,000	2,852,000	1,913,600	3,048,000	3,052,000	2,053,600	3,248,000	3,252,000	2,193,600
2,852,000	2,856,000	1,916,400	3,052,000	3,056,000	2,056,400	3,252,000	3,256,000	2,196,400
2,856,000	2,860,000	1,919,200	3,056,000	3,060,000	2,059,200	3,256,000	3,260,000	2,199,200
2,860,000	2,864,000	1,922,000	3,060,000	3,064,000	2,062,000	3,260,000	3,264,000	2,202,000
2,864,000	2,868,000	1,924,800	3,064,000	3,068,000	2,064,800	3,264,000	3,268,000	2,204,800
2,868,000	2,872,000	1,927,600	3,068,000	3,072,000	2,067,600	3,268,000	3,272,000	2,207,600
2,872,000	2,876,000	1,930,400	3,072,000	3,076,000	2,070,400	3,272,000	3,276,000	2,210,400
2,876,000	2,880,000	1,933,200	3,076,000	3,080,000	2,073,200	3,276,000	3,280,000	2,213,200
2,880,000	2,884,000	1,936,000	3,080,000	3,084,000	2,076,000	3,280,000	3,284,000	2,216,000
2,884,000	2,888,000	1,938,800	3,084,000	3,088,000	2,078,800	3,284,000	3,288,000	2,218,800
2,888,000	2,892,000	1,941,600	3,088,000	3,092,000	2,081,600	3,288,000	3,292,000	2,221,600
2,892,000	2,896,000	1,944,400	3,092,000	3,096,000	2,084,400	3,292,000	3,296,000	2,224,400
2,896,000	2,900,000	1,947,200	3,096,000	3,100,000	2,087,200	3,296,000	3,300,000	2,227,200
2,900,000	2,904,000	1,950,000	3,100,000	3,104,000	2,090,000	3,300,000	3,304,000	2,230,000
2,904,000	2,908,000	1,952,800	3,104,000	3,108,000	2,092,800	3,304,000	3,308,000	2,232,800
2,908,000	2,912,000	1,955,600	3,108,000	3,112,000	2,095,600	3,308,000	3,312,000	2,235,600
2,912,000	2,916,000	1,958,400	3,112,000	3,116,000	2,098,400	3,312,000	3,316,000	2,238,400
2,916,000	2,920,000	1,961,200	3,116,000	3,120,000	2,101,200	3,316,000	3,320,000	2,241,200
2,920,000	2,924,000	1,964,000	3,120,000	3,124,000	2,104,000	3,320,000	3,324,000	2,244,000
2,924,000	2,928,000	1,966,800	3,124,000	3,128,000	2,106,800	3,324,000	3,328,000	2,246,800
2,928,000	2,932,000	1,969,600	3,128,000	3,132,000	2,109,600	3,328,000	3,332,000	2,249,600
2,932,000	2,936,000	1,972,400	3,132,000	3,136,000	2,112,400	3,332,000	3,336,000	2,252,400
2,936,000	2,940,000	1,975,200	3,136,000	3,140,000	2,115,200	3,336,000	3,340,000	2,255,200
2,940,000	2,944,000	1,978,000	3,140,000	3,144,000	2,118,000	3,340,000	3,344,000	2,258,000
2,944,000	2,948,000	1,980,800	3,144,000	3,148,000	2,120,800	3,344,000	3,348,000	2,260,800
2,948,000	2,952,000	1,983,600	3,148,000	3,152,000	2,123,600	3,348,000	3,352,000	2,263,600
2,952,000	2,956,000	1,986,400	3,152,000	3,156,000	2,126,400	3,352,000	3,356,000	2,266,400
2,956,000	2,960,000	1,989,200	3,156,000	3,160,000	2,129,200	3,356,000	3,360,000	2,269,200
2,960,000	2,964,000	1,992,000	3,160,000	3,164,000	2,132,000	3,360,000	3,364,000	2,272,000
2,964,000	2,968,000	1,994,800	3,164,000	3,168,000	2,134,800	3,364,000	3,368,000	2,274,800
2,968,000	2,972,000	1,997,600	3,168,000	3,172,000	2,137,600	3,368,000	3,372,000	2,277,600

(四)　　　　(3,372,000円～3,971,999円)

給与等の金額		給与所得控除後の給与等の金額	給与等の金額		給与所得控除後の給与等の金額	給与等の金額		給与所得控除後の給与等の金額
以上	未満		以上	未満		以上	未満	
円	円	円	円	円	円	円	円	円
3,372,000	3,376,000	2,280,400	3,572,000	3,576,000	2,420,400	3,772,000	3,776,000	2,577,600
3,376,000	3,380,000	2,283,200	3,576,000	3,580,000	2,423,200	3,776,000	3,780,000	2,580,800
3,380,000	3,384,000	2,286,000	3,580,000	3,584,000	2,426,000	3,780,000	3,784,000	2,584,000
3,384,000	3,388,000	2,288,800	3,584,000	3,588,000	2,428,800	3,784,000	3,788,000	2,587,200
3,388,000	3,392,000	2,291,600	3,588,000	3,592,000	2,431,600	3,788,000	3,792,000	2,590,400
3,392,000	3,396,000	2,294,400	3,592,000	3,596,000	2,434,400	3,792,000	3,796,000	2,593,600
3,396,000	3,400,000	2,297,200	3,596,000	3,600,000	2,437,200	3,796,000	3,800,000	2,596,800
3,400,000	3,404,000	2,300,000	3,600,000	3,604,000	2,440,000	3,800,000	3,804,000	2,600,000
3,404,000	3,408,000	2,302,800	3,604,000	3,608,000	2,443,200	3,804,000	3,808,000	2,603,200
3,408,000	3,412,000	2,305,600	3,608,000	3,612,000	2,446,400	3,808,000	3,812,000	2,606,400
3,412,000	3,416,000	2,308,400	3,612,000	3,616,000	2,449,600	3,812,000	3,816,000	2,609,600
3,416,000	3,420,000	2,311,200	3,616,000	3,620,000	2,452,800	3,816,000	3,820,000	2,612,800
3,420,000	3,424,000	2,314,000	3,620,000	3,624,000	2,456,000	3,820,000	3,824,000	2,616,000
3,424,000	3,428,000	2,316,800	3,624,000	3,628,000	2,459,200	3,824,000	3,828,000	2,619,200
3,428,000	3,432,000	2,319,600	3,628,000	3,632,000	2,462,400	3,828,000	3,832,000	2,622,400
3,432,000	3,436,000	2,322,400	3,632,000	3,636,000	2,465,600	3,832,000	3,836,000	2,625,600
3,436,000	3,440,000	2,325,200	3,636,000	3,640,000	2,468,800	3,836,000	3,840,000	2,628,800
3,440,000	3,444,000	2,328,000	3,640,000	3,644,000	2,472,000	3,840,000	3,844,000	2,632,000
3,444,000	3,448,000	2,330,800	3,644,000	3,648,000	2,475,200	3,844,000	3,848,000	2,635,200
3,448,000	3,452,000	2,333,600	3,648,000	3,652,000	2,478,400	3,848,000	3,852,000	2,638,400
3,452,000	3,456,000	2,336,400	3,652,000	3,656,000	2,481,600	3,852,000	3,856,000	2,641,600
3,456,000	3,460,000	2,339,200	3,656,000	3,660,000	2,484,800	3,856,000	3,860,000	2,644,800
3,460,000	3,464,000	2,342,000	3,660,000	3,664,000	2,488,000	3,860,000	3,864,000	2,648,000
3,464,000	3,468,000	2,344,800	3,664,000	3,668,000	2,491,200	3,864,000	3,868,000	2,651,200
3,468,000	3,472,000	2,347,600	3,668,000	3,672,000	2,494,400	3,868,000	3,872,000	2,654,400
3,472,000	3,476,000	2,350,400	3,672,000	3,676,000	2,497,600	3,872,000	3,876,000	2,657,600
3,476,000	3,480,000	2,353,200	3,676,000	3,680,000	2,500,800	3,876,000	3,880,000	2,660,800
3,480,000	3,484,000	2,356,000	3,680,000	3,684,000	2,504,000	3,880,000	3,884,000	2,664,000
3,484,000	3,488,000	2,358,800	3,684,000	3,688,000	2,507,200	3,884,000	3,888,000	2,667,200
3,488,000	3,492,000	2,361,600	3,688,000	3,692,000	2,510,400	3,888,000	3,892,000	2,670,400
3,492,000	3,496,000	2,364,400	3,692,000	3,696,000	2,513,600	3,892,000	3,896,000	2,673,600
3,496,000	3,500,000	2,367,200	3,696,000	3,700,000	2,516,800	3,896,000	3,900,000	2,676,800
3,500,000	3,504,000	2,370,000	3,700,000	3,704,000	2,520,000	3,900,000	3,904,000	2,680,000
3,504,000	3,508,000	2,372,800	3,704,000	3,708,000	2,523,200	3,904,000	3,908,000	2,683,200
3,508,000	3,512,000	2,375,600	3,708,000	3,712,000	2,526,400	3,908,000	3,912,000	2,686,400
3,512,000	3,516,000	2,378,400	3,712,000	3,716,000	2,529,600	3,912,000	3,916,000	2,689,600
3,516,000	3,520,000	2,381,200	3,716,000	3,720,000	2,532,800	3,916,000	3,920,000	2,692,800
3,520,000	3,524,000	2,384,000	3,720,000	3,724,000	2,536,000	3,920,000	3,924,000	2,696,000
3,524,000	3,528,000	2,386,800	3,724,000	3,728,000	2,539,200	3,924,000	3,928,000	2,699,200
3,528,000	3,532,000	2,389,600	3,728,000	3,732,000	2,542,400	3,928,000	3,932,000	2,702,400
3,532,000	3,536,000	2,392,400	3,732,000	3,736,000	2,545,600	3,932,000	3,936,000	2,705,600
3,536,000	3,540,000	2,395,200	3,736,000	3,740,000	2,548,800	3,936,000	3,940,000	2,708,800
3,540,000	3,544,000	2,398,000	3,740,000	3,744,000	2,552,000	3,940,000	3,944,000	2,712,000
3,544,000	3,548,000	2,400,800	3,744,000	3,748,000	2,555,200	3,944,000	3,948,000	2,715,200
3,548,000	3,552,000	2,403,600	3,748,000	3,752,000	2,558,400	3,948,000	3,952,000	2,718,400
3,552,000	3,556,000	2,406,400	3,752,000	3,756,000	2,561,600	3,952,000	3,956,000	2,721,600
3,556,000	3,560,000	2,409,200	3,756,000	3,760,000	2,564,800	3,956,000	3,960,000	2,724,800
3,560,000	3,564,000	2,412,000	3,760,000	3,764,000	2,568,000	3,960,000	3,964,000	2,728,000
3,564,000	3,568,000	2,414,800	3,764,000	3,768,000	2,571,200	3,964,000	3,968,000	2,731,200
3,568,000	3,572,000	2,417,600	3,768,000	3,772,000	2,574,400	3,968,000	3,972,000	2,734,400

(五)

(3,972,000円～4,571,999円)

給与等の金額		給与所得控除後の給与等の金額	給与等の金額		給与所得控除後の給与等の金額	給与等の金額		給与所得控除後の給与等の金額
以上	未満		以上	未満		以上	未満	
円	円	円	円	円	円	円	円	円
3,972,000	3,976,000	2,737,600	4,172,000	4,176,000	2,897,600	4,372,000	4,376,000	3,057,600
3,976,000	3,980,000	2,740,800	4,176,000	4,180,000	2,900,800	4,376,000	4,380,000	3,060,800
3,980,000	3,984,000	2,744,000	4,180,000	4,184,000	2,904,000	4,380,000	4,384,000	3,064,000
3,984,000	3,988,000	2,747,200	4,184,000	4,188,000	2,907,200	4,384,000	4,388,000	3,067,200
3,988,000	3,992,000	2,750,400	4,188,000	4,192,000	2,910,400	4,388,000	4,392,000	3,070,400
3,992,000	3,996,000	2,753,600	4,192,000	4,196,000	2,913,600	4,392,000	4,396,000	3,073,600
3,996,000	4,000,000	2,756,800	4,196,000	4,200,000	2,916,800	4,396,000	4,400,000	3,076,800
4,000,000	4,004,000	2,760,000	4,200,000	4,204,000	2,920,000	4,400,000	4,404,000	3,080,000
4,004,000	4,008,000	2,763,200	4,204,000	4,208,000	2,923,200	4,404,000	4,408,000	3,083,200
4,008,000	4,012,000	2,766,400	4,208,000	4,212,000	2,926,400	4,408,000	4,412,000	3,086,400
4,012,000	4,016,000	2,769,600	4,212,000	4,216,000	2,929,600	4,412,000	4,416,000	3,089,600
4,016,000	4,020,000	2,772,800	4,216,000	4,220,000	2,932,800	4,416,000	4,420,000	3,092,800
4,020,000	4,024,000	2,776,000	4,220,000	4,224,000	2,936,000	4,420,000	4,424,000	3,096,000
4,024,000	4,028,000	2,779,200	4,224,000	4,228,000	2,939,200	4,424,000	4,428,000	3,099,200
4,028,000	4,032,000	2,782,400	4,228,000	4,232,000	2,942,400	4,428,000	4,432,000	3,102,400
4,032,000	4,036,000	2,785,600	4,232,000	4,236,000	2,945,600	4,432,000	4,436,000	3,105,600
4,036,000	4,040,000	2,788,800	4,236,000	4,240,000	2,948,800	4,436,000	4,440,000	3,108,800
4,040,000	4,044,000	2,792,000	4,240,000	4,244,000	2,952,000	4,440,000	4,444,000	3,112,000
4,044,000	4,048,000	2,795,200	4,244,000	4,248,000	2,955,200	4,444,000	4,448,000	3,115,200
4,048,000	4,052,000	2,798,400	4,248,000	4,252,000	2,958,400	4,448,000	4,452,000	3,118,400
4,052,000	4,056,000	2,801,600	4,252,000	4,256,000	2,961,600	4,452,000	4,456,000	3,121,600
4,056,000	4,060,000	2,804,800	4,256,000	4,260,000	2,964,800	4,456,000	4,460,000	3,124,800
4,060,000	4,064,000	2,808,000	4,260,000	4,264,000	2,968,000	4,460,000	4,464,000	3,128,000
4,064,000	4,068,000	2,811,200	4,264,000	4,268,000	2,971,200	4,464,000	4,468,000	3,131,200
4,068,000	4,072,000	2,814,400	4,268,000	4,272,000	2,974,400	4,468,000	4,472,000	3,134,400
4,072,000	4,076,000	2,817,600	4,272,000	4,276,000	2,977,600	4,472,000	4,476,000	3,137,600
4,076,000	4,080,000	2,820,800	4,276,000	4,280,000	2,980,800	4,476,000	4,480,000	3,140,800
4,080,000	4,084,000	2,824,000	4,280,000	4,284,000	2,984,000	4,480,000	4,484,000	3,144,000
4,084,000	4,088,000	2,827,200	4,284,000	4,288,000	2,987,200	4,484,000	4,488,000	3,147,200
4,088,000	4,092,000	2,830,400	4,288,000	4,292,000	2,990,400	4,488,000	4,492,000	3,150,400
4,092,000	4,096,000	2,833,600	4,292,000	4,296,000	2,993,600	4,492,000	4,496,000	3,153,600
4,096,000	4,100,000	2,836,800	4,296,000	4,300,000	2,996,800	4,496,000	4,500,000	3,156,800
4,100,000	4,104,000	2,840,000	4,300,000	4,304,000	3,000,000	4,500,000	4,504,000	3,160,000
4,104,000	4,108,000	2,843,200	4,304,000	4,308,000	3,003,200	4,504,000	4,508,000	3,163,200
4,108,000	4,112,000	2,846,400	4,308,000	4,312,000	3,006,400	4,508,000	4,512,000	3,166,400
4,112,000	4,116,000	2,849,600	4,312,000	4,316,000	3,009,600	4,512,000	4,516,000	3,169,600
4,116,000	4,120,000	2,852,800	4,316,000	4,320,000	3,012,800	4,516,000	4,520,000	3,172,800
4,120,000	4,124,000	2,856,000	4,320,000	4,324,000	3,016,000	4,520,000	4,524,000	3,176,000
4,124,000	4,128,000	2,859,200	4,324,000	4,328,000	3,019,200	4,524,000	4,528,000	3,179,200
4,128,000	4,132,000	2,862,400	4,328,000	4,332,000	3,022,400	4,528,000	4,532,000	3,182,400
4,132,000	4,136,000	2,865,600	4,332,000	4,336,000	3,025,600	4,532,000	4,536,000	3,185,600
4,136,000	4,140,000	2,868,800	4,336,000	4,340,000	3,028,800	4,536,000	4,540,000	3,188,800
4,140,000	4,144,000	2,872,000	4,340,000	4,344,000	3,032,000	4,540,000	4,544,000	3,192,000
4,144,000	4,148,000	2,875,200	4,344,000	4,348,000	3,035,200	4,544,000	4,548,000	3,195,200
4,148,000	4,152,000	2,878,400	4,348,000	4,352,000	3,038,400	4,548,000	4,552,000	3,198,400
4,152,000	4,156,000	2,881,600	4,352,000	4,356,000	3,041,600	4,552,000	4,556,000	3,201,600
4,156,000	4,160,000	2,884,800	4,356,000	4,360,000	3,044,800	4,556,000	4,560,000	3,204,800
4,160,000	4,164,000	2,888,000	4,360,000	4,364,000	3,048,000	4,560,000	4,564,000	3,208,000
4,164,000	4,168,000	2,891,200	4,364,000	4,368,000	3,051,200	4,564,000	4,568,000	3,211,200
4,168,000	4,172,000	2,894,400	4,368,000	4,372,000	3,054,400	4,568,000	4,572,000	3,214,400

（六）　　　　（4,572,000円～5,171,999円）

給与等の金額		給与所得控除後の給与等の金額	給与等の金額		給与所得控除後の給与等の金額	給与等の金額		給与所得控除後の給与等の金額
以上	未満		以上	未満		以上	未満	
円	円	円	円	円	円	円	円	円
4,572,000	4,576,000	3,217,600	4,772,000	4,776,000	3,377,600	4,972,000	4,976,000	3,537,600
4,576,000	4,580,000	3,220,800	4,776,000	4,780,000	3,380,800	4,976,000	4,980,000	3,540,800
4,580,000	4,584,000	3,224,000	4,780,000	4,784,000	3,384,000	4,980,000	4,984,000	3,544,000
4,584,000	4,588,000	3,227,200	4,784,000	4,788,000	3,387,200	4,984,000	4,988,000	3,547,200
4,588,000	4,592,000	3,230,400	4,788,000	4,792,000	3,390,400	4,988,000	4,992,000	3,550,400
4,592,000	4,596,000	3,233,600	4,792,000	4,796,000	3,393,600	4,992,000	4,996,000	3,553,600
4,596,000	4,600,000	3,236,800	4,796,000	4,800,000	3,396,800	4,996,000	5,000,000	3,556,800
4,600,000	4,604,000	3,240,000	4,800,000	4,804,000	3,400,000	5,000,000	5,004,000	3,560,000
4,604,000	4,608,000	3,243,200	4,804,000	4,808,000	3,403,200	5,004,000	5,008,000	3,563,200
4,608,000	4,612,000	3,246,400	4,808,000	4,812,000	3,406,400	5,008,000	5,012,000	3,566,400
4,612,000	4,616,000	3,249,600	4,812,000	4,816,000	3,409,600	5,012,000	5,016,000	3,569,600
4,616,000	4,620,000	3,252,800	4,816,000	4,820,000	3,412,800	5,016,000	5,020,000	3,572,800
4,620,000	4,624,000	3,256,000	4,820,000	4,824,000	3,416,000	5,020,000	5,024,000	3,576,000
4,624,000	4,628,000	3,259,200	4,824,000	4,828,000	3,419,200	5,024,000	5,028,000	3,579,200
4,628,000	4,632,000	3,262,400	4,828,000	4,832,000	3,422,400	5,028,000	5,032,000	3,582,400
4,632,000	4,636,000	3,265,600	4,832,000	4,836,000	3,425,600	5,032,000	5,036,000	3,585,600
4,636,000	4,640,000	3,268,800	4,836,000	4,840,000	3,428,800	5,036,000	5,040,000	3,588,800
4,640,000	4,644,000	3,272,000	4,840,000	4,844,000	3,432,000	5,040,000	5,044,000	3,592,000
4,644,000	4,648,000	3,275,200	4,844,000	4,848,000	3,435,200	5,044,000	5,048,000	3,595,200
4,648,000	4,652,000	3,278,400	4,848,000	4,852,000	3,438,400	5,048,000	5,052,000	3,598,400
4,652,000	4,656,000	3,281,600	4,852,000	4,856,000	3,441,600	5,052,000	5,056,000	3,601,600
4,656,000	4,660,000	3,284,800	4,856,000	4,860,000	3,444,800	5,056,000	5,060,000	3,604,800
4,660,000	4,664,000	3,288,000	4,860,000	4,864,000	3,448,000	5,060,000	5,064,000	3,608,000
4,664,000	4,668,000	3,291,200	4,864,000	4,868,000	3,451,200	5,064,000	5,068,000	3,611,200
4,668,000	4,672,000	3,294,400	4,868,000	4,872,000	3,454,400	5,068,000	5,072,000	3,614,400
4,672,000	4,676,000	3,297,600	4,872,000	4,876,000	3,457,600	5,072,000	5,076,000	3,617,600
4,676,000	4,680,000	3,300,800	4,876,000	4,880,000	3,460,800	5,076,000	5,080,000	3,620,800
4,680,000	4,684,000	3,304,000	4,880,000	4,884,000	3,464,000	5,080,000	5,084,000	3,624,000
4,684,000	4,688,000	3,307,200	4,884,000	4,888,000	3,467,200	5,084,000	5,088,000	3,627,200
4,688,000	4,692,000	3,310,400	4,888,000	4,892,000	3,470,400	5,088,000	5,092,000	3,630,400
4,692,000	4,696,000	3,313,600	4,892,000	4,896,000	3,473,600	5,092,000	5,096,000	3,633,600
4,696,000	4,700,000	3,316,800	4,896,000	4,900,000	3,476,800	5,096,000	5,100,000	3,636,800
4,700,000	4,704,000	3,320,000	4,900,000	4,904,000	3,480,000	5,100,000	5,104,000	3,640,000
4,704,000	4,708,000	3,323,200	4,904,000	4,908,000	3,483,200	5,104,000	5,108,000	3,643,200
4,708,000	4,712,000	3,326,400	4,908,000	4,912,000	3,486,400	5,108,000	5,112,000	3,646,400
4,712,000	4,716,000	3,329,600	4,912,000	4,916,000	3,489,600	5,112,000	5,116,000	3,649,600
4,716,000	4,720,000	3,332,800	4,916,000	4,920,000	3,492,800	5,116,000	5,120,000	3,652,800
4,720,000	4,724,000	3,336,000	4,920,000	4,924,000	3,496,000	5,120,000	5,124,000	3,656,000
4,724,000	4,728,000	3,339,200	4,924,000	4,928,000	3,499,200	5,124,000	5,128,000	3,659,200
4,728,000	4,732,000	3,342,400	4,928,000	4,932,000	3,502,400	5,128,000	5,132,000	3,662,400
4,732,000	4,736,000	3,345,600	4,932,000	4,936,000	3,505,600	5,132,000	5,136,000	3,665,600
4,736,000	4,740,000	3,348,800	4,936,000	4,940,000	3,508,800	5,136,000	5,140,000	3,668,800
4,740,000	4,744,000	3,352,000	4,940,000	4,944,000	3,512,000	5,140,000	5,144,000	3,672,000
4,744,000	4,748,000	3,355,200	4,944,000	4,948,000	3,515,200	5,144,000	5,148,000	3,675,200
4,748,000	4,752,000	3,358,400	4,948,000	4,952,000	3,518,400	5,148,000	5,152,000	3,678,400
4,752,000	4,756,000	3,361,600	4,952,000	4,956,000	3,521,600	5,152,000	5,156,000	3,681,600
4,756,000	4,760,000	3,364,800	4,956,000	4,960,000	3,524,800	5,156,000	5,160,000	3,684,800
4,760,000	4,764,000	3,368,000	4,960,000	4,964,000	3,528,000	5,160,000	5,164,000	3,688,000
4,764,000	4,768,000	3,371,200	4,964,000	4,968,000	3,531,200	5,164,000	5,168,000	3,691,200
4,768,000	4,772,000	3,374,400	4,968,000	4,972,000	3,534,400	5,168,000	5,172,000	3,694,400

給与等の金額		給与所得控除後の給与等の金額	給与等の金額		給与所得控除後の給与等の金額	給与等の金額		給与所得控除後の給与等の金額
以上	未満		以上	未満		以上	未満	
円	円	円	円	円	円	円	円	円
5,172,000	5,176,000	3,697,600	5,372,000	5,376,000	3,857,600	5,572,000	5,576,000	4,017,600
5,176,000	5,180,000	3,700,800	5,376,000	5,380,000	3,860,800	5,576,000	5,580,000	4,020,800
5,180,000	5,184,000	3,704,000	5,380,000	5,384,000	3,864,000	5,580,000	5,584,000	4,024,000
5,184,000	5,188,000	3,707,200	5,384,000	5,388,000	3,867,200	5,584,000	5,588,000	4,027,200
5,188,000	5,192,000	3,710,400	5,388,000	5,392,000	3,870,400	5,588,000	5,592,000	4,030,400
5,192,000	5,196,000	3,713,600	5,392,000	5,396,000	3,873,600	5,592,000	5,596,000	4,033,600
5,196,000	5,200,000	3,716,800	5,396,000	5,400,000	3,876,800	5,596,000	5,600,000	4,036,800
5,200,000	5,204,000	3,720,000	5,400,000	5,404,000	3,880,000	5,600,000	5,604,000	4,040,000
5,204,000	5,208,000	3,723,200	5,404,000	5,408,000	3,883,200	5,604,000	5,608,000	4,043,200
5,208,000	5,212,000	3,726,400	5,408,000	5,412,000	3,886,400	5,608,000	5,612,000	4,046,400
5,212,000	5,216,000	3,729,600	5,412,000	5,416,000	3,889,600	5,612,000	5,616,000	4,049,600
5,216,000	5,220,000	3,732,800	5,416,000	5,420,000	3,892,800	5,616,000	5,620,000	4,052,800
5,220,000	5,224,000	3,736,000	5,420,000	5,424,000	3,896,000	5,620,000	5,624,000	4,056,000
5,224,000	5,228,000	3,739,200	5,424,000	5,428,000	3,899,200	5,624,000	5,628,000	4,059,200
5,228,000	5,232,000	3,742,400	5,428,000	5,432,000	3,902,400	5,628,000	5,632,000	4,062,400
5,232,000	5,236,000	3,745,600	5,432,000	5,436,000	3,905,600	5,632,000	5,636,000	4,065,600
5,236,000	5,240,000	3,748,800	5,436,000	5,440,000	3,908,800	5,636,000	5,640,000	4,068,800
5,240,000	5,244,000	3,752,000	5,440,000	5,444,000	3,912,000	5,640,000	5,644,000	4,072,000
5,244,000	5,248,000	3,755,200	5,444,000	5,448,000	3,915,200	5,644,000	5,648,000	4,075,200
5,248,000	5,252,000	3,758,400	5,448,000	5,452,000	3,918,400	5,648,000	5,652,000	4,078,400
5,252,000	5,256,000	3,761,600	5,452,000	5,456,000	3,921,600	5,652,000	5,656,000	4,081,600
5,256,000	5,260,000	3,764,800	5,456,000	5,460,000	3,924,800	5,656,000	5,660,000	4,084,800
5,260,000	5,264,000	3,768,000	5,460,000	5,464,000	3,928,000	5,660,000	5,664,000	4,088,000
5,264,000	5,268,000	3,771,200	5,464,000	5,468,000	3,931,200	5,664,000	5,668,000	4,091,200
5,268,000	5,272,000	3,774,400	5,468,000	5,472,000	3,934,400	5,668,000	5,672,000	4,094,400
5,272,000	5,276,000	3,777,600	5,472,000	5,476,000	3,937,600	5,672,000	5,676,000	4,097,600
5,276,000	5,280,000	3,780,800	5,476,000	5,480,000	3,940,800	5,676,000	5,680,000	4,100,800
5,280,000	5,284,000	3,784,000	5,480,000	5,484,000	3,944,000	5,680,000	5,684,000	4,104,000
5,284,000	5,288,000	3,787,200	5,484,000	5,488,000	3,947,200	5,684,000	5,688,000	4,107,200
5,288,000	5,292,000	3,790,400	5,488,000	5,492,000	3,950,400	5,688,000	5,692,000	4,110,400
5,292,000	5,296,000	3,793,600	5,492,000	5,496,000	3,953,600	5,692,000	5,696,000	4,113,600
5,296,000	5,300,000	3,796,800	5,496,000	5,500,000	3,956,800	5,696,000	5,700,000	4,116,800
5,300,000	5,304,000	3,800,000	5,500,000	5,504,000	3,960,000	5,700,000	5,704,000	4,120,000
5,304,000	5,308,000	3,803,200	5,504,000	5,508,000	3,963,200	5,704,000	5,708,000	4,123,200
5,308,000	5,312,000	3,806,400	5,508,000	5,512,000	3,966,400	5,708,000	5,712,000	4,126,400
5,312,000	5,316,000	3,809,600	5,512,000	5,516,000	3,969,600	5,712,000	5,716,000	4,129,600
5,316,000	5,320,000	3,812,800	5,516,000	5,520,000	3,972,800	5,716,000	5,720,000	4,132,800
5,320,000	5,324,000	3,816,000	5,520,000	5,524,000	3,976,000	5,720,000	5,724,000	4,136,000
5,324,000	5,328,000	3,819,200	5,524,000	5,528,000	3,979,200	5,724,000	5,728,000	4,139,200
5,328,000	5,332,000	3,822,400	5,528,000	5,532,000	3,982,400	5,728,000	5,732,000	4,142,400
5,332,000	5,336,000	3,825,600	5,532,000	5,536,000	3,985,600	5,732,000	5,736,000	4,145,600
5,336,000	5,340,000	3,828,800	5,536,000	5,540,000	3,988,800	5,736,000	5,740,000	4,148,800
5,340,000	5,344,000	3,832,000	5,540,000	5,544,000	3,992,000	5,740,000	5,744,000	4,152,000
5,344,000	5,348,000	3,835,200	5,544,000	5,548,000	3,995,200	5,744,000	5,748,000	4,155,200
5,348,000	5,352,000	3,838,400	5,548,000	5,552,000	3,998,400	5,748,000	5,752,000	4,158,400
5,352,000	5,356,000	3,841,600	5,552,000	5,556,000	4,001,600	5,752,000	5,756,000	4,161,600
5,356,000	5,360,000	3,844,800	5,556,000	5,560,000	4,004,800	5,756,000	5,760,000	4,164,800
5,360,000	5,364,000	3,848,000	5,560,000	5,564,000	4,008,000	5,760,000	5,764,000	4,168,000
5,364,000	5,368,000	3,851,200	5,564,000	5,568,000	4,011,200	5,764,000	5,768,000	4,171,200
5,368,000	5,372,000	3,854,400	5,568,000	5,572,000	4,014,400	5,768,000	5,772,000	4,174,400

（九）

（6,372,000円～20,000,000円）

給与等の金額		給与所得控除後の給与等の金額	給与等の金額		給与所得控除後の給与等の金額	給与等の金額		給与所得控除後の給与等の金額
以　上	未　満		以　上	未　満		以　上	未　満	
円	円	円	円	円	円	円	円	
6,372,000	6,376,000	4,657,600	6,492,000	6,496,000	4,753,600	6,600,000	8,500,000	給与等の金額に90%を乗じて算出した金額から1,100,000円を控除した金額
6,376,000	6,380,000	4,660,800	6,496,000	6,500,000	4,756,800			
6,380,000	6,384,000	4,664,000	6,500,000	6,504,000	4,760,000			
6,384,000	6,388,000	4,667,200	6,504,000	6,508,000	4,763,200			
6,388,000	6,392,000	4,670,400	6,508,000	6,512,000	4,766,400			
6,392,000	6,396,000	4,673,600	6,512,000	6,516,000	4,769,600	8,500,000	20,000,000	給与等の金額から1,950,000円を控除した金額
6,396,000	6,400,000	4,676,800	6,516,000	6,520,000	4,772,800			
6,400,000	6,404,000	4,680,000	6,520,000	6,524,000	4,776,000			
6,404,000	6,408,000	4,683,200	6,524,000	6,528,000	4,779,200			
6,408,000	6,412,000	4,686,400	6,528,000	6,532,000	4,782,400			
6,412,000	6,416,000	4,689,600	6,532,000	6,536,000	4,785,600	20,000,000円		18,050,000円
6,416,000	6,420,000	4,692,800	6,536,000	6,540,000	4,788,800			
6,420,000	6,424,000	4,696,000	6,540,000	6,544,000	4,792,000			
6,424,000	6,428,000	4,699,200	6,544,000	6,548,000	4,795,200			
6,428,000	6,432,000	4,702,400	6,548,000	6,552,000	4,798,400			
6,432,000	6,436,000	4,705,600	6,552,000	6,556,000	4,801,600			
6,436,000	6,440,000	4,708,800	6,556,000	6,560,000	4,804,800			
6,440,000	6,444,000	4,712,000	6,560,000	6,564,000	4,808,000			
6,444,000	6,448,000	4,715,200	6,564,000	6,568,000	4,811,200			
6,448,000	6,452,000	4,718,400	6,568,000	6,572,000	4,814,400			
6,452,000	6,456,000	4,721,600	6,572,000	6,576,000	4,817,600			
6,456,000	6,460,000	4,724,800	6,576,000	6,580,000	4,820,800			
6,460,000	6,464,000	4,728,000	6,580,000	6,584,000	4,824,000			
6,464,000	6,468,000	4,731,200	6,584,000	6,588,000	4,827,200			
6,468,000	6,472,000	4,734,400	6,588,000	6,592,000	4,830,400			
6,472,000	6,476,000	4,737,600	6,592,000	6,596,000	4,833,600			
6,476,000	6,480,000	4,740,800	6,596,000	6,600,000	4,836,800			
6,480,000	6,484,000	4,744,000						
6,484,000	6,488,000	4,747,200						
6,488,000	6,492,000	4,750,400						

（備考）　給与所得控除後の給与等の金額を求めるには、その年中の給与等の金額に応じ、まず、この表の「給与等の金額」欄の該当する行を求め、次にその行の「給与所得控除後の給与等の金額」欄に記載されている金額を求めます。この金額が、その給与等の金額についての給与所得控除後の給与等の金額です。この場合において、給与等の金額が6,600,000円以上の人の給与所得控除後の給与等の金額に１円未満の端数があるときは、これを切り捨てた額をもってその求める給与所得控除後の給与等の金額とします。

給与等の金額		給与所得控除後の給与等の金額	給与等の金額		給与所得控除後の給与等の金額	給与等の金額		給与所得控除後の給与等の金額
以上	未満		以上	未満		以上	未満	
円	円	円	円	円	円	円	円	円
5,772,000	5,776,000	4,177,600	5,972,000	5,976,000	4,337,600	6,172,000	6,176,000	4,497,600
5,776,000	5,780,000	4,180,800	5,976,000	5,980,000	4,340,800	6,176,000	6,180,000	4,500,800
5,780,000	5,784,000	4,184,000	5,980,000	5,984,000	4,344,000	6,180,000	6,184,000	4,504,000
5,784,000	5,788,000	4,187,200	5,984,000	5,988,000	4,347,200	6,184,000	6,188,000	4,507,200
5,788,000	5,792,000	4,190,400	5,988,000	5,992,000	4,350,400	6,188,000	6,192,000	4,510,400
5,792,000	5,796,000	4,193,600	5,992,000	5,996,000	4,353,600	6,192,000	6,196,000	4,513,600
5,796,000	5,800,000	4,196,800	5,996,000	6,000,000	4,356,800	6,196,000	6,200,000	4,516,800
5,800,000	5,804,000	4,200,000	6,000,000	6,004,000	4,360,000	6,200,000	6,204,000	4,520,000
5,804,000	5,808,000	4,203,200	6,004,000	6,008,000	4,363,200	6,204,000	6,208,000	4,523,200
5,808,000	5,812,000	4,206,400	6,008,000	6,012,000	4,366,400	6,208,000	6,212,000	4,526,400
5,812,000	5,816,000	4,209,600	6,012,000	6,016,000	4,369,600	6,212,000	6,216,000	4,529,600
5,816,000	5,820,000	4,212,800	6,016,000	6,020,000	4,372,800	6,216,000	6,220,000	4,532,800
5,820,000	5,824,000	4,216,000	6,020,000	6,024,000	4,376,000	6,220,000	6,224,000	4,536,000
5,824,000	5,828,000	4,219,200	6,024,000	6,028,000	4,379,200	6,224,000	6,228,000	4,539,200
5,828,000	5,832,000	4,222,400	6,028,000	6,032,000	4,382,400	6,228,000	6,232,000	4,542,400
5,832,000	5,836,000	4,225,600	6,032,000	6,036,000	4,385,600	6,232,000	6,236,000	4,545,600
5,836,000	5,840,000	4,228,800	6,036,000	6,040,000	4,388,800	6,236,000	6,240,000	4,548,800
5,840,000	5,844,000	4,232,000	6,040,000	6,044,000	4,392,000	6,240,000	6,244,000	4,552,000
5,844,000	5,848,000	4,235,200	6,044,000	6,048,000	4,395,200	6,244,000	6,248,000	4,555,200
5,848,000	5,852,000	4,238,400	6,048,000	6,052,000	4,398,400	6,248,000	6,252,000	4,558,400
5,852,000	5,856,000	4,241,600	6,052,000	6,056,000	4,401,600	6,252,000	6,256,000	4,561,600
5,856,000	5,860,000	4,244,800	6,056,000	6,060,000	4,404,800	6,256,000	6,260,000	4,564,800
5,860,000	5,864,000	4,248,000	6,060,000	6,064,000	4,408,000	6,260,000	6,264,000	4,568,000
5,864,000	5,868,000	4,251,200	6,064,000	6,068,000	4,411,200	6,264,000	6,268,000	4,571,200
5,868,000	5,872,000	4,254,400	6,068,000	6,072,000	4,414,400	6,268,000	6,272,000	4,574,400
5,872,000	5,876,000	4,257,600	6,072,000	6,076,000	4,417,600	6,272,000	6,276,000	4,577,600
5,876,000	5,880,000	4,260,800	6,076,000	6,080,000	4,420,800	6,276,000	6,280,000	4,580,800
5,880,000	5,884,000	4,264,000	6,080,000	6,084,000	4,424,000	6,280,000	6,284,000	4,584,000
5,884,000	5,888,000	4,267,200	6,084,000	6,088,000	4,427,200	6,284,000	6,288,000	4,587,200
5,888,000	5,892,000	4,270,400	6,088,000	6,092,000	4,430,400	6,288,000	6,292,000	4,590,400
5,892,000	5,896,000	4,273,600	6,092,000	6,096,000	4,433,600	6,292,000	6,296,000	4,593,600
5,896,000	5,900,000	4,276,800	6,096,000	6,100,000	4,436,800	6,296,000	6,300,000	4,596,800
5,900,000	5,904,000	4,280,000	6,100,000	6,104,000	4,440,000	6,300,000	6,304,000	4,600,000
5,904,000	5,908,000	4,283,200	6,104,000	6,108,000	4,443,200	6,304,000	6,308,000	4,603,200
5,908,000	5,912,000	4,286,400	6,108,000	6,112,000	4,446,400	6,308,000	6,312,000	4,606,400
5,912,000	5,916,000	4,289,600	6,112,000	6,116,000	4,449,600	6,312,000	6,316,000	4,609,600
5,916,000	5,920,000	4,292,800	6,116,000	6,120,000	4,452,800	6,316,000	6,320,000	4,612,800
5,920,000	5,924,000	4,296,000	6,120,000	6,124,000	4,456,000	6,320,000	6,324,000	4,616,000
5,924,000	5,928,000	4,299,200	6,124,000	6,128,000	4,459,200	6,324,000	6,328,000	4,619,200
5,928,000	5,932,000	4,302,400	6,128,000	6,132,000	4,462,400	6,328,000	6,332,000	4,622,400
5,932,000	5,936,000	4,305,600	6,132,000	6,136,000	4,465,600	6,332,000	6,336,000	4,625,600
5,936,000	5,940,000	4,308,800	6,136,000	6,140,000	4,468,800	6,336,000	6,340,000	4,628,800
5,940,000	5,944,000	4,312,000	6,140,000	6,144,000	4,472,000	6,340,000	6,344,000	4,632,000
5,944,000	5,948,000	4,315,200	6,144,000	6,148,000	4,475,200	6,344,000	6,348,000	4,635,200
5,948,000	5,952,000	4,318,400	6,148,000	6,152,000	4,478,400	6,348,000	6,352,000	4,638,400
5,952,000	5,956,000	4,321,600	6,152,000	6,156,000	4,481,600	6,352,000	6,356,000	4,641,600
5,956,000	5,960,000	4,324,800	6,156,000	6,160,000	4,484,800	6,356,000	6,360,000	4,644,800
5,960,000	5,964,000	4,328,000	6,160,000	6,164,000	4,488,000	6,360,000	6,364,000	4,648,000
5,964,000	5,968,000	4,331,200	6,164,000	6,168,000	4,491,200	6,364,000	6,368,000	4,651,200
5,968,000	5,972,000	4,334,400	6,168,000	6,172,000	4,494,400	6,368,000	6,372,000	4,654,400

賞与に対する源泉徴収税額の算出率の表（令和５年分）

（平成24年３月31日財務省告示第115号別表第三（令和２年３月31日財務省告示第81号改正））

賞与の金額に乗ずべき率	甲							
	扶養親族							
	0人		1人		2人		3人	
	前月の社会保険料等控							
	以上	未満	以上	未満	以上	未満	以上	未満
%	千円	千円	千円	千円	千円	千円	千円	千円
0.000	68	千円未満	94	千円未満	133	千円未満	171	千円未満
2.042	68	79	94	243	133	269	171	295
4.084	79	252	243	282	269	312	295	345
6.126	252	300	282	338	312	369	345	398
8.168	300	334	338	365	369	393	398	417
10.210	334	363	365	394	393	420	417	445
12.252	363	395	394	422	420	450	445	477
14.294	395	426	422	455	450	484	477	510
16.336	426	520	455	520	484	520	510	544
18.378	520	601	520	617	520	632	544	647
20.420	601	678	617	699	632	721	647	745
22.462	678	708	699	733	721	757	745	782
24.504	708	745	733	771	757	797	782	823
26.546	745	788	771	814	797	841	823	868
28.588	788	846	814	874	841	902	868	931
30.630	846	914	874	944	902	975	931	1,005
32.672	914	1,312	944	1,336	975	1,360	1,005	1,385
35.735	1,312	1,521	1,336	1,526	1,360	1,526	1,385	1,538
38.798	1,521	2,621	1,526	2,645	1,526	2,669	1,538	2,693
41.861	2,621	3,495	2,645	3,527	2,669	3,559	2,693	3,590
45.945	3,495	千円以上	3,527	千円以上	3,559	千円以上	3,590	千円以上

（注）この表における用語の意味は、次のとおりです。

1　「扶養親族等」とは、源泉控除対象配偶者及び控除対象扶養親族をいいます。詳しくは19ページ２「税額表の使い方」をご覧ください。

2　「社会保険料等」とは、所得税法第74条第２項（社会保険料控除）に規定する社会保険料及び同法第75条第２項（小規模企業共済等掛金控除）に規定する小規模企業共済等掛金をいいます。

また、「賞与の金額に乗ずべき率」の賞与の金額とは、賞与の金額から控除される社会保険料等の金額がある場合には、その社会保険料等控除後の金額をいいます。

（備考）賞与の金額に乗ずべき率の求め方は、次のとおりです。

1　「給与所得者の扶養控除等申告書」（以下この表において「扶養控除等申告書」といいます。）の提出があった人（４に該当する場合を除きます。）

(1)　まず、その人の前月中の給与等（賞与を除きます。以下この表において同じです。）の金額から、その給与等の金額から控除される社会保険料等の金額（以下この表において「前月中の社会保険料等の金額」といいます。）を控除した金額を求めます。

(2)　次に、扶養控除等申告書により申告された扶養親族等（その申告書に記載がされていないものとされる源泉控除対象配偶者を除きます。また、扶養親族等が国外居住親族である場合には、親族に該当する旨を証する書類（その国外居住親族である扶養親族等が年齢30歳以上70歳未満の控除対象扶養親族であり、かつ、留学により国内に住所及び居所を有しなくなった人である場合には、親族に該当する旨を証する書類及び留学により国内に住所及び居所を有しなくなった人に該当する旨を証する書類）が扶養控除等申告書等に添付され、又は扶養控除等申告書の提出の際に提示された扶養親族等に限ります。）の数と(1)により求めた金額とに応じて甲欄の「前月の社会保険料等控除後の給与等の金額」欄の該当する行を求めます。

(3)　(2)により求めた行と「賞与の金額に乗ずべき率」欄との交わるところに記載されている率を求めます。これが求める率です。

等		の		数				乙	
4　人		5　人		6　人		7人以上			
除後の		給与等		の金額				前月の社会保険料等控除後の給与等の金額	
以上	未満	以上	未満	以上	未満	以上	未満	以上	未満
千円	千円	千円	千円	千円	千円	千円	千円	千円	千円
210千円未満		243千円未満		275千円未満		308千円未満			
210	300	243	300	275	333	308	372		
300	378	300	406	333	431	372	456		
378	424	406	450	431	476	456	502		
424	444	450	472	476	499	502	523		
444	470	472	496	499	521	523	545	222千円未満	
470	503	496	525	521	547	545	571		
503	534	525	557	547	582	571	607		
534	570	557	597	582	623	607	650		
570	662	597	677	623	693	650	708		
662	768	677	792	693	815	708	838	222	293
768	806	792	831	815	856	838	880		
806	849	831	875	856	900	880	926		
849	896	875	923	900	950	926	978		
896	959	923	987	950	1,015	978	1,043		
959	1,036	987	1,066	1,015	1,096	1,043	1,127	293	524
1,036	1,409	1,066	1,434	1,096	1,458	1,127	1,482		
1,409	1,555	1,434	1,555	1,458	1,555	1,482	1,583		
1,555	2,716	1,555	2,740	1,555	2,764	1,583	2,788	524	1,118
2,716	3,622	2,740	3,654	2,764	3,685	2,788	3,717		
3,622千円以上		3,654千円以上		3,685千円以上		3,717千円以上		1,118千円以上	

2　1の場合において、扶養控除等申告書にその人が障害者（特別障害者を含みます。）、寡婦、ひとり親又は勤労学生に該当する旨の記載があるときは、扶養親族等の数にこれらの一に該当するごとに1人を加算した数を、扶養控除等申告書にその人の同一生計配偶者又は扶養親族のうちに障害者（特別障害者を含みます。）又は同居特別障害者（障害者（特別障害者を含みます。）又は同居特別障害者が国外居住親族である場合には、親族に該当する旨を証する書類が扶養控除等申告書に添付され、又は扶養控除等申告書の提出の際に提示された障害者（特別障害者を含みます。）又は同居特別障害者に限ります。）に該当する人がいる旨の記載があるときは、扶養親族等の数にこれらの一に該当するごとに1人を加算した数を、それぞれ扶養親族等の数とします。

3　扶養控除等申告書の提出がない人（「従たる給与についての扶養控除等申告書」の提出があった人を含み、4に該当する場合を除きます。）

(1)　その人の前月中の給与等の金額から前月中の社会保険料等の金額を控除した金額を求めます。

(2)　(1)により求めた金額に応じて乙欄の「前月の社会保険料等控除後の給与等の金額」欄の該当する行を求めます。

(3)　(2)により求めた行と「賞与の金額に乗ずべき率」欄との交わるところに記載されている率を求めます。これが求める率です。

4　前月中の給与等の金額がない場合や前月中の給与等の金額が前月中の社会保険料等の金額以下である場合又はその賞与の金額（その金額から控除される社会保険料等の金額がある場合には、その控除後の金額）が前月中の給与等の金額から前月中の社会保険料等の金額を控除した金額の10倍に相当する金額を超える場合には、この表によらず、平成24年3月31日財務省告示第115号（令和2年3月31日財務省告示第81号改正）第3項第1号イ(2)若しくはロ(2)又は第2号の規定により、月額表を使って税額を計算します。

5　1から4までの場合において、その人の受ける給与等の支給期が月の整数倍の期間ごとと定められているときは、その賞与の支払の直前に支払を受けた若しくは支払を受けるべき給与等の金額又はその給与等の金額から控除される社会保険料等の金額をその倍数で除して計算した金額を、それぞれ前月中の給与等の金額又はその金額から控除される社会保険料等の金額とみなします。

給与計算関連公的書面＆公的資料の索引

数字順

かな順

◆き

◆け